URGENCE SANITAIRE

DU MÊME AUTEUR

Les Maladies en voyage : la santé en voyage, Seuil, coll. « Points Planète », 1988.

Dermatologie tropicale, avec G. E. Piérard, C. Franchimont et G. Arrese-Estradan, AUPELF-université de Bruxelles, 1993.

Vivre séropositif, avec M. Gentilini, Le Rocher, 1995.

Atlas dermatologique du sida, Interligne, 1996.

Parasitoses et mycoses courantes de la peau et des phanères, avec D. Chabasse, Elsevier, coll. « Guide médi/bio », 2003.

Voyages et santé, Flammarion, coll. « Médecine-Sciences », 2004.

Manuel de prise en charge des maladies de peau chez les personnes vivant avec le VIH en Afrique subsaharienne, avec A. Mahé et S. Coniquet, Croix-Rouge française (à destination des médecins francophones prenant en charge les infections VIH dans les centres ambulatoires en Afrique et en Asie), 2008.

Médecine tropicale, avec M. Gentilini, M. Danis et G. Brucker, Flammarion, coll. « Médecine-Sciences », 2012.

Pr ÉRIC CAUMES

URGENCE SANITAIRE

Robert
Laffont

Ouvrage édité par Jean-Luc Barré

ISBN 978-2-221-25096-9
Dépôt légal : octobre 2020
Éditions Robert Laffont – 92, avenue de France, 75013 Paris

À tous les médecins, et tous les membres du personnel, soignant et non soignant, des hôpitaux et de tous les établissements de santé, décédés du Covid.

« Ce qu'on sait, savoir qu'on le sait ; ce qu'on ne sait pas, savoir qu'on ne le sait pas : c'est savoir véritablement. »

Confucius

Avant-propos

Urgence sanitaire est un témoignage d'ensemble, sans langue de bois, sur les six premiers mois de l'épidémie de Covid et la réponse française à cette première grande pandémie du XXIe siècle. L'approche en est historique car une épidémie est indissociable du contexte dans lequel elle survient et s'épanouit. Les épidémies ne surviennent pas par hasard. Il faut savoir écouter leur message. C'est parce que nous n'avons pas tiré les leçons des épidémies apparues depuis le début du XXIe siècle que nous avons été autant affectés par le Covid, contrairement aux pays asiatiques qui étaient prêts.

Ce témoignage se veut le plus indépendant possible. Je revendique cette indépendance de longue date. Je n'ai pas de lien d'intérêt majeur avec les laboratoires pharmaceutiques concernés par le Covid ou l'infection VIH. Je préfère le préciser car le même laboratoire, Gilead, se trouve être impliqué dans les deux domaines. Et nous verrons que les personnes influentes dans le combat contre le Covid viennent pour beaucoup du milieu médical engagé dans la recherche contre le sida – je me demande encore pourquoi aujourd'hui. Un monde dominé pendant des années par le président actuel du conseil scientifique. Un monde d'accointances amicales, et de liens d'intérêt avec les laboratoires pharmaceutiques. Je ne suis pas non plus proche des milieux politiques, ni des cercles d'influence classiques. Je n'ai appartenu à aucune des structures décisionnelles covidiennes, si ce n'est dans mon hôpital et, dans une moindre mesure, dans l'Assistance publique-Hôpitaux de Paris. Et je n'ai fait partie d'aucun des trop nombreux comités Théodule auprès du gouvernement. Le président Macron m'avait dit, lors d'une rencontre à l'Élysée en mars 2020 : « Gardez votre franc-parler. » Cela doit leur être utile comme à d'autres. C'est donc ce que je fais ici. Ma parole est libre.

Je me suis retrouvé en première ligne du Covid car je dirige le service des maladies infectieuses de l'hôpital parisien de la Pitié-Salpêtrière. Or, cet hôpital est, à Paris, un des deux seuls établissements de santé de référence (ESR), c'est-à-dire habilité à accueillir les malades adultes atteints d'une infection émergente hautement contagieuse comme l'est le Covid. Je travaille dans ce service depuis 1989. J'y avais donc vécu les épidémies successives des quatre dernières décennies, du sida à la grippe A/H1N1 de 2009, en passant par les deux précédentes infections à coronavirus (MERS et SRAS). Et comme l'Île-de-France a été, au même titre que la région Grand Est, lourdement affectée par le Covid et ses prémices, notre équipe a été concernée dès la fin janvier 2020, même si l'épidémie n'est venue réellement frapper à nos portes que fin février 2020.

Pour ce témoignage, je me suis appuyé sur les notes de mon carnet de bord, des articles de presse, les échanges avec certains acteurs de cette crise sanitaire, et les alertes envoyées par des collègues qui souhaitaient rester dans l'anonymat ou travaillaient dans l'ombre au bénéfice de tous. Ils s'efforçaient de nous fournir des informations fiables à un moment où nous étions submergés par des informations fausses, prématurées ou invérifiables, en tout cas trop nombreuses pour séparer le bon grain de l'ivraie, surtout quand on est la tête dans le guidon.

Dans la première partie du livre, j'ai revisité rapidement l'histoire des grandes épidémies, de l'Antiquité aux temps modernes, en m'attardant sur le Moyen Âge, car le langage de l'épidémie de Covid emprunte à la peste, et les méthodes finalement utilisées pour l'enrayer dataient tout simplement de ces temps très anciens et apparemment révolus. Surtout, je suis revenu sur les deux épidémies précédentes du XXIe siècle, deux infections à coronavirus, MERS et SRAS, des avertissements dont nous n'avons pas tenu compte, au contraire des pays asiatiques concernés.

La deuxième partie est relative à la description de l'agent pathogène et de la maladie, et s'appuie sur les premières données scientifiques rigoureuses publiées, maintenant disponibles. Un tel livre ne pouvait donc être écrit trop tôt, au risque d'être contredit le lendemain tellement, en matière d'infection émergente, la vérité d'un jour n'est pas celle du suivant. Néanmoins, il reste encore des choses à découvrir et de nouvelles données viendront peut-être remettre en cause certaines des affirmations d'aujourd'hui. Ainsi des pages restent à écrire, et des doutes subsistent au moment où ces lignes sont rédigées, fin août 2020.

La troisième partie décrit l'arrivée de la vague épidémique pour les deux régions les plus touchées en France, et la réponse qui lui a été apportée par nos autorités politiques, avec les soubresauts du confinement et les aléas du déconfinement. L'approche de certains pays asiatiques, confucéens, leur a permis d'éviter le confinement généralisé. Je reviens sur l'exemple qu'ils nous ont donné d'emblée et que nous n'avons pas suivi en Europe, à l'exception notable de l'Allemagne et de l'Autriche.

Dans la troisième partie s'intercalent deux chapitres où sont discutés nos rapports aux médias et à la science. Je me suis trouvé trop souvent projeté au-devant de la scène par les journalistes, par certains collègues, plus ou moins bien intentionnés, par mon propre directeur général, pour ne pas vouloir apporter mon témoignage. Et puis, les médias ont tenu un rôle fondamental dans cette épidémie. Les chaînes d'information en continu ont imprimé le tempo, peut-être un peu trop, d'ailleurs. Les journalistes m'ont apporté beaucoup. Ils ont mené des enquêtes utiles, voire très originales, que certains d'entre nous n'ont pas osé entreprendre, ou n'auraient pas pu réussir. Je reprends d'ailleurs certains des résultats de ces enquêtes. Enfin, je reviens sur le cocktail associant politique, médias et science, cocktail potentiellement explosif comme l'a montré l'affaire de l'hydroxychloroquine.

La dernière partie ne peut être qu'un épilogue dont il faudra achever l'écriture dans les mois prochains. Je l'espère épilogue du Covid plutôt qu'épilogue de notre système de santé publique et de notre système public de santé. Car s'il y a bien une leçon à retenir du Covid, c'est celle de la nécessité de changer de vision quant à nos systèmes publics et de réhabiliter les derniers de cordée, c'est-à-dire ceux qui ont tenu la boutique pendant l'épidémie. Cette partie du message a apparemment déjà été entendue. Mais il faudra s'assurer que les promesses du Ségur de la santé seront tenues, et se rappeler que les derniers de cordée se trouvent dans bien d'autres services publics que ceux de la santé.

Les épidémies s'inscrivent dans le temps présent en survenant dans un contexte sanitaire et social donné. La gravité d'une épidémie, et le Covid n'y échappe pas, n'est pas seulement liée à la maladie mais à l'état de la société et des hommes. À ce titre, l'épidémie de Covid survient en France au mauvais moment, prenant tout le monde par surprise alors qu'elle avait commencé trois mois auparavant à Wuhan, en Chine. Elle allait être le révélateur de l'état de paupérisation de notre système de santé, notamment en matière de prévention, et de l'aveuglement des hommes de pouvoir, gens de cour familiers des ors de la République. Elle s'inscrit dans l'ère de l'immédiateté véhiculée par certains médias, et est gérée par des politiques qui utiliseront des méthodes médiévales pour circonvenir une épidémie moderne. Elle annonce un monde nouveau où les pays sans Covid regarderont d'un œil empathique les pays avec Covid, dont nous ferons partie pendant longtemps, si ce n'est pour toujours.

Mais le Covid n'est pas la peste, et il faut apprendre à revivre !

PREMIÈRE PARTIE

1

Peste(s)

Des méthodes médiévales ont été utilisées pour maîtriser le Covid. Et c'est dans le glossaire de la peste, maladie emblématique du Moyen Âge, que l'on puise la plupart des mesures adaptées par les autorités, ou les citoyens, pour enrayer l'épidémie : fuite, fermeture, isolement, quarantaine… On y retrouve aussi les mêmes phénomènes de société : peur (de la mort, des malades, des soignants, des contagieux), recherche de coupables, émergence de gourous…

De toutes les épidémies qui ont traversé l'histoire, de l'Antiquité à nos jours, la peste fut la plus crainte et la plus redoutée, parce que dotée d'une mortalité effrayante et d'un potentiel de propagation terrifiant. On estime que l'Europe a ainsi perdu la moitié de sa population entre 1300 et 1400, et a mis deux siècles pour la récupérer. Logiquement, la peste a donc marqué l'imaginaire populaire et on en retrouve la trace aujourd'hui à travers les peintures de Pieter Brueghel (l'Ancien), et de Jérôme Bosch, pour se limiter aux grands peintres des deux siècles suivants, ou sur les fresques de rares églises réparties dans tous les coins de l'Europe.

Épidémie et pandémie

Une **épidémie** est définie par une augmentation brutale, importante et temporaire, du nombre de cas d'une maladie dans un lieu donné. Une **pandémie** est définie par l'extension de l'épidémie aux cinq continents. On ne pourra donc parler de pandémie qu'après la découverte du Nouveau Monde par Christophe Colomb, avec le début des grandes découvertes maritimes et des grandes conquêtes, soit après 1494, date charnière considérée comme la fin du Moyen Âge[1].

La gravité d'une épidémie dépend de la **mortalité** de la maladie (on utilise dans le langage scientifique le terme de **létalité** mais je garderai par commodité celui de mortalité), et du nombre de personnes atteintes. Une maladie peu mortelle peut faire beaucoup plus de morts qu'une maladie plus grave mais qui touche moins de personnes car moins contagieuse. Les épidémies des temps passés combinaient les deux (mortalité élevée, contagiosité importante), ce qui explique, avec d'autres facteurs, leur extrême gravité dont témoigne l'atteinte d'un très grand nombre de personnes, et le nombre très élevé de décès.

Les épidémies sont pour la plupart temporaires, car elles se terminent une fois un nombre suffisamment important de personnes infectées ou vaccinées, et donc immunisées ou protégées. C'est ce que l'on appelle **l'immunité collective**. La maladie peut disparaître définitivement, mais c'est rare. On en connaît très peu

1. Voir chapitre 2.

d'exemples : la variole grâce à la vaccination, et le SARS, autre coronavirus, maîtrisable et maîtrisé. La poliomyélite est la prochaine maladie infectieuse en voie d'éradication possible. Sinon, les maladies infectieuses historiques continuent de circuler à bas bruit de par le monde, et réémergent de temps à temps, ici ou là, au gré des baisses de vigilance ou des fluctuations de l'immunité collective. Même la peste reste localisée dans certains endroits du monde.

Les pestes de l'Antiquité : rarement la peste

Les épidémies ont probablement débuté dès que les hommes ont commencé à se sédentariser et à domestiquer les animaux, permettant le franchissement de la barrière d'espèce. Mais leur description remonte à l'Antiquité.

Jusqu'à une date relativement récente à l'échelle de l'histoire de l'humanité, on ne reconnaît pas toujours l'agent infectieux responsable d'une épidémie. D'un côté, les études de certains squelettes permettent de montrer la présence de maladies infectieuses historiques (tuberculose, variole, lèpre...) jusqu'à la XXe dynastie (pour la variole) en Égypte, sans pour autant affirmer qu'elles étaient responsables d'épidémies. À l'inverse, on peut avoir la connaissance de phénomènes épidémiques sans pour autant qu'une origine infectieuse soit trouvée. Pour ajouter à la confusion, ces épidémies de maladies fébriles étaient désignées sous le terme générique de « fléau », puis de « peste », du latin *pestis* (fléau), alors que la peste s'avérera être une maladie bien particulière, clairement individualisée à partir du IIIe siècle.

Si l'on parle de peste au sens de fléau, il ne s'agit donc de la peste dans presque aucune des épidémies répertoriées dans l'Antiquité. En revanche, ces épisodes épidémiques sont régulièrement associés à d'importants mouvements de troupes, à une bataille dont le cours va être inversé, voire à un renversement de pouvoir. Les épidémies ne sont pas sans conséquences politiques.

La plus ancienne épidémie reconnue est mentionnée dans la Bible. Rapportée sous le terme de « peste des Philistins », elle a débuté à Ashod en 1141 av. J.-C. On n'en connaît pas la cause précise. L'épidémie des Assyriens de Sennachérib en 701 av. J.-C. décima l'armée assyrienne faisant le siège de Jérusalem et contribua à sa défaite. Elle est attribuée au paludisme, par analogie avec une autre épidémie qui décima en 1917 les troupes britanniques, au repos à Jérusalem, infectées dans les zones, autrefois marécageuses, de la vallée du Jourdain.

La « peste d'Athènes » a frappé une population assiégée en 430 av. J.-C. Elle emporta un tiers des habitants – dont Périclès – mais permit aux Athéniens d'être épargnés par les assiégeants qui levèrent le siège aussitôt qu'ils comprirent la gravité de l'épidémie dans les murs de la ville assiégée. Là encore, l'étiologie n'est pas connue même si le typhus est évoqué. On doit à la peste d'Athènes la première description d'une épidémie par l'historien grec Thucydide (465-400 à 395 av. J.-C.). Thucydide restera aussi dans l'histoire pour avoir le premier théorisé le fait que les mêmes causes produisent les mêmes effets («L'histoire est un perpétuel recommencement[1]»). Thucydide avait bien décrit comment l'afflux de réfugiés, fuyant devant les envahisseurs, et l'entassement de la population dans la ville avaient favorisé la propagation de la maladie : «Ce qui aggrava le fléau fut l'afflux des gens de la campagne dans la ville. [...] Ils se contaminaient en se soignant réciproquement et mouraient comme des troupeaux.» Hippocrate, qui n'avait pas vécu d'épidémie en direct car il séjourna à Athènes deux ans plus tôt, s'est probablement inspiré de Thucydide, son contemporain grec, pour énoncer la plus ancienne mesure devant une épidémie : la fuite !

Fuir devant l'épidémie : «*Cito, longe, tarde*»

Le précepte de la prévention d'une épidémie par la fuite : «*Cito, longe, tarde*» (aussitôt, au loin, longtemps) remonte en effet à Hippocrate (460-377 av. J.-C.), donc à l'Antiquité. On trouve ce principe dans un des sept traités intitulés *Épidémies*, parmi la soixantaine formant la collection hippocratique. Pourtant Hippocrate, considéré comme le père de la médecine, était passé à côté des mécanismes de base d'une épidémie (la contagion).

L'histoire montre que le premier geste des habitants est de fuir les villes. Faut-il encore en avoir les moyens et posséder une résidence secondaire à la campagne. Cette fuite est bien décrite dans l'introduction du *Décaméron*, de Giovanni Boccaccio, dit Boccace (1313-1375), un

1. Thucydide, *Histoire de la guerre du Péloponnèse.*

écrivain florentin. C'est l'histoire de bourgeois aisés qui fuient la peste à Florence « comme si la colère de Dieu, qui voulait punir l'iniquité des hommes en leur envoyant la peste, ne devait que s'appesantir sur ceux qu'elle trouverait renfermés dans l'enceinte de la ville ». Ce fut aussi le cas à Wuhan, à Paris, en Île-de-France juste avant le confinement comme on le reverra. La fuite, si elle permet d'échapper à la mort, contribue aussi à diffuser l'épidémie par les voyageurs. Ce phénomène n'a pas été observé en France mais il l'a été en Chine où l'épidémie a diffusé en dehors de Wuhan à l'occasion des départs pour le Nouvel An chinois, et à la veille du confinement.

La fuite est aussi passée dans le langage courant quand on dit de quelque chose ou de quelqu'un qu'il faut le fuir comme la peste. Il en est de même des termes de « peste », « pestiféré » ou « pester », tous dérivés de la fuite devant la peste, les pestes.

L'épisode de la peste d'Athènes n'empêcha finalement pas la chute de la cité grecque, vaincue par les Spartiates en 429 av. J.-C. Plus tard, en 396 av. J.-C., la « peste de Syracuse » décima l'armée carthaginoise qui assiégeait cette ville, l'obligeant à lever le siège et permettant à Syracuse d'être libérée. Les épidémies une fois de plus au secours des assiégés !

La « peste antonine » est la première parmi celles de l'Antiquité gréco-romaine à être rapportée à une maladie infectieuse, plus probablement le typhus exanthématique que la variole ou la peste proprement dite. Elle se répandit par les armées romaines après la prise de Séleucie (165) dans toute l'Europe. Elle est connue par le fait que Claude Galien (129 ou 131-201 ou 216), deuxième médecin le plus connu après Hippocrate, avait fui la ville de Rome où il résidait alors en tant que médecin de l'empereur Marc Aurèle. Il n'est pas tombé en disgrâce pour autant et a pu revenir à Rome une fois l'épidémie passée. Il avait mis en application le précepte d'Hippocrate !

La transmission respiratoire : « Que Dieu vous bénisse »

Les premiers siècles du Moyen Âge sont caractérisés par des épidémies successives de peste, la vraie. Elle est due à une bactérie qui sera identifiée bien plus tard, en 1894, à Hong Kong, par Alexandre Yersin, d'origine suisse, un élève de Pasteur. Les deux principales formes de peste sont alors reconnues : 1. La forme bubonique classique, la plus fréquente, peu grave, et non contagieuse car transmise par la puce du rat (on l'apprendra seulement en 1898) ; 2. La forme pulmonaire souvent mortelle et très contagieuse, transmise directement d'homme à homme par voie respiratoire. C'est elle qui va nous intéresser car son mode de transmission est le même que celui de l'agent du Covid.

La « peste de Justinien » (du nom de l'empereur de Byzance) est considérée comme la première grande épidémie de peste, le monde de l'époque se résumant à l'Occident et au Moyen-Orient. Elle est partie d'Éthiopie en 541, passée en Égypte et au Moyen-Orient avant d'arriver en Europe par Constantinople au printemps 542. Elle a ensuite diffusé par les comptoirs maritimes, ports de la Méditerranée principalement, puis elle pénétrait l'intérieur des pays par voie fluviale, en remontant le cours des fleuves navigables avant de se généraliser, avant tout en milieu urbain. L'épidémie de Covid est aussi très urbaine.

La dangerosité de la transmission aérienne des infections respiratoires est connue depuis cette époque. La projection des postillons au cours d'une toux, ou d'un éternuement, était suivie de l'expression « Que Dieu vous bénisse », par référence, selon Jacques de Voragine (archevêque de Gênes en 1266) dans *La Légende dorée*, à la peste pulmonaire qui se transmet ainsi et est dotée d'une mortalité de 100 %. On est loin du Covid mais, en ces temps sans masque ni gel hydroalcoolique, les risques de transmission aérienne de la peste pulmonaire étaient connus. Être exposé ainsi, c'était mettre un pied dans la tombe. Sitôt confronté à la peste, sitôt béni par Dieu !

La « peste de Justinien » va durer deux siècles et disparaître brutalement en 767. Elle s'est superposée, dans sa deuxième partie, à une épidémie de variole, si bien qu'il est difficile de savoir ce qui revient à l'une ou à l'autre dans le décompte final des morts. On estime que la moitié des habitants de l'Irlande, alors refuge des élites européennes ayant fui les invasions barbares et la décadence romaine, a été emportée. À Constantinople, l'estimation est de 300 000 morts soit un tiers à la moitié de la population de l'époque. La démographie occidentale a été ramenée à son plus bas niveau depuis l'apogée de l'Empire romain. La peste aurait aussi tué le quart de la population chinoise. Et les lieux du pouvoir ont basculé de la Méditerranée et du sud de l'Europe, vers la mer du Nord et le nord de l'Europe.

Les dernières épidémies de l'Empire romain sont en fait plus difficiles à distinguer des catastrophes naturelles, et des famines. La variole fait son apparition en Europe en 312. Au Vᵉ siècle, l'Empire romain est autant accablé par les épidémies que par les tribus barbares qui y mettront fin. Sa chute, en 476, marque la fin de l'Antiquité et le début du Moyen Âge. Pour un historien américain, Kyle Harper, cette épidémie de peste joua un rôle prépondérant dans la chute de l'Empire romain, ce qui remet ainsi en cause les interprétations antérieures de la décadence de Rome. Et la plupart des historiens, dont Kyle Harper, sont d'accord pour dire que cette ponction démographique énorme a favorisé l'invasion de l'Espagne par les conquérants arabes, et l'implantation de l'islam en Europe à partir du VIIᵉ siècle.

La peste a ensuite disparu d'Europe avant d'y revenir de façon encore plus terrible six siècles plus tard et, cette fois-ci, elle arrivera par l'Asie.

Le siège de Caffa (1346) : premier acte bioterroriste

La peste noire qui a littéralement ravagé l'Europe est censée commencer, pour les historiens européens, en 1346 avec le siège de Caffa, un comptoir génois de la mer Noire en Crimée. Cette épidémie anéantira un tiers de la population occidentale. L'histoire de la médecine retient qu'il s'agit de la première utilisation de l'arme biologique, un acte bioterroriste, plus tard imité par les enveloppes au charbon en 2001 aux États-Unis.

L'épidémie aurait été provoquée intentionnellement par l'armée mongole qui, obligée de lever le siège de Caffa du fait de la peste parmi ses troupes, aurait catapulté les cadavres de ses pestiférés par-dessus les murailles de la cité. En fait la « Terreur noire » avait pris naissance vers 1340 quelque part en Asie centrale et été exportée vers la Crimée par les armées en campagne.

L'histoire en a été rapportée par Gabriel de Mussis, un Italien témoin du siège de Caffa. Mais beaucoup de médecins et d'historiens mettent en doute cette origine. La peste pulmonaire ne peut se transmettre facilement au contact des morts, et la contagion directe par les bubons n'est pas reconnue. En fait, il est plus probable que la contamination se soit faite par des rats venus du camp mongol. Les rats ne connaissent pas les murailles.

Cette allusion au bioterrorisme peut paraître hors de propos. Pourtant, il me semble que depuis 2001, on s'est bien trop focalisés sur le risque bioterroriste au détriment des risques plus naturels, comme le covid. Ces derniers temps, nous nous préparions plus à l'improbable qu'au possible.

La peste, « ce grand massacreur des mal-nourris »

Quoi qu'il en soit, la peste noire entrera bien en Europe par le port de Caffa (actuellement Féodosia) en 1347. Après la levée du siège de la ville par les Tatars, minés par la peste, les marins génois repartent vers l'Italie et, au gré de leurs escales, exportent la maladie à

Constantinople, puis en Sicile. L'épidémie se développera ensuite en Afrique du Nord puis en Europe du Sud. Le 1er novembre, trois bateaux génois entrent dans les eaux du port de Marseille. La peste va diffuser dans toute l'Europe pendant des décennies. Elle durera quatre siècles, jusqu'en 1721. C'est la première épidémie à propos de laquelle il existe des données sûres. Il s'agit de peste bubonique et pulmonaire, comme classiquement décrit, mais aussi de formes septicémiques dont certaines complications lui auraient donné le nom de « peste noire ». La mortalité variait de 60 à 100 %.

L'épidémie de peste allait se développer par vagues successives à travers l'Europe à raison d'environ un épisode toutes les décennies pendant deux siècles, par exemple pour la France entre 1347 et 1536. L'épidémie était urbaine, principalement dans les plus grandes villes où s'entassaient des populations pauvres dans des logements insalubres, à l'hygiène précaire, envahis par les rats. Les campagnes étaient relativement épargnées du fait de leur habitat dispersé et de leur population moindre : « Les maisons et les habitants sont moins denses qu'à la ville », selon Boccace.

L'épidémie touchait plus particulièrement certains métiers (médecins, ecclésiastiques, boulangers), de grands rassemblements humains, des communautés religieuses ou des armées en campagne, et se répandaient à l'occasion de mouvements de troupes, de foires et de pèlerinages. On retrouvera le rôle pivot des communautés religieuses dans la diffusion de l'épidémie de Covid. L'épidémie de 1522 à Paris a été particulièrement emblématique car elle s'est superposée à une grande disette. Les plus pauvres et les plus mal nourris mouraient, d'où la réputation de la peste, « ce grand massacreur de mal-nourris ». Le Covid touchera de façon identique les plus pauvres et les obèses car, entre autres raisons, l'obésité de la mal-bouffe a remplacé la maigreur de la sous-nutrition comme marque de pauvreté.

La peste est survenue dans une Europe considérée à l'époque comme surpeuplée, affamée du fait de disettes et de famines récurrentes, et non immune puisque la maladie avait disparu d'Europe depuis six siècles, restant cantonnée en Asie. L'immunité collective avait disparu. Résultat : on estime le nombre de morts à 50 millions, soit la moitié de la population européenne de l'époque, une telle gravité étant aussi liée au contexte de famine et à la présence d'autres maladies épidémiques (dysenterie, typhoïde, variole, coqueluche, grippe...). Et il est probable, finalement, qu'il y ait eu autant de morts de la peste que d'autres causes médico-sociales. La peste tuait environ un tiers des habitants des grandes villes mais c'est monté jusqu'à 75 % à Venise, 80 % à Majorque. Et la papauté de Clément VI avait estimé le nombre de morts à 23 840 000 après la première vague épidémique. La peste noire fut un cataclysme démographique bien supérieur aux deux guerres mondiales réunies.

Fermeture des portes hier, des frontières aujourd'hui

Au Moyen Âge, on fermait les portes des villes. Le but était d'empêcher l'arrivée de personnes en provenance de zones infectées. Cela s'appliquait plus particulièrement aux groupes les plus exposés : mercenaires, mendiants, et vagabonds. Les portes des villes étaient murées ou les gardes renforcées pendant toute la durée de l'épidémie.

Au XXIe siècle, la plupart des pays fermeront leurs frontières avec des conséquences catastrophiques sur le tourisme et le monde des voyages. La fermeture des frontières sera revendiquée très tôt par des politiciens de toute sorte, partout, alors qu'ils n'avaient pas encore compris que le virus circulait déjà parmi eux. À dire vrai, le virus circulait déjà depuis bien plus longtemps qu'on ne le pensait. Mais il n'est jamais trop tard même si, pour que cette mesure soit efficace, il faut fermer les portes avant même que le premier malade ait pénétré. Le Vietnam et Taïwan[1], dûment avertis par le précédent du SRAS[2], ont été les premiers à fermer leurs frontières.

L'Europe se barricadera en fermant les frontières de l'espace Schengen à partir du 11 mars. Mais, au-delà de la fermeture des frontières internationales, force est de remarquer que nous avons en fait fermé les portes, d'abord de nos quartiers, en limitant la circulation à un périmètre d'un kilomètre autour de nos domiciles, puis de nos régions, en élargissant ce périmètre d'exclusion à 100 km. Seuls certains métiers étaient exemptés de cette interdiction.

1. Voir chapitre 6.
2. Voir chapitre 3.

Isolement : « Dieu, ayez pitié de nous »

L'isolement se distingue en théorie de la quarantaine, mais le but est le même : casser les chaînes de transmission. L'isolement est censé concerner des malades (ou des personnes saines mais connues comme infectées) et se fait dans des lieux différents de la quarantaine qui, elle, s'applique aux contacts (dont on n'est pas sûr qu'ils soient infectés). S'isoler des morts, et plus encore des malades, est très tôt perçu comme indispensable. Et l'isolement a représenté la première mesure prise par les autorités municipales en cas d'épidémie de peste.

Le procédé le plus ancien était d'enfermer les malades dans leurs maisons barricadées et marquées d'une croix rouge parfois assortie d'une épitaphe : « Dieu, ayez pitié de nous » ou « Que le Seigneur étende Sa miséricorde sur cette maison ». Seuls les soignants étaient autorisés à rentrer. Les portes étaient rouvertes après la mort ou la guérison des habitants. On retrouvera le même procédé au cours de l'épidémie de Covid, en Inde par exemple.

Les malades seront ensuite isolés dans des constructions en bois appelées baraques, cabanes ou loges, selon les régions. Celles-ci étaient construites à la hâte le plus souvent en dehors des fortifications, au mieux sur des îles au large des ports, en tout cas à distance des villes. De telles structures duraient le temps de l'épidémie pour finir par être brûlées. Ces habitations éphémères seront progressivement transformées en hôpitaux pour pestiférés au XVe siècle. Les hôpitaux résulteront aussi de la réhabilitation d'anciennes léproseries, rendue possible par la diminution très importante du nombre des lépreux dès la fin du Moyen Âge.

Pareillement, au cours de l'épidémie de Covid, les Chinois construiront en dix jours, en février 2020, un centre d'hébergement en préfabriqué (« Montagne de Dieu »); l'armée française construira à Mulhouse un hôpital de campagne en mars; les Américains enverront un bateau-hôpital (l'*USNS Confort*) dans le port de New York en avril, puis garniront Central Park, au cœur de Manhattan, de tentes-hôpitaux militaires. Et il sera exigé ou demandé (selon les pays et leur régime plus ou moins autoritaire) aux personnes malades ou en quarantaine d'être isolées dans des hôtels, des gymnases ou d'autres lieux pour briser les chaînes de contamination.

Quarantaine plutôt que quatorzaine

La peste noire a fait apparaître la notion de quarantaine pour isoler les personnes potentiellement contagieuses (ou en incubation) ainsi que les marchandises. Elle s'appliquait à des personnes bien portantes et aux cargaisons. On considérait à l'époque les cargaisons des navires, faites de fourrures, d'étoffes, de laines et de papier, comme des « objets susceptibles », c'est-à-dire capables de transmettre la peste. Il faudra attendre le début du XXe siècle pour voir disparaître les dernières quarantaines, jusqu'au Covid.

La quarantaine en tant qu'isolement préventif est ainsi définie pour la première fois en 1377 par le Grand Conseil de Ragusa, aujourd'hui Dubrovnik (en Croatie), autrefois un port adriatique important. Le but était d'éviter que la peste entre dans les ports. L'accès était interdit à ceux qui arrivaient d'une zone où sévissait la maladie, sauf s'ils avaient fait escale au préalable dans deux zones indemnes. La quarantaine sera ensuite adoptée par tous les grands ports d'Europe, Venise la même année, Marseille en 1383, Barcelone en 1458, Édimbourg en 1475. Le dispositif de la quarantaine est complété par la mise en place de lazarets où seront isolés les malades à Venise (1403), Gênes (1469), Marseille (1526).

L'idée du nombre quarante dérive, une fois de plus, d'un précepte d'Hippocrate qui défend qu'une maladie aiguë se manifeste dans un délai de quarante jours. C'était une époque où la contagiosité et la durée d'incubation des maladies infectieuses n'étaient pas connues. Mais il n'est pas exclu que cette période de quarante jours corresponde aussi au carême en référence à la durée de la période d'isolement du Christ dans le désert. La durée de la quarantaine fut ensuite réduite à la durée maximale d'incubation de la maladie correspondante, par exemple quatorze jours pour le Covid, si bien que l'on a parlé d'une « quatorzaine ». Mais le terme de « quatorzaine » est plutôt un terme de droit qui désigne « un espace de quatorze jours entre les différentes étapes d'une saisie judiciaire ».

Le système de la quarantaine, raccourcie à quatorze jours, sera appliqué aux ressortissants français rapatriés de Wuhan. Par un étrange retour de l'histoire, les premiers rapatriés du Covid seront isolés à Carry-le-Rouet, près de Marseille, qui fut le premier port français à établir une règle de quarantaine pour ses navires à l'époque de la peste noire. Les seconds seront isolés en Normandie près de Caen. En 2020, en plus de la fermeture des frontières, la quarantaine sera pareillement imposée par la plupart des pays aux ressortissants des autres nations dans une sorte de réciprocité. La mise en œuvre se fera avec plus ou moins de rigueur, les plus stricts étant les Asiatiques, les Français s'illustrant plutôt par leur laxisme.

La lèpre : repérer et isoler

La lèpre est due à une bactérie très proche du bacille de la tuberculose[1]. Elle se transmet aussi par voie respiratoire mais sa contagiosité est faible, contrairement à celle de la peste pulmonaire, de la tuberculose ou du Covid. Par exemple, les cas de transmission familiale sont estimés à moins de 3 % dans la lèpre. C'est beaucoup plus élevé dans la tuberculose ou le Covid, maladies où les foyers familiaux et professionnels sont nombreux. La lèpre est une maladie chronique, d'évolution très lente, qui touche principalement la peau, les nerfs et, pour finir, les os. Elle est responsable de lésions cutanées affligeantes sur le plan esthétique, de souffrances neurologiques et d'amputation spontanée de segments de membres, très handicapantes sur le plan fonctionnel, le tout contribuant à la stigmatisation sociale des malades.

La lèpre a été reconnue dès l'Antiquité. Mais elle attendra le Moyen Âge pour devenir une « terreur sacrée », une « punition divine », pour reprendre les mots

1. Voir chapitre 2.

de Mirko Grmek, célèbre historien de la médecine, dans son livre *Les Maladies à l'aube de la civilisation occidentale*. Elle était absente de l'Amérique précolombienne, ce qui suggère que son apparition est postérieure à la disparition du pont terrestre entre l'Asie et l'Amérique, c'est-à-dire à la formation du détroit de Béring, soit environ 20000-10000 ans av. J.-C. On considère qu'elle était présente en Inde (et peut-être en Chine) dès le premier millénaire av. J.-C. Elle était aussi décrite en Égypte dans la vallée du Nil. Elle serait apparue en Italie peu avant notre ère. Elle devient une maladie endémique en Europe à la fin de l'Empire romain, au cours duquel elle s'est répandue progressivement au gré de la dispersion des légions romaines, et possiblement du retour des croisés. Elle atteint son apogée entre le XIe et le XIVe siècle. Au Moyen Âge, la lèpre est un fléau comparable à la peste, en Europe. Elle arrivera en Amérique au XVIe siècle par les marins portugais et espagnols, et les migrants norvégiens. Les maladies infectieuses voyagent plutôt bien !

Le but était de fuir les malades de la lèpre. Pour les fuir encore fallait-il les repérer. C'est la base de la conduite à tenir devant une épidémie naissante : repérer les cas. Faut-il encore avoir la bonne définition. On verra avec le Covid que nous n'avons pas bien défini les cas au début, faute de connaissances suffisantes sur la maladie[1]. Pour la lèpre, il était facile de repérer les patients, tellement la maladie était défigurante et mutilante. Pour être bien repérables, les lépreux étaient

1. Voir chapitre 7.

équipés d'une crécelle, rustique instrument de musique, qui leur permettait de se signaler par le bruit émis. Au temps du Covid, les malades pouvaient être dépistés systématiquement par la prise de température mais, de l'avis général, cette mesure est insuffisante car seuls 50 % des malades sont fébriles et la contamination se fait tout autant auprès de malades asymptomatiques[1].

Après avoir repéré les malades contagieux, en période épidémique, il est indispensable de les isoler. Les lépreux étaient mis à l'écart dans des léproseries, alors que les malades du Covid ont pu être isolés dans des hôtels, des gymnases, ou d'autres lieux construits à la hâte. Les premières léproseries remontent aux Ve et VIe siècles. En temps de lèpre, les léproseries n'étaient pas des hôpitaux où des soins étaient prodigués, mais plutôt des lieux de regroupement où les malades pouvaient être mis à l'écart de la société. Ils étaient libres de circuler mais ne pouvaient pas rentrer dans les villes, les maisons ou les églises. Et ils devaient toujours signaler leur présence avec une crécelle.

À signe divin, remèdes des dieux

La peste, considérée tardivement comme une malédiction divine, se devait d'être enrayée par des rites du même ordre, dans lequel le clergé prenait une part déterminante.

Processions, pèlerinages, prières, offrandes de cierges géants, messes et célébrations de repentance, parfois

1. Voir chapitre 5.

associés à des pratiques de contrition et de mortification, étaient organisés. En 1348, à Vienne, tout le clergé et la population marchent pieds nus au cours d'une procession. En 1421, à Poitiers, la ville fait don d'un cierge de 50 kg à Notre-Dame-la-Grande pour arrêter la peste. On ne verra pas de telles pratiques au cours de l'épidémie de Covid, signe de la disparition du divin dans notre approche des épidémies.

Des cultes étaient également rendus à des divinités protectrices. Cela a débuté avec le culte de la Vierge puis s'est poursuivi par celui de saint Sébastien et de saint Roch. À chaque fois, un miracle présumé, l'arrêt de l'épidémie de peste, est à l'origine de ce culte. Selon Jacques de Voragine, dans sa *Légende dorée*, la disparition de l'épidémie fait suite à une procession au cours de laquelle la Vierge est portée à travers les rues de Rome en 590, et à l'élévation d'un autel à saint Sébastien dans l'église Saint-Pierre-aux-Liens, à Pavie, en 680. Le choix de saint Sébastien, au corps percé de flèches, n'est pas lié au hasard. Les hommes du Moyen Âge considéraient ce saint comme un intermédiaire auprès de Dieu et les flèches comme une agression divine dont la peste faisait partie.

Le culte de saint Roch est plus tardif. Il trouve son origine à Montpellier et n'est pas fondé sur un miracle mais sur un comportement exemplaire. Médecin, Roch part en pèlerinage à Rome et contracte la peste en soignant des pestiférés. Il en guérira grâce à l'intervention d'un ange, raison pour laquelle il est souvent représenté entouré d'anges. Il consacrera le reste de sa vie à soigner les malades. Dans cette version, il serait mort à

Montpellier en 1327. Mais d'autres écrits le font naître en 1350 et mourir en 1379 en Lombardie. Dans les deux cas, il meurt emprisonné. Son culte supplantera définitivement celui de saint Sébastien à partir de 1414, l'invocation de saint Roch au début du concile de Constance, en pleine peste, étant réputée avoir fait cesser l'épidémie et permis au concile de se tenir. Dès lors, la réputation de saint Roch comme interlocuteur privilégié contre la peste était établie. Elle durera jusqu'au XVIIIe siècle.

À l'occasion de l'épidémie de Covid, l'aura de certaines personnes a diffusé dans des pays du fait de la personnalité qui incarnait la lutte, la Première ministre néo-zélandaise, le ministre de la Santé québécois, le maire de New York, le virologue allemand... Mais pas au point d'être associé à un culte anti-Covid. L'exception est peut-être française, avec le grand druide marseillais et sa potion magique, la chloroquine[1]. Le lundi 11 mai, premier jour du déconfinement, un camion publicitaire sillonne la ville de Marseille au son d'une musique digne de Woodstock. Sur les deux écrans vidéo, on voit apparaître un portrait géant de Didier Raoult avec cette légende « : «Marseille et le reste du monde vous aiment et vous soutiennent.» Des cierges à l'effigie du Pr Raoult, figure locale, seront vendus sur le Vieux Port. Et des adeptes se feront même tatouer le visage du professeur marseillais sur la cuisse. On a les saints qu'on mérite !

1. Voir chapitre 12.

Des pogroms antijuifs aux caricatures antisémites

Au Moyen Âge, les juifs étaient accusés, évidemment à tort, de diffuser la peste. Et à l'époque de la peste noire, les juifs étaient victimes de pogroms, brûlés vifs en place publique. Les exemples sont relativement nombreux en Allemagne, en Suisse alémanique (Fribourg, Bâle), et en France. Le massacre de la Saint-Valentin à Strasbourg, le 14 février 1349, est resté emblématique de cette dérive moyenâgeuse : la moitié de la population juive de la ville, soit environ deux mille personnes, avait été brûlée vive, ce qui n'avait évidemment pas empêché la peste d'arriver à Strasbourg. Les juifs étaient accusés d'empoisonner les puits. L'arrivée de la peste dans la région créait une grosse panique. Le peuple, manipulé, réclamait l'extermination des juifs. Et cela permettait surtout aux profiteurs, bien de chez nous, de se libérer des dettes contractées auprès des juifs, en plus de s'approprier leurs biens. Cela n'avait rien à voir avec la peste !

L'antisémitisme est revenu à l'occasion de l'épidémie de Covid, en plus de la stigmatisation de la communauté asiatique en France et dans le monde[1]. L'épidémie de Covid a apparemment déclenché une vague d'antisémitisme : messages antisémites diffusés sur les réseaux sociaux, caricatures de personnes supposées juives (Agnès Buzyn, ex-ministre de la Santé, Jérôme Salomon, directeur général de la Santé, Yves Lévy, mari d'Agnès Buzyn et ex-directeur de l'Inserm),

1. Voir chapitre 7.

vidéos sur YouTube, cyberattaques. Les réseaux sociaux se sont fait l'écho de théories du complot rendant les juifs responsables de la propagation de l'épidémie de Covid.

Le site Conspiracy Watch a ainsi relayé en mars 2020 un tweet particulièrement emblématique de la réactualisation du mythe du juif empoisonneur au temps de la peste : « Pendant que Buzyn refusait de fermer les frontières, son mari Lévy empêchait Didier Raoult de publier ses résultats. Tandis que Jérôme Salomon liquidait notre stock de masques. Mais bon, officiellement, l'empoisonnement des puits au moment de la peste relève du mythe. »

Propreté, désinfection

Le premier à se préoccuper de l'hygiène des villes est un rabbin andalou, Moïse Maimonide (1135-1204). Ses principes seront appliqués lors de l'apparition de la peste noire, la promiscuité avec les ordures et les rats étant malvenue même si le rôle clé des rats dans la peste n'avait pas encore été perçu. Les premières mesures de propreté concernent donc le nettoyage des rues, jonchées d'ordures ménagères et de déjections humaines, de résidus de tannerie et d'autres activités artisanales, d'excréments de porcs, volailles et autres animaux domestiques. Les premières mesures d'hygiène visent certaines populations : bouchers, tanneurs, barbiers, chirurgiens, surtout par temps de peste. Puis font leur apparition, dans la deuxième partie du XVe siècle, les charretiers pour enlever les ordures, avec l'obligation de déversement des déchets et fumiers dans des dépotoirs en dehors des villes.

Les premiers pas de la désinfection se font à la fin du Moyen Âge. Le plus radical est le feu, des quartiers entiers de villes étant ainsi détruits, pratique abandonnée à la fin du XVe siècle. Plus romantique est la diffusion dans l'atmosphère de différents arômes de plantes aux vertus plus ou moins antiseptiques : encens, laurier, romarin, camomille, myrrhe… La désinfection des personnes et des locaux était fondée sur l'utilisation de « parfums » censés éliminer les germes responsables de la maladie. Une odeur « saine » était ainsi synonyme de désinfection. Cette pratique aurait commencé au XIVe siècle et se serait enrichie au gré de l'arrivée des bois exotiques, du soufre, de l'arsenic et de la poudre à canon aux siècles suivants. Puis cette activité a été réservée aux « désinfecteurs » qui étaient agréés par les responsables des villes.

Aujourd'hui, on voit des camions-citernes répandre des produits désinfectants dans les rues de Chine, de Turquie ou d'Italie et dans certaines villes françaises. Le maire de la ville de Cannes a ainsi désinfecté les rues et même les plages de la ville. Cette pratique n'est toutefois pas très répandue en France où l'on considère probablement qu'elle est inutile.

Masques et équipements de protection

Le masque fait son apparition en même temps que le costume qui équipait les médecins de la peste au

XVIIe siècle lors d'une épidémie, à Rome, en Italie. Mais l'invention de l'ensemble remonte à 1619 et en revient à Charles Delorme, médecin de Louis XIII, qui a vécu tout de même quatre-vingt-quatorze ans (à une époque où l'espérance moyenne de vie ne dépassait pas vingt-cinq ans).

Le masque utilisé à cette époque est en forme de bec d'oiseau, de héron ou de toucan. Il est décrit ainsi par C. Delorme : « Le nez long d'un demi-pied [16 cm] en forme de bec, rempli de parfums, n'a que deux trous, un de chaque côté à l'endroit des ouvertures du nez naturel ; mais cela peut suffire pour la respiration et pour porter avec l'air qu'on respire l'impression des herbes renfermées plus avant le bec. » Le bec devait être suffisamment large pour contenir des herbes (menthe), des épices, du camphre, ou une éponge inhibée de vinaigre. Le but réel était d'éloigner les mauvaises odeurs dégagées par les malades et les cadavres. Le but symbolique était de filtrer l'air censé être chargé des miasmes dont on pensait à l'époque qu'ils propageaient les maladies infectieuses, comme la peste. Finalement, c'était peut-être efficace pour barrer l'entrée par le nez des agents pathogènes transmis par voie aérienne. La théorie microbienne qui a coulé la théorie des miasmes est due à Louis Pasteur dans la deuxième partie du XIXe siècle.

Le masque sera conservé par les soignants tout au long de l'épidémie de Covid. Son port sera même progressivement élargi à l'ensemble de la population. Le port du masque finira même par être recommandé pour tous à l'exception des enfants… à partir du moment où on en disposera pour tout le monde[1]. Nos gouvernants, et ceux qui s'en sont fait les porte-parole, auraient dû expliquer au tout début de l'épidémie, quand il a fallu gérer la pénurie, qu'il y avait des priorités. Ne pas en porter dans les lieux clos, les transports en commun, les magasins, les salles de réunion, est irresponsable en période épidémique. Le masque devrait être rendu obligatoire dans tous les lieux clos, et remboursé par la Sécurité sociale.

Le masque, à l'époque de la peste, est associé à d'autres accessoires : une tunique qui recouvre le corps, avec une cagoule sur la tête, des gants de protection, des bottes et des jambières, un chapeau noir, et une baguette. La baguette servait à soulever les vêtements pour examiner les malades sans les toucher. Le costume et l'ensemble conféraient aux médecins une certaine protection individuelle et collective, sociale et psychologique. Les médecins pouvaient être vus comme des messagers de la mort et faire l'objet de menaces, voire de meurtre, de la part de la population.

Au contraire du masque, la tunique sera abandonnée au cours du XIXe siècle pour refaire son apparition avec les épidémies d'Ebola et de fièvres hémorragiques virales à la fin du XXe siècle. Son usage au cours du Covid a beaucoup varié d'un endroit à l'autre. Dans nos services, notre équipement était faible comparativement à celui des Chinois vus sur les chaînes de télévision. Et je ne pense pas la contamination du personnel soignant ait été supérieure à celle qu'elle a été ailleurs dans le

1. Voir chapitre 12.

monde, mais seulement une fois les protections respiratoires correctes mises en place.

La peste des chiffonniers et ses brigades

La «peste des chiffonniers» fut la dernière épidémie de peste en France en 1920. Elle a touché une population précaire vivant autour de Paris dans ce qui ne s'appelait pas encore les bidonvilles, mais «la zone», en périphérie des fortifications. Il s'agissait d'une succession de taudis, où des milliers d'habitants s'entassaient dans des conditions de vie très précaires, vivant à plusieurs dans une pièce, au milieu des rats et des déchets. Les foyers épidémiques sont identifiés parmi les chiffonniers, à Levallois, Clichy et Saint-Ouen. Les chiffonniers sont facilement reconnaissables sur les cartes postales anciennes, traînant derrière eux leurs charrettes à bras, remplies de ce qu'ils dénichent dans les ordures : ferraille, tissus, chiffons, vaisselle, bouchons et restes alimentaires.

La peste est arrivée en 1917 par un bateau en provenance des Indes, après avoir transité par l'Angleterre pour y charger du charbon. Le bateau remonta la Seine du Havre jusqu'à Levallois, en banlieue parisienne, où le bateau séjourna quarante-huit heures. Des rats s'en échappèrent et l'épidémie pouvait démarrer chez les personnes piquées par les puces. Les malades sont admis à l'hôpital Claude-Bernard, porte d'Aubervilliers. Les personnes-contacts sont identifiées en parcourant tous les foyers suspects, en interrogeant les proches et les voisins, pour remonter les chaînes de transmission, comme cela est fait aujourd'hui avec les « brigades » pour le Covid. Cette mission est confiée à Édouard Joltrain, un médecin, inspecteur des épidémies à la préfecture de police de Paris, un poste aujourd'hui disparu. Les malades sont isolés de façon quasi obligatoire et il doit leur être administré du sérum antipesteux de l'institut Pasteur, sérum fourni gratuitement par les mairies et les commissariats de police tout au long de l'épidémie. Les habitants des foyers suspects sont « mis en isolement soit dans des bâtiments militaires disponibles sur les fortifications, soit dans des baraquements appropriés, s'il en existe », à la demande d'Albert Calmette, un médecin de l'école de Pasteur dont le nom sera associé à la vaccination contre la tuberculose par le BCG (bacille de Calmette et Guérin). Calmette est alors le sous-directeur de l'institut Pasteur, et surtout il préside le comité technique du ministère de l'Hygiène, de l'Assistance, et de la Prévoyance sociales, créé pour l'occasion sans pouvoir ni budget. Calmette mettra d'ailleurs en garde dans la presse contre les « économies malfaisantes ». Cela ne nous change pas beaucoup du Covid. Cette épidémie de peste a fait au total cent six malades déclarés et trente-quatre morts.

Dès la fin du Moyen Âge, le gros de l'arsenal préventif utilisé contre le Covid (fuite, fermeture, isolement, quarantaine) est donc connu. L'isolement des malades et la quarantaine (isolement préventif) sont en effet considérés comme un des principaux moyens de lutte contre une épidémie, pour interrompre les cycles de transmission entre les hommes. Cette lutte, quand elle est possible et bien faite, est très efficace contre les maladies infectieuses qui se transmettent par voie respiratoire, comme la variole, la peste pulmonaire, la grippe, ou le Covid. Les autres gestes barrières, les masques et les gels hydroalcooliques, enrichiront l'arsenal préventif au cours des épidémies des siècles suivants à mesure du développement de la botanique, puis de l'industrie[1].

1. Voir chapitre 2.

2

Pandémies dans l'Ancien et Nouveau Monde

L'après-Moyen Âge, c'est-à-dire après la découverte du Nouveau Monde, se caractérise par une diversification des maladies infectieuses, la peste n'occupant plus seule la tête d'affiche, et par leur extension géographique au continent américain ; c'est-à-dire au-delà de l'Ancien Monde (Asie, Afrique et Europe). Après la découverte de l'Amérique, on peut commencer à parler de pandémie, même si les puristes considèrent que l'on ne peut parler de véritable pandémie qu'à partir de l'épidémie de grippe de 1968, première maladie à avoir touché les cinq continents.

La découverte du Nouveau Monde

Les maladies infectieuses, sous forme épidémique, ont plus contribué, à partir de 1492, à la conquête du Nouveau Monde que les armées en campagne. Les habitants des Amériques ont été plus sûrement vaincus par les épidémies de variole, de rougeole, de typhoïde et de grippe, maladies vis-à-vis desquelles ils n'avaient aucune immunité collective, au contraire des Européens. Au Mexique, les Aztèques passèrent de 25 millions en 1518, à l'arrivée des Espagnols de Cortès, à un million et demi en 1620, probablement du fait de la typhoïde. Un siècle plus tard, les Indiens du Canada sont décimés par la variole, importée au début du XVIIe siècle par les Anglais. Ces épidémies de maladies infectieuses se succèdent jusqu'à l'apparition d'une immunité collective dans la population, ce qui a pris un certain temps et s'est fait avec un coût humain si élevé qu'il a contribué à la disparition de ces civilisations.

En retour, les conquistadors ont ramené dès leur premier voyage en 1492 (ou le deuxième en 1493) la syphilis, la « vengeance des vaincus », qui est une des rares maladies, avec la fièvre jaune, exportée du Nouveau Monde vers l'Ancien Monde. Mais avec quel succès ! L'arrivée de la syphilis dans une population européenne sans immunité collective a été épouvantable du fait de formes cliniques particulièrement graves, aujourd'hui disparues. La syphilis était alors qualifiée de « grande vérole » par opposition à la variole, qualifiée de « petite vérole ». La syphilis a fini par être contrôlée avec l'apparition de la pénicilline en 1945, même si tout le monde n'a pas pu en bénéficier tout de suite, faute de production industrielle. Quant à la fièvre jaune, maladie transmise par piqûre de moustique, elle était due à l'importation de moustiques infectés, présents dans les cales de navires, en particulier ceux venant de La Havane (Cuba) et de Carthagène (Colombie).

Enfin, la découverte du Nouveau Monde a été rapidement suivie du commerce triangulaire, plus précisément la traite des Noirs, qui a permis l'apparition en Amérique de maladies jusqu'alors exclusivement africaines, comme la bilharziose digestive ou les filarioses lymphatiques. Mais ces maladies n'ont pas évolué sur un mode épidémique et n'ont pas fait autant de dégâts que la variole, la grippe ou la rougeole.

Variole : « La moitié en meurt, l'autre moitié est défigurée »

Plusieurs épidémies de fièvre éruptives, inconnues pendant l'Antiquité, traversent le Moyen Âge. Il s'agit de la variole, de la rougeole, de la scarlatine et du typhus exanthématique, dont le roi Saint Louis meurt devant Tunis le 25 août 1270. À cette époque, on ne sait pas encore les distinguer. La première épidémie de variole en Europe survient en Gaule en 570. C'est un médecin perse, Abubeker Mohammed, dit Rhazes (860-930), qui différencie le premier la rougeole de la variole, en 900, à Baghdâd. Dans un traité consacré à la variole, il recommande certains traitements : boissons fraîches, saignées abondantes, ventouses scarifiées, ouverture des lésions cutanées avec une aiguille d'or, interdits alimentaires, et, de façon intéressante, déjà, l'aération de la chambre. Et c'est un autre médecin perse, Avicenne (980-1037), qui établit, un siècle plus tard, le pronostic de la variole en fonction de la couleur des lésions cutanées : blanche, c'est bénin ; noire, c'est potentiellement mortel.

La variole était connue depuis le Néolithique mais son potentiel épidémique ne s'exprima qu'avec le début des concentrations humaines, en 3000 av. J.-C. La variole semble avoir été introduite en Europe par les Sarrasins au VIIe siècle et réapparaît à différentes reprises jusqu'à la fin du Xe siècle, puis aux XIIe et XIIIe siècles, avec le retour des croisés – ce qui est de plus en plus débattu. Au cours des siècles suivants, la variole devient le principal fléau épidémique en Europe, supplantant progressivement la peste qui ne procédait plus que par poussées épidémiques plus ou moins rapidement contrôlées, jusqu'à sa disparition d'Europe en 1771 – même s'il y a des résurgences, par exemple la peste des chiffonniers, dernier épisode à Paris dans les années 1920[1].

La variole était associée à une mortalité moins élevée que la peste mais aussi à des cicatrices très disgracieuses et défigurantes, d'où son nom de «petite vérole» par opposition à la «grande vérole», la syphilis, maladie bien plus redoutable à son arrivée en Europe en 1492. Au cours du XVIIIe siècle, la variole est omniprésente en France et en Angleterre. Elle emporte le roi Louis XV. Et elle fait dire à Voltaire : «La moitié en meurt, l'autre moitié est défigurée», ce qui était très exagéré, d'autant plus qu'il écrit en avoir été lui-même atteint et avoir néanmoins gardé un visage «juvénile», non marqué par les terribles cicatrices.

1. Voir chapitre 1.

Variolisation

C'est Lady Montagu, femme de l'ambassadeur d'Angleterre à Constantinople (qui ne deviendra Istanbul qu'en 1930), qui est à l'origine de l'introduction de la variolisation en Europe. En 1717, elle décida d'inoculer son fils avec du pus de varioleux convalescent.... C'est la variolisation, technique qui venait de Chine ; elle y était de pratique courante depuis le XIe siècle, et aussi utilisée dans la communauté grecque de Constantinople. L'intérêt était de provoquer une forme bénigne de la maladie et d'être protégé contre toute forme ultérieure plus sévère. Le risque de mortalité n'était pas négligeable (1/300) mais bien plus faible que celui de la maladie elle-même (un décès pour sept malades). L'inoculation fut introduite en Angleterre, après cette expérience réussie, et elle se répandit progressivement en Europe. Mais elle fut rapidement abandonnée, faute de succès à grande échelle et du fait des risques de mortalité.

La variolisation a toutefois été à la base de la vaccination.

La vaccine(ation), c'est Edward Jenner

N'en déplaise aux Français, la première vaccination et son principe reviennent à l'Anglais Edward Jenner avec la variole, en 1796, près d'un siècle avant Louis Pasteur avec la rage, en 1885.

Edward Jenner avait tout simplement observé en Angleterre que les femmes de ferme, les trayeuses de lait de vache, n'attrapaient jamais la variole au contraire des personnes de la cour qui étaient régulièrement infectées. En revanche, elles attrapaient régulièrement la vaccine, une maladie cutanée, limitée à la main et à l'avant-bras, sans gravité, acquise en trayant les vaches, d'où le nom de « vaccine », venant de *vacca*, vache en latin. Jenner eut donc l'idée d'inoculer sous la peau, par scarification, du pus de lésions cutanées de la maladie des trayeuses. Et les inoculés s'en trouvèrent protégés de la variole. L'inoculation de l'agent responsable de la vaccine avait suscité une protection croisée contre l'agent de la variole. On découvrira deux siècles plus tard qu'il s'agit de deux virus, tellement proches que l'on pourrait parler de cousins s'il s'agissait d'humains. Le principe et le nom de vaccination étaient nés.

La vaccination antivariolique eut un grand succès du fait de son efficacité et de son faible coût. Elle se répandit progressivement dans toute l'Europe. En France, sous l'influence du Dr Guillotin, inventeur de la guillotine, mais aussi créateur d'une société de vaccination en 1799, Napoléon Ier fit vacciner son fils, le roi de Rome, et la grande armée. La vaccination de Jenner permit de limiter la variole, avant que cette maladie ne soit définitivement éradiquée au XXe siècle grâce à une vaccination plus efficace et mieux tolérée. Mais la variole tue encore 200 000 personnes en France en 1870-1871, les Français s'étant détournés de la vaccination antivariolique de Jenner, au temps de Pasteur. L'OMS prit la décision d'éradiquer la variole en 1960. Ce programme fut considéré comme un succès en 1980. C'est la seule maladie infectieuse considérée aujourd'hui comme éradiquée.

Le choléra, sept pandémies et une médaille pour les soignants

La première description du choléra fut faite par un officier de Vasco de Gama en 1503, en Inde. La maladie y était connue depuis des siècles, décrite dans un traité médical de l'Inde antique, le *Sucrutasaminhita*. Mais au XIXe siècle, avec l'accélération des échanges maritimes, la percée du canal de Suez, puis la révolution industrielle et le développement du train et des bateaux à vapeur, le choléra sort de son foyer historique du delta du Gange et du Brahmapoutre pour se répandre dans le monde, à partir de 1827. Le choléra est ainsi considéré par certains historiens, comme Patrick Boucheron, comme « intimement lié à l'histoire du capitalisme, à la globalisation du XIXe siècle ». La diffusion du choléra en Europe et dans le monde a été à la base de la création d'un Office international de d'hygiène publique (OIHP) en 1907, considéré comme l'ancêtre de l'Organisation mondiale de la santé (OMS), fondée en 1948. La principale tâche de l'OIHP est d'organiser la lutte contre la propagation des maladies infectieuses.

On distinguera sept épidémies successives de choléra dont cinq au XIXe siècle. La première pandémie va être officiellement responsable de 100 000 morts en France en 1832. C'est au cours de cette épidémie que meurt le président du Conseil, Casimir Perier, après s'être rendu à l'Hôtel-Dieu à Paris pour visiter des malades. Il pensait que le choléra ne touchait que les pauvres et était animé du même sentiment d'invulnérabilité que celui dont feront preuve avec le Covid les présidents Bolsonaro au Brésil, Donald Trump aux USA, et le Premier ministre britannique Boris Johnson. Deux d'entre eux, Bolsonaro et Johnson, finiront d'ailleurs par attraper le Covid mais, au contraire de Casimir Perier, nc mourront pas de la maladie responsable de l'épidémie en cours. Il est aussi possible que ce sentiment d'invulnérabilité ait touché nombre d'hommes politiques français, pour lesquels il n'était pas possible d'interrompre une campagne électorale pour cause d'épidémie.

Quatre autres épidémies de choléra surviendront au cours de ce siècle, dont la dernière pandémie de 1883 à 1894. C'est au cours de cette dernière, qui avait atteint la France en 1884, qu'a été créée la médaille des soignants destinée à récompenser ceux qui s'étaient particulièrement dévoués pendant cette période. Elle était décernée à titre individuel ou collectif. Le gouvernement français reprendra la même idée le 11 mai 2020. Cette initiative est apparue plutôt désuète à beaucoup des soignants de la première ligne. Elle « fera l'objet d'un décret qui la réactualisera », a indiqué la porte-parole du gouvernement au sortir du Conseil des ministres le même jour.

Attestation de déplacement

La nécessité d'un isolement n'était pas applicable à certaines personnes, par exemple le personnel soignant ou les commerçants, qui avaient besoin de justificatifs pour se déplacer en toute liberté. Elle était donc assortie d'une « patente de santé » au temps du choléra, remplacé par une « attestation de déplacement dérogatoire » à l'occasion du Covid. À une différence notable près, en cas d'infraction et de déplacement non autorisé, l'amende n'était pas de 135 euros mais était punie, comme il en est attesté dans la loi relative à la police sanitaire du 3 mars 1822, non seulement d'amende mais aussi d'emprisonnement, de travaux forcés, voire de la peine de mort dans les cas graves !

La tuberculose : aérer, et ne pas cracher par terre

Il est impossible, dans un tel livre, de ne pas consacrer au moins un paragraphe à la tuberculose, maladie infectieuse emblématique de la transmission respiratoire par sa gravité : elle faisait encore 100 000 morts par an en France au début du XXe siècle. Elle est réputée encore plus contagieuse que le Covid, car elle se propage plutôt par aérosol au contraire du Covid qui se transmet plutôt par gouttelettes. Avant l'ère des antibiotiques, la tuberculose maladie était beaucoup plus grave que le Covid : elle tuait une personne sur deux. Heureusement on comptait une tuberculose maladie pour dix infections latentes, c'est-à-dire des infections asymptomatiques dont on guérissait évidemment tout seul. La tuberculose peut toucher tous les organes sans exception, mais c'est l'atteinte pulmonaire, la plus fréquente, qui dissémine la maladie.

La tuberculose a existé dès l'Antiquité. Elle est apparue environ 7 000 ans av. J.-C. avec la sédentarisation des humains, le développement de l'agriculture, et la domestication des animaux puisqu'elle vient des bovins.

Elle a été reconnue sur des momies égyptiennes en Afrique, et des peuples de l'Amérique précolombienne. En Europe, au cours du Moyen Âge, elle est passée relativement inaperçue par rapport aux épidémies successives de peste. C'est la colonisation qui a diffusé la tuberculose en Afrique et en Amérique. Et la tuberculose s'est particulièrement développée au cours des XVIIIe et XIXe siècles en Europe, jusqu'à la révolution industrielle. C'est la maladie la plus emblématique de la promiscuité et de la précarité, qui seront aussi deux des caractéristiques du Covid, maladie qui touche plus particulièrement les populations précaires dont les conditions de vie induisent une grande promiscuité. Cette dernière favorise bien la transmission des infections respiratoires dans les lieux clos.

De façon intéressante, la tuberculose a commencé à régresser en Europe avec la révolution industrielle et l'amélioration des conditions de vie, c'est-à-dire avant même l'apparition du vaccin par le BCG, puis du traitement de la maladie par les antituberculeux. Elle est associée à l'apparition des premières mesures d'hygiène et de santé publique à destination de la population générale, des mesures de bon sens qui ont fait la preuve de leur efficacité au temps de la tuberculose, et que l'on aimerait voir rediffuser à l'occasion de l'épidémie de Covid.

L'ouverture des fenêtres pour aérer les locaux, chambres et lieux de vie commune, apparaît absolument indispensable. Il est possible que la climatisation soit une aberration épidémiologique. Le Covid, maladie qui se transmet avant tout par gouttelettes, peut aussi se transmettre par aérosol, et l'utilisation de la climatisation est plus à risque que l'ouverture des fenêtres en grand. Cela a été bien montré dans un restaurant de Whangzou, en Chine, où des convives distants de largement plus de deux mètres ont été infectés. Le virus avait été transporté par les flux ventilatoires. Il est possible que ces bureaux « modernes », open space, dans des immeubles « modernes », où l'on ne peut pas ouvrir les fenêtres, soient de très mauvaises idées, au temps du Covid comme des autres maladies à transmission respiratoire.

Une autre mesure d'hygiène du temps de la tuberculose, à réhabiliter au temps du Covid, est l'interdiction formelle de cracher par terre. Cracher dans l'espace public est toujours passible d'une amende, conformément à un décret pris le 22 mars 1942 par le gouvernement de Vichy. Est-ce pour cela qu'il n'est pas respecté ? Car il est toujours valable aujourd'hui. Mais ce délit n'est pas verbalisé car il serait quasiment impossible d'en retrouver l'auteur, sauf à le prendre en flagrant délit. Il a été sérieusement envisagé, par l'équipe du Pr Raoult, que la maladie puisse être disséminée par les crachats comme c'était le cas pour la tuberculose. Cela serait logique. Mais il va y avoir beaucoup de travail pour remettre cette interdiction au goût du jour. À titre d'exemple, on pourrait commencer par verbaliser les sportifs médiatisés, les footballeurs millionnaires, ceux que l'on voit cracher à longueur de temps par terre au cours de leurs matchs. La preuve de leur forfait serait irréfutable, et cela aurait valeur d'exemple. À titre anecdotique, au cours du Covid, les maires de Marcq-en-Barœul (Nord) et du Raincy (Seine-Saint-Denis) ont pris des arrêtés municipaux pour interdire de cracher par terre, les contrevenants risquant 68 euros et 38 euros d'amende, respectivement. De quoi se faire une petite fortune avec les footballeurs !

Les vaccinations de Louis Pasteur

Si ce n'est pas Pasteur qui a inventé le principe de la vaccination, il a en revanche montré la responsabilité des germes dans les maladies infectieuses, contribuant ainsi à démythifier les épidémies, et a mis au point de nombreux vaccins. Pasteur était chimiste, et non pas médecin.

Il met au point en 1860 un procédé permettant de détruire les bactéries présentes dans des liquides biologiques, comme le vin, en les chauffant et en les protégeant de l'air : c'est la « pasteurisation ». Il applique ce même principe à la bière en 1871 et, lors du dépôt de son brevet d'invention, demande que les boissons produites en suivant ce procédé portent le nom de « bières de la Revanche nationale ». La France venait d'être défaite par les Prussiens.

Mais Pasteur est surtout resté connu pour l'invention de nombreuses vaccinations fondées sur l'inoculation de bactéries tuées ou à la virulence atténuée : choléra des poules (1879), charbon du mouton (1881), rouget du porc (1883). Mais c'est le vaccin contre la rage humaine (1885) que l'histoire retiendra. Ce vaccin fut administré le 6 juillet 1885 dans des conditions qui bravent toute règle d'éthique. Le jeune Joseph Meister, berger alsacien mordu par un chien enragé, dut la vie sauve à douze injections de vaccins antirabiques composés de virus de moins en moins atténués à mesure de leurs administrations successives. Mais, surtout, pour bien montrer l'efficacité de son vaccin, Pasteur inocula le virus de la rage, cette fois-ci même pas atténué, à Joseph Meister qui lui en vouera une reconnaissance éternelle. Il deviendra le gardien de l'institut Pasteur – où est enterré Louis Pasteur – et se suicidera à l'arrivée des Allemands lors de la Seconde Guerre mondiale.

Les vaccinations sont, depuis la fin du XVIIIe siècle et Jenner, un des principaux moyens de lutte contre les épidémies. Mais, paradoxalement, elles sont décriées par certaines personnes qui préfèrent l'immunité naturelle à l'immunité post-vaccinale au risque d'y laisser leur santé et celle de leurs proches. Il en est ainsi de la rougeole, maladie parfaitement maîtrisable par la vaccination, mais encore responsable de flambées épidémiques en ce début de XXIe siècle du fait de l'insuffisance de la couverture vaccinale. Il pourrait en être de même du Covid, pour lequel il n'existe pas encore de vaccin, mais à propos duquel on estime que 30 % de la population française refuseraient de se faire vacciner. Et ce paradoxe est connu depuis la dernière épidémie de peste à Paris[1]. Édouard Joltrain, médecin hygiéniste responsable de l'épidémie, notait déjà : « Nous remarquons que, lorsqu'on vient d'emporter des cadavres, toute la population est prête à se faire vacciner, mais, dès le lendemain, rassurés, les hommes s'y refusent, craignant la

1. Voir chapitre 1.

douleur et l'immobilité... Les femmes, elles-mêmes, le plus souvent se dérobent et font seulement vacciner leurs enfants. »

Les pandémies de grippes : espagnole (1918), asiatique (1957), de Hong Kong (1969), et A/H1N1 (2009)

À partir de la fin du XIXe siècle, les épidémies de maladies transmises par voie respiratoire occupent le haut du pavé. La lèpre est en constante régression mais la tuberculose est bien installée. Toutes deux sont endémiques depuis des siècles, plutôt qu'épidémiques. Et ce sont les pandémies successives de grippe qui marquent le XXe siècle (en même temps que les deux guerres mondiales).

Mais les épidémies, puis pandémies, de grippe se sont en fait succédé depuis le Moyen Âge. Les premières épidémies de grippe sont reconnues dès 876, et on en compte ensuite deux à trois par siècle. Et, même si elles font beaucoup de victimes, cela reste moindre par rapport à la peste, la variole, et autres grands fléaux épidémiques de l'époque. À mesure du contrôle de ces grands fléaux par la vaccination, l'hygiène, l'amélioration des conditions de vie et les mesures de santé publique, la grippe occupe le devant de la vitrine épidémique dans les pays occidentaux, jusqu'à l'arrivée du sida. Mais, dans les pays pauvres, le choléra, la peste, le typhus et la fièvre jaune continuent de sévir jusqu'au milieu du XXe siècle.

En conférence de presse, le 10 août 2020, Donald Trump, qui n'en est jamais à une bêtise près, déclare que la grande pandémie grippale de 1917 « a probablement mis un terme à la Seconde Guerre mondiale, tous les soldats étaient malades ». Double erreur, il confond Première et Seconde Guerre mondiale, et ce n'est pas la pandémie qui a mis fin à la Première Guerre mondiale, loin de là. C'est plutôt l'arrivée des chars américains dans une guerre de tranchées.

La première grande pandémie de grippe du XXe siècle est la grippe dite « espagnole » qui a été reconnue en 1918 en Espagne (d'où son nom), mais était apparue en Chine en 1917. On estime qu'elle aurait tué de 50 à 100 millions de personnes dans le monde ; mais d'autres estimations chiffrent le nombre de morts entre 20 et 40 millions de 1918 à 1920. Elle est due à un virus A/H1N1 qui est passé du canard au porc, puis du porc à l'homme. La maladie s'est amplifiée aux États-Unis chez les employés des abattoirs – déjà les abattoirs, comme pour le Covid... Elle est arrivée en Europe par deux vagues successives, en 1918-1919, *via* les colonies, et directement, en suivant les routes maritimes de transports commerciaux et transports de troupes. L'épidémie a utilisé les voies classiques et s'est trouvée amplifiée lors de grands rassemblements de populations militaires et civiles.

Les pandémies suivantes ont été beaucoup moins meurtrières. La grippe asiatique (1957-1958), due à un virus A/H2N2, a fait 2 millions de morts. La grippe de Hong Kong, due au virus A/H3N2, apparue en Asie en 1968, tue environ un million de personnes dans le monde. Elle est considérée comme la première pandémie mondiale. Puis elle s'est propagée aux États-Unis avant de gagner l'Europe en 1969-1970. Bien que responsable de 50 000 morts aux USA et de 35 000 morts en France en deux mois, elle n'a pas marqué les esprits comme le Covid, et la réaction des autorités fut tout autre, sans confinement. À l'époque, les radios et chaînes d'information en continu n'existaient pas. Le décompte des morts n'était pas égrené tous les jours à la télévision en direct. L'information n'était pas relayée de manière virale par les réseaux sociaux. Et surtout le devant de l'actualité était occupé par d'autres problèmes : guerre du Vietnam pour les Américains, guerre du Biafra et contrecoup des mouvements sociaux de mai 1968 en France, premiers pas de l'homme sur la Lune, mouvement hippie et Woodstock.

La première pandémie de grippe du XXIe siècle, celle de 2009, est due à un nouveau virus A/H1N1 pdm09, apparu au Mexique. L'épidémie de 1918 avait servi de modèle à plusieurs spécialistes pour prédire des millions de morts, et il n'en fut rien. Les personnes de plus de 65 ans habituellement les plus à risque furent épargnées. Il y a eu 1 332 cas graves notifiés en France et 312 décès. En fait, c'était oublier que la grippe de 1918 était survenue au lendemain de la Première Guerre mondiale, dans un pays ruiné, alors qu'il n'existait ni vaccin, ni antibiotiques, ni réanimation, ni respirateurs. Or, on meurt plus de la surinfection de la grippe par des bactéries, maintenant accessibles aux traitements antibiotiques, que par le virus grippal lui-même. De plus, les personnes âgées, les plus fragiles, étaient en fait partiellement protégées du fait de la circulation de virus proches, A/H1N1, au cours des années précédentes. Et ce sont surtout les personnes jeunes, les femmes enceintes et les obèses qui ont développé des formes graves de cette grippe.

Cette épidémie de 2009 a principalement marqué les esprits par les efforts déployés par les gouvernements de l'époque pour ce qui se révélera une « grippounette ». Des millions de masques furent stockés pour ne pas être utilisés. Des millions de doses de vaccins ont été préparés pour finir à la poubelle, boudés par les Français. Et il est plus que probable que beaucoup d'entre nous, médecins, scientifiques et politiques, avaient cet épisode en mémoire au moment de l'arrivée du Covid, et ont pensé que l'on ne leur referait pas le coup de la grippounette. Et pourtant, les choses se sont avérées bien différentes. Roselyne Bachelot, ministre de la Santé en 2009, qui avait bien anticipé les choses à l'époque, sera récompensée dix ans plus tard par l'octroi du ministère de la Culture dans le deuxième gouvernement Macron. La grippounette mène à tout.

Grippes aviaires

Les grippes, dites aviaires car elles nous viennent des oiseaux, sont un autre des dangers qui nous guettent depuis le début du XXIe siècle. Elles sont dues à des virus de la grippe A qui se sont modifiés et ont abouti, par recombinaison avec des virus de la grippe du poulet (ou d'autres volailles ou des oiseaux), à des agents pathogènes très dangereux. Il s'agit des virus A/H5N1 et A/H7N9. Le premier est apparu en 2003 et le second en 2011. La mortalité est très élevée, estimée de l'ordre de 30 à 50 %. Heureusement les cas humains sont rares, se comptant en quelques centaines, et les épidémies inexistantes, ces virus ne se transmettant pas d'homme à homme.

L'exportation de ces virus en dehors de leur pays d'origine par des voyageurs est donc exceptionnelle. Le virus A/H5N1, qui se trouve dans certaines régions d'Asie et que l'on a signalé en Égypte, a été responsable d'un cas au Canada. Et le virus A/H7N9 a été responsable de trois cas en dehors de son berceau chinois, à Taïwan, Hong Kong et en Malaisie. Aucun de ces cas importés n'a généré de cas secondaires, du fait de l'absence de contagiosité, au contraire des coronavirus, mieux adaptés à l'homme.

Comme il n'existe pas de vaccin contre A/H7N9 et A/H5N1, il est recommandé aux voyageurs en zone d'endémie d'éviter les endroits à risque élevé (fermes d'élevage de volailles, marchés d'animaux vivants) et, *a fortiori*, tout contact direct avec les oiseaux (poules, poulets, canards et oiseaux sauvages), les surfaces contaminées par des excréments ou des sécrétions d'oiseaux. Le respect des règles d'hygiène des mains et d'hygiène alimentaire est là aussi fondamental.

C'est également l'occasion de rappeler l'importance de la vaccination antigrippale pour les voyageurs, chez lesquels elle est recommandée dans le cadre du calendrier vaccinal, ainsi que les soignants, les personnes en contact avec des groupes de voyageurs (guides), le personnel navigant des compagnies aériennes et maritimes, les voyageurs en groupe et les pèlerins. Il y a plusieurs raisons de le rappeler. La grippe est une infection fréquente chez le voyageur. Il peut s'agir d'une maladie grave pour laquelle mieux vaut être pris en charge en France plutôt que dans un pays étranger. Et c'est une maladie contagieuse. On ne peut pas rêver à une vaccination contre le coronavirus sans se vacciner régulièrement contre la grippe.

3

Les épidémies à coronavirus pré-Covid

On connait six coronavirus en plus du Covid. Quatre sont apparus depuis plus d'un siècle, on ne sait pas exactement quand. Ils sont responsables d'infections respiratoires plutôt hivernales, relativement (mais pas toujours) banales. Le dernier des quatre est probablement apparu à la fin du XIXe siècle et a certainement été confondu avec une pandémie de grippe. Les deux autres coronavirus ont émergé après l'an 2000.

Depuis le début du XXIe siècle, nous avons été avertis par deux épidémies successives d'infections à coronavirus : d'abord une épidémie de SRAS (pour « Syndrome respiratoire aigu sévère ») en 2003, puis une épidémie de MERS (pour « *Middle East Respiratory Syndrome coronavirus* ») en 2015. Ces deux épidémies sont restées limitées géographiquement, et ont surtout touché l'Asie : la Chine pour le SRAS et la Corée du Sud pour le MERS. Force est de constater que, quand les Asiatiques se préparaient à la future épidémie avec ce galop d'essai, les Occidentaux, dont les Français, ne retenaient aucune des leçons que l'on aurait dû tirer de ces deux épidémies.

Les mêmes causes produisant ici les mêmes effets, la pandémie de Covid allait prendre complètement au dépourvu les pays occidentaux alors que les pays du Sud-Est asiatique allaient beaucoup mieux résister, sans nécessité de confinement pour la plupart d'entre eux. Les Français allaient finir par appliquer les recettes asiatiques mais seulement au moment du déconfinement, alors que la plupart des pays d'Asie du Sud-Est n'ont même pas eu besoin de confiner. Pendant que les pays confucéens se préparaient en investissant peu, les pays occidentaux (à l'exception notable de l'Allemagne) faisaient des économies de bouts de chandelle sur les services publics de santé, affaiblissant le secteur hospitalier, détruisant le service de santé publique, et faisant disparaître leur système d'alerte international. L'économie allait le payer très cher lors du confinement.

Pourtant tout était déjà écrit.

Une épidémie de SRAS en Asie du Sud-Est

La première pandémie du XXIe siècle est due au cousin germain du Covid, le SARS-CoV, en 2002-2003 (SRAS, acronyme anglais : *Severe Acute Respiratory Syndrome*). Le SRAS, c'était une belle répétition avant le Covid, avec des similitudes (réservoir animal, transmission par voie aérienne, infection surtout respiratoire, sans traitement possible, sans vaccin), mais avec quelques différences notables. La plupart des patients étaient symptomatiques avec des signes d'infection respiratoire assez sévère permettant de repérer les malades plus vite et de les isoler plus tôt. La mortalité était beaucoup plus élevée (de l'ordre de 10 %) et un virus ne doit pas tuer son hôte pour se transmettre. Par chance, la contagiosité était seulement le fait de patients symptomatiques, et commençait en même temps que les symptômes. Il était donc facile de repérer les patients contagieux et de les isoler. Pour toutes ses raisons, le SRAS se transmettait moins bien que le Covid. Et l'épidémie de SRAS a pu être limitée à l'Asie, en dehors de quelques pays (Vietnam, Taïwan…) où la maladie a été exportée par des voyageurs sans générer trop de cas secondaires, sauf à Toronto au Canada.

L'épidémie de SRAS a duré seulement huit mois, de novembre 2002 à juillet 2003. En tout, 29 pays ont rapporté 8 096 cas (dont 20 % parmi le personnel de santé) et 774 décès. En France, il y a eu 437 cas possibles entre mars et juillet 2003, dont sept cas probables et un décès ; 77 contacts ont été évalués et il n'y a eu aucune contamination secondaire. La vaste majorité des cas était concentrée dans cinq pays du Sud-Est asiatique : la Chine (notamment la province de Guangdong, dans le sud-est du pays) avec 80 % des cas et des décès ; Taïwan ; Singapour ; Hong Kong ; et le Canada (Toronto). Les trois pays asiatiques feront presque un sans-faute à l'occasion de l'épidémie de Covid-19.

Le coronavirus responsable du SRAS, appelé SARS-CoV, vient, comme celui du Covid, du monde animal. Il est passé de la chauve-souris à la civette masquée, un petit mammifère proche de la genette, vendu sur les marchés aux animaux de la province de Guangdong, là où avait démarré l'épidémie. C'est la même histoire qui allait se répéter avec le Covid, mais avec un virus autrement plus intelligent, se transmettant bien à partir de patients peu symptomatiques ou asymptomatiques.

Hôtel Metropole, Hong Kong

L'hôtel Metropole de Hong Kong est resté dans l'histoire de l'épidémie de SRAS : les voyageurs qui ont séjourné au neuvième étage auraient pu en faire une pandémie. Les vingt personnes contaminées à l'hôtel Metropole ont en effet exporté la maladie dans plusieurs pays : Canada, Vietnam, Singapour, Allemagne, Royaume-Uni et États-Unis. L'hôtel Metropole est ainsi associé au premier événement super-contaminant lié à un coronavirus, d'autres événements de ce genre ayant été déjà observés auparavant, avec la tuberculose ou la rougeole.

Tous les cas secondaires de SRAS ont un lien avec le neuvième étage de l'hôtel Metropole. Sur les trente et une personnes ayant dormi à cet étage de l'hôtel la nuit fatidique de février 2003, au moins treize (42 %) ont été contaminées. Le cas index (patient n° 1) est un médecin chinois de Guangdong où une épidémie de SRAS était en cours, mais pas encore révélée par les autorités chinoises, soit par négligence, soit par défaut de transparence. Ce médecin chinois, malade, est resté une seule nuit à l'hôtel Metropole avant d'être transféré dans un hôpital pour y recevoir des soins.

Cette épidémie est remarquable dans le sens où aucun des cas secondaires n'a rencontré directement le cas index, ce qui suggère une transmission par l'environnement. La présence du virus a été relevée sur le tapis, dans le couloir en face de la chambre du patient index et des trois chambres adjacentes, sur les chambranles des portes de ces trois chambres (mais pas à l'intérieur) et dans les prélèvements d'air près des ascenseurs. La présence du virus dans cet environnement explique que la contamination des voyageurs se soit faite dans les parties communes, le hall d'ascenseur étant le seul lieu de passage emprunté par tous les voyageurs contaminés, puisque leurs chambres s'ouvraient dans les trois couloirs du neuvième étage. Il est probable que le cas index ait contaminé l'environnement en toussant, tout simplement.

Hanoï, le lanceur d'alerte meurt

Une des personnes ayant résidé au neuvième étage de l'hôtel Metropole est un homme d'affaires vietnamien. À son retour à Hanoï, il tombe malade, est admis à l'hôpital français de Hanoï, où plusieurs cas successifs apparaissent chez le personnel soignant. L'alerte est lancée par les autorités vietnamiennes et l'OMS délègue la tâche d'enquêter au Dr Carlo Urbani, un médecin averti, spécialisé en parasitologie et bon connaisseur de la santé publique.

Le Dr Urbani alerte rapidement ses collègues de l'OMS, et du CDC aux États-Unis, en même temps qu'il fournit la première description clinique d'une maladie respiratoire, reconnue plus tard comme le SRAS. Il tombe malheureusement malade à son tour, est transféré à

Bangkok où il décède quelques jours plus tard du SRAS. C'est aussi le sort qu'a subi le Dr Li Wenliang, trente-quatre ans, arrêté par les autorités chinoises pour avoir lancé l'alerte sur le coronavirus fin décembre. Il est décédé du Covid le 7 février[1]. Il ne fait pas bon être un lanceur d'alerte en matière d'infection émergente. Le Dr Urbani a insisté auprès des médecins thaïlandais pour que des prélèvements respiratoires successifs soient effectués et analysés afin d'y rechercher l'agent infectieux responsable de cette épidémie. C'est ainsi que le virus du SRAS a été isolé. Le nom du Dr Urbani figure parmi les auteurs d'une des deux publications du *New England Journal of Medicine* où le virus est décrit. Et, dans un de ces deux numéros, un petit article de deux pages lui est consacré.

Le SRAS, une épidémie hospitalière

Au Canada, les choses se sont passées différemment, mais le point de départ est, une fois encore, l'hôtel Metropole de Hong Kong. Tout débute par le décès à son domicile, à Toronto, d'une femme de soixante-dix-huit ans qui venait de séjourner dans cet hôtel. Elle a été veillée par son fils qui a contracté le SRAS et a été hospitalisé dans un hôpital de Toronto. Là, une transmission hospitalière a généré 128 cas, principalement chez des patients, des soignants et des visiteurs. Grâce à des mesures drastiques de contrôle sanitaire, l'épidémie est

1. Voir chapitre 5.

maîtrisée et l'OMS en déclare la fin en mai 2003. Mais le relâchement des mesures de contrôle entraîne l'apparition d'une deuxième vague épidémique et il faut attendre la fin juin pour que l'épidémie soit contrôlée. Entre-temps, les autorités ont investigué 2 132 cas potentiels de SRAS, et identifié 23 103 contacts qu'ils ont dû placer en quarantaine.

Si cette épidémie hospitalière est restée comme la première en dehors de l'Asie, d'autres épidémies dans des lieux de soins ont été observées au cours du SRAS. Ainsi 143 cas ont été générés à Hong Kong à partir d'un cas hospitalisé au Prince of Wales Hospital. Là encore, le cas index avait été contaminé lors d'une visite à un ami au neuvième étage de l'hôtel Metropole. À Taïwan, l'épidémie a démarré en milieu communautaire, mais c'est un travailleur dans une blanchisserie de l'hôpital de Ho Ping, à Taipei, qui a fait pénétrer le virus dans le milieu hospitalier. L'épidémie a été explosive et s'est propagée aux autres hôpitaux de la ville. Plus de 600 personnes ont été malades et des milliers ont été mises en quarantaine. Mais l'épidémie fut maîtrisée en deux mois. À Singapour, plus de 90 % des cas ont été associés aux milieux de soins.

Les leçons du SRAS

L'épidémie de SRAS fut contrôlée relativement facilement par l'identification des malades, l'isolement très rapide des cas, la mise en quarantaine de tous les contacts, et des mesures de confinement qui ont été limitées à certaines communautés. Le succès était lié au fait que la contagiosité était maximale 6 à 11 jours après le début des symptômes, permettant de réduire la contagiosité de façon certaine quand l'isolement était mis en place moins de 4 jours après l'apparition des symptômes. Mais il fallut imposer la quarantaine à beaucoup de monde pour aboutir à un effet positif. C'est toujours mieux que de confiner toute la population.

Il n'y a donc pas eu de confinement généralisé au cours de l'épidémie de SRAS. Dans certains pays ou régions, les écoles, les lycées, les universités ont été fermés, les grands rassemblements ont été interdits, et les confinements ont été localisés. En Chine, la ville de Pékin a été confinée en mai 2003. Les autorités chinoises ont aussi construit en une semaine à Pékin un hôpital (Xiaotangshan Hospital) de 1 000 lits où ont été accueillis des malades probables et suspects. À Hong Kong, seuls les lieux où des cas groupés étaient repérés ont été confinés : hôpitaux, cliniques, maisons de retraite, et groupes d'immeubles, dont le très emblématique Amoy Garden qui a représenté près de 20 % des cas de SRAS déclarés dans cette ville.

Le MERS, une maladie endémique dans la péninsule arabique

Le MERS-CoV est également un coronavirus. Il vient probablement aussi de la chauve-souris mais s'est installé solidement et depuis longtemps chez les camélidés, en l'occurrence le dromadaire. Le virus s'est bien adapté à eux, et il est apparu pour la première fois en 2012 chez l'homme. Il se transmet également par voie respiratoire mais peut aussi s'attraper en buvant du lait de chamelle, chose déconseillée, même aux voyageurs les plus téméraires. Il circule depuis librement dans son berceau d'origine qu'est la péninsule arabique, où il est devenu endémique. Depuis son apparition, 27 pays ont déclaré 2494 cas de MERS, dont 858 décès, ce qui fait un taux de mortalité élevé, de 34 %. En fait, on se rendra compte à l'occasion de l'épidémie de MERS en Corée du Sud que la mortalité est un peu inférieure à 20 %, ce qui reste néanmoins très élevé.

Cette infection est particulièrement crainte au retour d'Arabie saoudite, pays qui concentre la plupart des cas, et qui est surtout le pays des lieux saints (Médine et La Mecque) et des pèlerinages pour les musulmans, Hajj et Umrah. Par exemple, en 2019, ce pays a rapporté 205 cas de MERS, dont 57 mortels. Au cours du premier trimestre 2020, 48 cas dont 15 mortels ont été déclarés par les autorités saoudiennes, 38 étaient des hommes et 10 étaient des femmes, toutes membres du personnel soignant. Pour 35 de ces 48 cas, il s'agit de cas primaires, c'est-à-dire qu'aucun d'entre eux n'a eu de lien reconnu avec un cas humain confirmé. Presque toutes les régions d'Arabie saoudite sont concernées. Mais aussi d'autres pays de la péninsule arabique. Au Qatar, depuis 2013, 25 cas ont été déclarés. Et aux Émirats arabes unis, 91 cas ont été déclarés depuis 2013.

En France, nous avons une certaine expérience du MERS, car il est craint devant toute infection respiratoire chez des pèlerins au retour d'Arabie saoudite ou chez des voyageurs ayant séjourné dans les pays de la péninsule arabique. Deux cas ont été identifiés en France en 2013, dont l'un est décédé. Le premier cas a été observé en avril 2013 au retour de Dubaï : il est d'abord passé inaperçu, et il a contaminé la personne avec laquelle il avait partagé la chambre pendant trois jours. Aucun autre cas secondaire n'a été décrit, même chez le personnel soignant qui n'avait pas pris de précaution particulière au début. La crainte qu'inspire ce virus, comme les autres coronavirus, est liée à la possibilité de générer des épidémies principalement dans les hôpitaux et chez le personnel soignant, comme cela a été constaté en Corée du Sud. Des services spécialisés, dont le mien, à la Pitié-Salpêtrière, avec une expérience de la médecine des voyages, sont formés à la prise en charge de malades avec potentiellement des infections émergentes, comme le MERS, dont l'accueil nécessite une unité d'isolement avec des chambres à pression négative. Déroger à cette règle de la chambre unique à pression négative pour de tels malades est la porte ouverte à une épidémie hospitalière, et c'est ce qui s'est passé en Corée du Sud.

Une épidémie de MERS en Corée du Sud

L'épidémie de Corée du Sud est emblématique du rôle des hôpitaux et du personnel soignant pour amplifier les épidémies. C'est un cas d'école qui n'a pas non plus servi d'exemple. Non seulement les personnels soignants peuvent être atteints, surtout quand ils ne sont pas informés ni protégés, mais ils peuvent aussi démarrer une chaîne de transmission en contaminant leurs malades et leurs proches, comme on le sait aussi pour la grippe. Nous verrons combien nous avons été négligents dans le domaine de la protection des personnels soignants[1].

L'épidémie d'infection à MERS-CoV en Corée du Sud a duré de mai à juillet 2015 (même si un cas, chez un immunodéprimé, s'est prolongé jusqu'en octobre 2015). Le premier cas (le cas index) de MERS était un Coréen de soixante-huit ans qui avait voyagé dans la péninsule arabique (Bahreïn, Émirats arabes unis, Arabie saoudite et Qatar) pour des raisons professionnelles du 18 avril au 4 mai 2015. Le début des signes (fièvre et toux) remontait au 11 mai et il avait consulté dans trois hôpitaux avant que le diagnostic ne soit établi le 20 mai 2015. À partir de ce cas unique, les Coréens ont décrit dans les principales villes du pays (Séoul, Pyeongtaek, Daejeon et Asan) une première et une deuxième génération de cas, et même une troisième génération, heureusement très limitée du fait de la réactivité des autorités coréennes. Tous les cas secondaires (première génération de cas) ont un lien épidémiologique direct avec le cas index. Un cas a été exporté en Chine (Hong Kong, puis Guangdong) sans conséquence secondaire. La transmission a démarré dans plusieurs structures de soins. À la fin de l'épidémie (29 juillet 2015, si l'on ne tient pas compte du cas prolongé jusqu'en octobre), 185 contaminations (en plus du cas index), dont 36 décès, avaient été répertoriés.

1. Voir chapitre 10.

Au total, il y a eu trois générations, soit 186 cas, dont 22 % de soignants, 34 % de visiteurs et 44 % d'autres patients ayant eu l'infortune de croiser un malade MERS au cours de leur parcours. On comprend mieux pourquoi les visites sont ainsi interdites dans les hôpitaux en cas d'épidémie. La chaîne de transmission a été rattachée à un unique patient (le cas index) et il y a eu 5 super-contaminateurs qui rendent compte de 82 % des transmissions (le patient n° 1 a infecté 28 personnes ; le n° 14, 85 personnes ; le n° 15, 6 personnes ; le n° 16, 23 personnes ; le n° 76, 11 personnes). Plus de 135 000 touristes étrangers ont annulé leur voyage, 2 700 écoles ont fermé, et 16 693 contacts ont été mis en quarantaine.

Samsung Medical Center, Séoul

Près de la moitié des cas coréens ont acquis le MERS au Samsung Medical Center de Séoul. Le cas index (patient n° 1) a contaminé 28 personnes (ce sont les cas secondaires ou première génération de l'épidémie) au Saint Mary Hospital entre le 15 et le 17 mai, dont son voisin de chambre, un homme de trente-cinq ans (patient n° 14). Celui-ci a ensuite contaminé 85 personnes dans le service des urgences du Samsung Medical Center où il est resté quarante-huit heures, entre le 27 et 29 mai, dans l'attente qu'un lit se libère.

Le taux de contamination a été proportionnel au degré de proximité avec le patient n° 14. Les autorités ont identifié 675 patients et 218 personnels soignants comme contacts, et les ont séparés en trois groupes selon le degré de proximité. Les taux d'acquisition du MERS chez les contacts ont été estimés à 23 % dans le groupe A (séjour dans la même zone d'accueil des urgences que le patient), 5 % dans le groupe B (séjour dans une zone différente mais croisement possible à l'accueil, en salle de radiologie...), et 1 % dans le groupe C (fréquentation de zones différentes). Le risque en zone A était vingt-cinq fois plus élevé qu'en zone C ! Depuis cet épisode, les Coréens reçoivent les patients qui ont des symptômes respiratoires dans des locaux dédiés, à côté des urgences de leurs hôpitaux. On ferait bien de s'inspirer de leur exemple.

Malades super-contaminateurs ou événements super-contaminants

Le terme de super-contaminateur est certainement abusif, en tout cas trop stigmatisant pour être employé. On lui préfère de plus en plus le terme de super-contamination ou d'événements super-contaminants. Il y a eu quatre événements super-contaminants avec le SRAS en 2013 : l'hôtel Metropole et le complexe d'habitations du Amoy Garden à Hong Kong; le vol d'Air China 112 de Hong Kong à Pékin; l'hôpital de Toronto. Il y a eu un événement super-contaminant avec le MERS au Samsung Medical Center en 2015 (85 cas). On ne sait pas combien il y aura d'événements super-contaminants avec le Covid mais plusieurs ont déjà été identifiés, dont des rassemblements religieux.

L'origine de ces super-contaminations peut être liée au virus (l'agent pathogène), à l'hôte (le malade), à l'environnement ou au comportement humain. Côté virus, celui-ci peut acquérir des mutations qui lui confèrent une plus grande contagiosité, avec des charges virales plus importantes, des excrétions virales plus prolongées ou des modes de transmission plus diversifiés. On soupçonne que le SARS-CoV-2 ait muté, ce qui expliquerait une meilleure transmissibilité, une plus forte contagiosité dans certains pays d'Europe.

Côté hôte, il peut exister des susceptibilités facilitant une plus grande contagiosité du fait d'un trait génétique particulier, d'un déficit immunitaire ou d'une maladie sous-jacente. Certaines pathologies médicales peuvent diminuer l'immunité ou augmenter la susceptibilité aux agents microbiens. Une maladie à transmission aérienne se propagera plus facilement en cas de toux, d'éternuements, de chant ou de discours haut et fort.

Côté environnement, la recirculation de l'air dans des espaces clos, comme des aéroports, des avions, des hôpitaux, des immeubles, est suspectée. Au cours du SRAS, elle a été invoquée pour expliquer les foyers épidémiques de l'hôtel Metropole, du vol entre Hong Kong et Pékin, et de l'Amoy Garden. Au cours du MERS, elle a été mise en exergue pour expliquer les foyers épidémiques hospitaliers. Au cours du Covid, il a été montré que la climatisation pouvait transporter le virus et contaminer des personnes situées bien au-delà de 2 mètres du cas index.

Côté comportement humain, coutumes, traditions, non-respect des règles d'hygiène ou de précautions élémentaires peuvent aussi rendre compte de certains foyers épidémiques. Par exemple, les grands rassemblements humains – messes, pèlerinages, événements sportifs – peuvent amplifier une épidémie, comme on l'a vu avec le MERS et comme on le reverra avec le Covid[1].

Les leçons des épidémies pré-Covid

Des décisions dictées par un souci d'économie apparaissent délétères et surtout aberrantes à un spécialiste des maladies infectieuses. L'encombrement des services d'urgence de nos hôpitaux en est un bon exemple. Le stationnement des patients dans les salles d'attente des urgences devrait être limité le plus possible, mais, pour ce faire, il faut avoir des lits d'aval disponibles. Or, on a supprimé beaucoup de lits ces derniers temps dans nos hôpitaux et on continue d'en supprimer. L'existence de chambres à deux lits (voire plus) en est un autre exemple. Certaines directions hospitalières ont même conservé des chambres à deux lits dans des hôpitaux « rénovés » pour pouvoir demander un supplément aux patients désirant une chambre seule, une pratique héritée des cliniques privées ! Avec le Covid, il devrait ne plus y avoir que des chambres à un lit… Enfin, regrouper les patients côte à côte dans des salles d'attente surchargées n'est pas souhaitable, la promiscuité favorisant la transmission des maladies par voie respiratoire.

1. Voir chapitre 4.

Ces deux épidémies, le MERS et le SRAS, portaient en elles toutes les caractéristiques de la future épidémie de Covid : 1/ elles sont dues à un coronavirus; 2/ le virus est passé du monde animal à l'homme du fait d'une proximité contre nature; 3/ la transmission est respiratoire; 4/ la maladie a diffusé en dehors de son foyer d'origine par les voyageurs; 5/ elle s'est répandue très rapidement dans le monde entier du fait des transports aériens; 6/ l'épidémie s'est ensuite amplifiée grâce à des événements super-contaminants; 7/ Les hôpitaux et leur personnel jouent un rôle clé dans la propagation de ces épidémies; 8/ en l'absence de traitement préventif (un vaccin) et de traitement curatif (un antiviral), la seule possibilité est la prévention par les mesures barrières et l'isolement. Pourtant l'attention portée à la protection des soignants pendant l'épidémie de Covid a été trop tardive, une grossière erreur non seulement pour les soignants (et leurs familles) mais aussi pour contrôler la diffusion de l'épidémie.

Dans les épidémies de MERS en Corée du Sud, de SRAS en Chine ou à Singapour, voire d'Ebola en Afrique, ce sont les mêmes recettes qui ont été appliquées pour stopper la propagation : dépister et isoler les cas, tracer les contacts et les mettre en quarantaine. L'isolement des cas et des contacts est la clé de voûte du contrôle de telles épidémies car elle permet de casser les chaînes de transmission. En France, il faudra attendre la création des brigades, avec le déconfinement, pour voir ce travail fait alors que nous avions déjà l'expérience de ce mode de contrôle des épidémies. Sans avoir à remonter à la peste des chiffonniers, les centres de lutte contre la tuberculose (CLAT) ont l'expérience de ces pratiques de traçage depuis des décennies. Mais, étrangement, ils n'ont jamais été sollicités. Ils ont même été envoyés faire des prélèvements dans les Ehpad pendant que des brigades nouvellement créées à grand renfort de publicité faisaient leur travail. C'est à n'y rien comprendre !

Comment les Français ont-ils pu négliger une telle alerte reste un mystère : défaut de curiosité, manque d'humilité, méconnaissance de l'Asie, absence de culture historique chez les scientifiques, incrédulité quant à la possibilité que l'histoire puisse se répéter. Mais le fait est que la même chose s'est reproduite avec le Covid, en beaucoup plus grave.

DEUXIÈME PARTIE

4

Le SARS-Cov-2, agent du Covid-19

Le SARS-CoV-2 est un virus à ARN (acide ribonucléique), enveloppé d'une paroi qui lui donne l'allure d'une couronne quand il est vu au microscope. Il appartient donc à la famille dite des coronavirus. Son origine réelle est actuellement inconnue même si différentes possibilités ont été soulevées. La seule certitude est que la naissance de ce nouveau virus est due au franchissement de la barrière d'espèce, un phénomène de plus en plus souvent constaté dans le monde du vivant.

Les virus ne connaissent plus la barrière d'espèce

La barrière d'espèce est la frontière qui protège l'homme des agents microbiens hébergés par les animaux domestiques ou sauvages. Elle empêche les microbes de passer facilement de l'animal à l'homme. Pourtant cela arrive de temps en temps depuis que l'homme a abandonné son statut de chasseur-cueilleur pour se sédentariser, pour cultiver les terres et élever les animaux domestiqués. Et cela arrive de plus en plus souvent, le SARS-CoV-2 en est un nouvel exemple. La plus connue de ces histoires est celle du virus de l'immunodéficience humaine, le VIH, agent responsable du sida, passé du chimpanzé à l'homme au début du XXe siècle dans la forêt d'Afrique centrale. Le SARS-CoV-1, agent responsable du SRAS, en est un autre exemple, plus récent et éphémère[1]. Il s'agissait de coronavirus, et on sait depuis le SRAS et le MERS que les coronavirus sont d'excellents candidats au passage de la barrière d'espèce.

C'est la destruction accélérée des habitats des animaux, et principalement de la forêt, qui explique notre vulnérabilité croissante aux agents infectieux qu'ils hébergent naturellement. L'urbanisation anarchique et l'industrialisation croissante entraînent la déforestation qui met de plus en plus en contact des animaux sauvages et des hommes. Les agents infectieux passent ainsi de l'animal à l'homme ; ils deviennent pathogènes et responsables de pandémies du fait de l'absence de toute immunité. Lorsque l'on abat les forêts, les animaux se rapprochent de l'habitat de l'homme, et les contacts deviennent très fréquents. C'est bien connu à propos des chauves-souris et de nombreux virus sont déjà passés de cet animal à l'homme : Ebola, Nipah, Marburg, SARS-CoV-1, SARS-CoV-2, et probablement MERS-CoV[2].

Le franchissement de la barrière d'espèce est favorisé par le commerce légal de la viande d'élevage, mais aussi par le commerce illégal de la viande de brousse.

1. Voir chapitre 3.
2. *Idem.*

Dans des marchés d'animaux vivants, par exemple en Chine, des espèces animales qui ne se seraient jamais croisées dans la nature se retrouvent en cage l'une à côté de l'autre, et les microbes peuvent facilement passer de l'une à l'autre. C'est comme cela que le virus SARS-CoV-1 responsable du SRAS est passé de la chauve-souris à la civette masquée avant d'infecter l'homme. L'homme peut aussi s'infecter accidentellement en préparant de la viande de brousse et en se blessant lors de la découpe de la carcasse. C'est ainsi que le VIH (virus de l'immunodéficience humaine) est passé du chimpanzé à l'homme. Le système d'élevage industriel entraîne aussi des mutations des virus de la grippe tellement régulières et banales qu'elles peuvent être reproduites en laboratoire. Sauf que de temps en temps un virus plus pathogène passe chez l'homme où il peut être à l'origine d'une mortalité effrayante. C'est le cas du virus de la grippe A/H5N1 par exemple[1].

Pangolin ou chauve-souris

L'origine exacte du SARS-CoV-2, agent responsable du Covid, est encore une énigme. Des recherches sont en cours mais elles n'aboutiront probablement pas avant plusieurs mois. Certaines recherches de cet ordre se dérouleront au Cambodge, en Thaïlande et au Laos, dans un écosystème semblable à celui de la région de Wuhan, quand les chercheurs français auront de nouveau la

1. Voir chapitre 2.

possibilité de se déplacer. D'autres recherches se font certainement en Chine, mais nul n'est au courant, car les Chinois n'ont pas trop l'habitude de travailler avec les Occidentaux dans le domaine des maladies infectieuses, sauf quand ils ont besoin qu'on les aide à construire un laboratoire P4, hautement sécurisé, à Wuhan, comme nous le reverrons plus loin.

Les hypothèses actuelles sur l'origine du virus s'appuient donc sur des données historiques et des analogies entre le matériel génétique du SARS-CoV-2 et d'autres coronavirus identifiés dans le monde animal au cours des dernières années, stockés dans une « Genbank », une banque de génome. C'est ainsi que les chercheurs sont tombés sur un coronavirus de chauve-souris (dite fer à cheval) dénommé RATG13, identifié en 2013 à environ 2 000 km de Wuhan, et identique au SARS-CoV-2 à environ 96 %. Par ailleurs d'autres coronavirus ont été identifiés dans d'autres espèces du même genre de chauve-souris et partagent un degré d'identité avec le génome du SARS-CoV-2 d'environ 89 %. C'est une telle proximité géographique et génétique qui a fait suspecter que le réservoir naturel du virus est probablement une chauve-souris de ce genre-là.

La vengeance du pangolin

Le même raisonnement s'applique au pangolin, sauf qu'il n'y a pas de pangolin en Chine et que son commerce est totalement illégal. C'est donc chez plusieurs pangolins saisis en douane en 2017 et 2019 que des coronavirus avec une homologie de l'ordre de 96-97 % avec le SARS-CoV-2 ont été trouvés. Dès lors, le SARS-CoV-2 aurait autant de raison de venir du pangolin que de la chauve-souris fer à cheval. Alors pourquoi imaginer un passage de l'un à l'autre puis à l'homme ? C'est par analogie avec le SARS-CoV-1, agent responsable de l'épidémie de SRAS en 2000, qu'a été construite cette hypothèse puisque ce virus résultait d'un mariage (en langage virologique, on parle de recombinaison) entre le virus d'une chauve-souris et celui d'une civette masquée. Et surtout la proximité de l'homme est plus importante avec les pangolins qu'avec les chauves-souris, ce qui fait suspecter plus particulièrement un virus venant du pangolin. Mais cette théorie reste discutée.

Les tenants d'une morale écologique et de la défense du monde animal pourraient se réjouir de voir le pangolin jouer un tel rôle potentiel. Le pangolin serait au Covid ce que la syphilis a été aux conquistadors : une revanche des vaincus. Le pangolin est très apprécié en Chine pour, paraît-il, la saveur de sa chair et ses propriétés aphrodisiaques. Mais c'est une espèce animale protégée. Le pangolin est donc importé illégalement d'autres pays d'Asie et d'Afrique, et ce trafic concerne plusieurs centaines de milliers de pangolins chaque année en Chine. Les Chinois ont d'ailleurs été pointés du doigt pour se prêter à ce commerce illégal, lors de l'épidémie de SRAS, mais l'accusation est restée sans suite.

Ce virus semble aussi pouvoir passer facilement d'un animal à l'homme puisque, non seulement il a été trouvé chez le pangolin, mais également chez d'autres animaux : chats, chiens, visons, tigres et lions. Il est donc possible que plusieurs espèces animales autres que le pangolin soient naturellement infectées. L'avenir le dira.

Wuhan, laboratoire P4 ou marché aux poissons

Pour tout le monde, l'épidémie de Covid est partie de Wuhan et du marché aux poissons de cette ville. On sait aujourd'hui que ce marché n'y est pour rien. L'épidémie s'est probablement seulement amplifiée à partir de cet endroit, c'est-à-dire qu'une personne – ou le marché lui-même – a été associée à l'apparition de nombreux autres cas secondaires à partir desquels l'épidémie s'est révélée au grand jour. Il est notable que ce marché dit « aux poissons » ne tournait pas seulement autour des poissons et que des commerces autres s'y tenaient. Mais il est tout à fait possible que l'épidémie soit partie d'ailleurs en Chine ou même d'en dehors de la Chine. Un cas antérieur à décembre 2019 y a été retrouvé. Et des cas ont été trouvés en dehors du pays, aussi avant décembre 2019, prouvant que le virus avait commencé à circuler à bas bruit dans certains endroits.

Dans ce contexte, le laboratoire de haute sécurité dit « P4 » de la ville de Wuhan a été un candidat tout déclaré pour l'hypothèse d'une fuite accidentelle de virus manipulé par les Chinois. Les complotistes de toute sorte continuent de défendre cette théorie, séduisante pour eux mais pas pour les scientifiques. Pour une fois, ceux-ci semblent unanimes, même en dehors de la Chine, pour considérer que l'émergence de ce virus ne peut résulter que d'une cause naturelle et non d'une origine accidentelle. Les coronavirus, dont fait partie le SARS-CoV-2, sont des virus à ARN connus pour leur capacité à muter facilement et naturellement. D'ailleurs, le SARS-CoV-2 a déjà muté à plusieurs reprises depuis le début de l'épidémie. Et on considère que plusieurs virus différents circulent dans le monde. Le processus qui a permis d'aboutir au SARS-CoV-2, à partir de son ancêtre SARS-CoV, résulte d'un phénomène naturel et non d'une manipulation de laboratoire. Il est la conséquence d'un processus évolutif, plutôt prévisible, conforme à ce que l'on peut attendre d'un virus à ARN. Clairement, manipulation génétique ou erreur de laboratoire sont exclues.

Donald Trump, complotiste en chef

De là à penser que le SARS-CoV-2 puisse avoir été créé par les Chinois, en quelque sorte, « à l'insu de leur plein gré », il n'y a qu'un pas qui fut vite franchi par quelques complotistes, dont Donald Trump qui a formulé cette hypothèse le 20 avril. Il a été relayé par son ministre des Affaires étrangères, Mike Pompeo, qui a déclaré le dimanche 3 mai sur la chaîne ABC : « Il existe des preuves immenses que c'est de là [N.D.A. : du laboratoire de la ville de Wuhan] que c'est parti. La Chine est connue pour sa propension à infecter le monde et à utiliser des laboratoires ne respectant pas les normes. Ce n'est pas la première fois que le monde est mis en danger à cause de virus provenant de laboratoires chinois. » En fait, même les services de renseignements américains sont persuadés que ce virus n'a pas été créé ni modifié génétiquement par l'homme.

Dans le registre complotiste, le Pr Luc Montagnier, quatre-vingt-huit ans, pourtant prix Nobel de médecine en 2008 pour la découverte dans son laboratoire de l'institut Pasteur du virus du sida, en 1984, se défend également pas mal. Il a déclaré dans une interview à « Pourquoi Docteur » le 16 avril 2020 que le SARS-CoV-2 serait un virus manipulé et sorti accidentellement de l'institut de virologie de Wuhan au cours du dernier trimestre de 2019, alors que le laboratoire recherchait un vaccin contre le sida. Pour lui, « l'histoire du marché aux poissons est une belle légende… L'hypothèse est que ce virus est sorti du laboratoire parce qu'il a échappé à ses promoteurs, c'est un travail d'apprenti sorcier. » Notre illustre prix Nobel n'en était pas à sa première sortie de piste. Il a pris position pour la reconnaissance de la forme chronique de la maladie de Lyme, une maladie bactérienne dont ce virologue n'a jamais dû voir un cas dans sa vie. Et surtout il s'est retrouvé sur l'estrade du théâtre parisien des Mathurins en novembre 2017 en compagnie du Pr Henri Joyeux, radié de l'Ordre des médecins pour ses propos antivaccins. Il s'était alors attiré les foudres des académiciens de médecine et de sciences lui reprochant de « diffuser, hors du champ de ses compétences, des messages dangereux pour la santé, au mépris de l'éthique qui doit présider à la science et à la médecine », de belles paroles qui auraient pu être reprises pour d'autres à l'occasion de cette épidémie de Covid-19.

Le laboratoire de Wuhan, emblématique de la coopération médicale franco-chinoise

Pour corser le tout, le laboratoire P4 a été bâti à Wuhan avec l'aide des Français, au titre d'une coopération qui a duré juste le temps de la construction et a surtout été la source de multiples problèmes tout au long du processus. Cette coopération sur les maladies infectieuses émergentes avait été portée sur les fonts baptismaux par les présidents Jacques Chirac et Hu Jintao en 2004, après l'épidémie de SRAS de 2003. Elle a été achevée le 23 février 2017 par le Premier ministre Bernard Cazeneuve, et le laboratoire a été mis en exploitation en janvier 2018. Entre-temps, quatre présidents, sept premiers ministres, une vingtaine de gouvernements et huit ambassadeurs ont couvert le dossier. Finalement, lors de l'inauguration du laboratoire P4 de Wuhan, en février 2017, Bernard Cazeneuve vantait ce laboratoire « bâti ensemble… fer de lance de notre lutte contre les maladies émergentes… Il accroîtra considérablement la capacité de la Chine à conduire des recherches de pointe et à réagir efficacement à l'apparition de maladies infectieuses qui menacent les populations de l'ensemble du globe. » C'était bien vu ! Le 31 décembre 2019, une épidémie de pneumonie sévère d'étiologie inconnue, survenue dans la même ville de Wuhan, était notifiée par la Chine à l'Organisation mondiale de la santé. Et l'agent responsable de la maladie, le SARS-CoV-2, était identifié quelques jours plus tard par les Chinois. Mais les Français n'étaient pas là, ils ne l'ont jamais été, en dépit des accords passés avec la Chine.

Ce genre de laboratoire est très sophistiqué, car les chercheurs y travaillent sur des agents biologiques très dangereux, en général transmissibles, hautement pathogènes et sans traitement connu. C'est de la très haute technologie. Il existe très peu de tels laboratoires dans le monde. À titre d'exemple, il n'y en a qu'un en France. De plus, son installation s'est d'abord faite dans un contexte d'embargo sur les ventes d'armes offensives à la Chine, consécutive à la répression de la place Tien an Men et du « printemps de Pékin » en juin 1989. Or, ce laboratoire était géré conjointement par les ministères chinois de la Santé et de la Défense. Et nul n'ignore que de tels laboratoires peuvent être utilisés à des fins civiles, mais aussi militaires, pour la fabrication d'armes biologiques à visée de bioterrorisme. Cet embargo est toujours en cours. D'ailleurs les responsables successifs du secrétariat général de la Défense nationale, comme de la commission interministérielle (ministère des Affaires étrangères et de l'Économie) des biens à double usage (civil et militaire), ont toujours manifesté des doutes quant à la pertinence de ce transfert technologique. Et les Américains ont, sans surprise, tenté de stopper ce processus.

Mais, au final, et même si quelques matériels ont été bloqués (comme des scaphandres de recherche en atmosphère confinée, ou des transferts de souches pathogènes), cela n'a pas empêché les autorités françaises de faire affaire avec la Chine. À dire vrai, notre Premier ministre de l'époque, Jean-Pierre Raffarin, grand ami de la Chine, avait qualifié cet embargo d'« anachronique » et d'« injustement discriminatoire ».

Plus encore, ce projet était porté par un grand industriel français, Alain Mérieux, seizième plus grande fortune de France, petit-fils de Marcel Mérieux, et président de l'institut Mérieux, rattaché au laboratoire du même nom. D'ailleurs, il s'agit d'une copie conforme du laboratoire P4 construit à Lyon par Mérieux. Le rôle d'Alain Mérieux a été majeur puisqu'il a coprésidé le comité de pilotage de l'accord franco-chinois jusqu'en janvier 2015. En fait, le père du P4 de Lyon portait ce projet dans son cœur depuis 1990. Il en fut récompensé : le président Xi Jinping, à l'occasion de sa première visite officielle en France, vint le rencontrer en mars 2014, avant même le président de la République. Et Alain Mérieux a reçu en 2018, de la part des Chinois, le prix Reform Friendship Award au titre de son engagement pour la santé publique chinoise, notamment dans le domaine des infections émergentes.

La construction du laboratoire P4 a connu de nombreux soubresauts lors desquels l'importance de la coopération entre la France et la Chine le disputait à la crainte de mettre entre les mains des Chinois un magnifique bijou de haute technologie. La première pierre fut posée sur le site le 30 juin 2011. Les travaux étaient finis en janvier 2015, le laboratoire accrédité par les seules autorités chinoises le 23 février. Et le P4 fut inauguré en présence de Bernard Cazeneuve le 27 février 2017. Il est aussi intéressant de noter qu'on soupçonne la Chine d'avoir fait construire, au lieu d'*un* seul laboratoire P4, comme cela avait été convenu, un ou deux autres du même type. Elle disposait des plans fournis généreusement par les promoteurs français du projet. Si cette duplication se confirmait, il s'agirait d'une violation de l'accord franco-chinois initial.

À peine construit, et avant même son achèvement, les Français se sont doucement fait éjecter du P4 de Wuhan. Alors qu'il était initialement prévu que cinquante chercheurs français travaillent à Wuhan, aucun n'a finalement rejoint le laboratoire. Cela n'était pas très surprenant pour un domaine hautement sensible et permettait aux Chinois d'éviter tout risque de fuite sur les recherches qui y sont pratiquées, comme sur l'utilisation de ces laboratoires de haute sécurité à d'autres fins que civiles. Au préalable, les Français ont en revanche formé les Chinois, six en 2009, trois en 2015 et trois en 2016.

La France a ainsi perdu totalement la main sur le laboratoire qui a été accrédité par les seules autorités chinoises. Les diplomates américains ne se sont d'ailleurs pas privés de mentionner que ce nouveau laboratoire manquait sérieusement de techniciens correctement formés pour le faire fonctionner en toute sécurité. Pourtant, sur le site Internet de l'institut de virologie de Wuhan, un Français, Hervé Raoul, directeur du laboratoire P4 de Lyon, figure en bonne place au titre de Deputy director du conseil scientifique du Center for Emerging Diseases de Wuhan. Mais il a déclaré à un journaliste de *Mediapart* en mai 2020 n'avoir jamais eu de retour officiel et ne pas avoir connaissance d'une quelconque réunion de ce conseil scientifique.

L'un des sept nouveaux domaines de la guerre

Le bioterrorisme est considéré comme « l'un des sept nouveaux domaines de la guerre » d'après le général chinois à la retraite Zhang Shibo, dans le livre *New Highland of War*, rédigé en 2017, un ouvrage digne d'un Dr Folamour, pour faire référence au film de Stanley Kubrick. Les armes biologiques associent un agent infectieux et un vecteur pour le transporter. On est loin des catapultes des corps de pestiférés au-dessus des murailles de Caffa en 1346[1]. Les Russes s'y sont intéressés très tôt, au début des années 1990. C'est d'ailleurs une fuite accidentelle de la bactérie du charbon, dans leur usine de Sverdlovsk en 1979, responsable de plusieurs centaines de victimes, qui a mis la puce à l'oreille des Occidentaux quant à la fabrication d'armes biologiques par les Russes et d'autres puissances militaires, comme la Chine.

Le programme de recherche de l'armée irakienne en matière d'armes biologiques était aussi très avancé au moment de la guerre du Golfe en 1995. Et de très nombreux pays ont des programmes dans ce domaine : Chine, Iran, Irak, Russie, Corée du Nord, Égypte, Israël… mais aussi États-Unis, Taïwan… Les Taïwanais sont les mieux renseignés, et pour cause. Ils soupçonnent que quatre instituts à travers la Chine (Kunming, Chongqing, Changchun, Wuhan) pourraient avoir des activités de recherche à double usage, civil et militaire.

1. Voir chapitre 1.

En ce qui concerne les États-Unis, on se souvient des lettres au charbon qui finalement étaient l'œuvre d'un chercheur américain dévoyé, travaillant pour l'Institut de recherche médicale de l'armée américaine à Fort Detrick, dans le Maryland. Il avait infecté en 2001 le courrier postal de quelques hommes politiques et journalistes avec des spores de charbon, provoquant quelques décès et une panique généralisée dans tout le pays. Il ne fut repéré que plusieurs années plus tard et se suicida peu avant d'être arrêté par le FBI.

Mais l'idée a aussi effleuré la directrice du Centre des maladies infectieuses émergentes en Chine, Shi Zhengli, d'ailleurs formée en France au P4 de Lyon, et spécialiste des coronavirus. Elle a confié fin février à un magazine américain, *Scientific American*, qu'elle avait craint que le SARS-CoV-2 ne se soit échappé de son laboratoire. Elle a donc travaillé d'arrache-pied pour finir par certifier que non, définitivement, ce nouveau virus ne correspondait pas aux coronavirus de chauve-souris stockés dans son laboratoire. C'est d'ailleurs elle qui a très probablement identifié, en décembre 2019 à Wuhan, le SARS-CoV-2 à partir d'échantillons provenant de cinq malades des hôpitaux municipaux de la ville. Mais l'identification complète du génome de ce virus est réalisée dans un autre laboratoire, le P3 de la clinique centrale de santé publique de Shanghai. C'est ce virus dont le génome sera partagé avec les virologues du monde entier dès janvier 2020.

Néanmoins l'origine exacte du virus reste encore inconnue à ce jour. Et, le 18 mai, l'OMS a décidé, avec l'accord des Chinois – qui tiennent l'OMS par la barbichette –, une enquête internationale dans le but de trouver l'origine du virus. Je ne suis pas sûr que la réponse nous vienne de l'OMS…

5

Covid-19, la nature du fléau

Le Covid-19 est la première pandémie de grande envergure du XXIe siècle. Elle est due au SARS-CoV-2[1]. Elle a été annoncée par les deux épidémies précédentes d'infections à coronavirus, SRAS et MERS, auxquels elle empruntera la plupart de leurs caractéristiques[2]. D'ailleurs, les pays qui ont le mieux tiré les leçons des deux épidémies précédentes, notamment les pays d'Asie du Sud-Est, sont ceux qui ont le mieux résisté au Covid-19[3]. Force est de constater que nous, Français, n'en avions tiré aucune leçon. Ou si nous en avions tiré les leçons à l'époque, nous les avions oubliées !

Le Covid-19 est une infection émergente, due à un agent pathogène nouveau. Le risque de telles infections et de leur importation possible par le voyageur était bien connu. Nous l'avions écrit à l'époque où je dirigeais le CMVI, Comité des maladies liées au voyage et des maladies d'importation, rattaché au Haut Conseil de

1. Voir chapitre 4.
2. Voir chapitre 3.
3. Voir chapitre 6.

santé publique du ministère de la Santé. On pouvait ainsi lire dans le numéro annuel sur les « Recommandations sanitaires pour les voyageurs (à l'attention des professionnels de santé) » du 9 juin 2015 du *Bulletin épidémiologique hebdomadaire*, organe de référence de Santé publique France, cette phrase prémonitoire : « En matière de santé publique, il existe un certain nombre de pathologies émergentes, notamment infectieuses, qui nécessitent une attention plus particulière au retour de voyages car elles peuvent diffuser directement ou indirectement dans la population générale et être ainsi introduites sur le territoire français, métropolitain ou ultramarin. » Les choses étaient bien dites, et c'est ce qui s'est passé avec le Covid, maladie du voyageur par excellence. Mais arrêter une épidémie qui se transmet principalement par les personnes asymptomatiques, c'est difficile. Repérer une personne infectée, contagieuse, mais pas encore malade, est une gageure.

Le Covid vient donc s'ajouter aux autres infections à coronavirus qui ont émergé depuis le début du XXIe siècle, SRAS et MERS[1]. C'est une nouvelle épidémie comme celles qui ont jalonné les siècles précédents depuis que l'homme s'est sédentarisé[2]. Le Covid est apparu à Wuhan en Chine à l'automne 2019, d'où le nom de Covid-19, acronyme de « COronaVirus Infectious Disease 2019 ». Si le Covid a été responsable d'une épidémie d'une telle ampleur, d'une pandémie aussi importante, on le doit à plusieurs facteurs.

---

1. Voir chapitre 3.
2. Voir chapitres 1 et 2.

Wuhan, une mégalopole épicentre d'une épidémie

Wuhan, épicentre de l'épidémie, est la plus grande ville du centre de la Chine, un important carrefour de l'industrie et du commerce, où sont implantées de multiples entreprises étrangères (dont nombre d'entreprises françaises). Wuhan est dotée des plus grandes infrastructures de transport, une gare futuriste au centre d'un gigantesque réseau ferroviaire à grande vitesse, l'aéroport le plus fréquenté de la Chine centrale, et le plus grand port en eau profonde sur le fleuve Yang-Tsé. Dans cette mégalopole de plus de 11 millions d'habitants, la transmission de personne à personne a été facilitée par la promiscuité dans les grandes barres d'immeubles, dans les transports en commun et sur les lieux de travail.

Pour corser le tout, un gigantesque banquet de 40 000 familles avait été organisé la semaine d'avant le confinement. Cela fut le plus grand banquet du monde. Et personne n'a voulu prendre la responsabilité de l'annuler, alors que l'épidémie était en pleine progression et que la ville de Wuhan allait se confiner quelques jours plus tard. Triste record… La folie des grandeurs a un prix ! Les grands rassemblements, quels qu'ils soient, amplifient les épidémies, raison pour laquelle une des premières mesures en cas d'épidémie est de les interdire. Ce banquet a d'ailleurs coûté son poste au maire de Wuhan. Et dans les jours qui ont précédé le confinement, on estime que 5 millions de personnes ont quitté Wuhan, exportant des cas de Covid un peu partout en Asie, notamment à Taïwan, Hong Kong, Singapour, au Japon, en Thaïlande, et aussi en Europe, bien que l'exportation de cas en Europe ait très probablement commencé avant cette période.

Transmission respiratoire : gouttelettes mais aussi aérosol

Les maladies infectieuses peuvent se transmettre par plusieurs voies : respiratoire (les plus contagieuses), alimentaire, sanguine, sexuelle, par inoculation (à l'occasion d'une morsure, ou piqûre), par contact (avec des mains sales ou des objets souillés) ou de la mère à l'enfant (au cours de la grossesse). Elles peuvent emprunter plusieurs modes de transmission. Par exemple, il y en a quatre pour le virus zika (le principal par piqûre de moustique, mais aussi par contact sexuel, transfusion sanguine et voie materno-fœtale), trois pour le virus du sida (le principal sexuel, mais aussi sanguin et materno-fœtal), mais, *a priori*, un seul pour les coronavirus : le mode respiratoire. La transmission materno-fœtale est encore controversée et la transmission sanguine est théoriquement possible mais non avérée. Il existe deux modalités de transmission par voie respiratoire : par gouttelettes (les postillons) et par aérosol.

Les données actuelles montrent que le SARS-CoV-2 est principalement transmis par les gouttelettes de salive (particules supérieures à 5 µm de diamètre). La transmission respiratoire se fait de personne à personne et se produit lorsqu'une personne infectée émet, en toussant, éternuant, chantant ou parlant fort, des gouttelettes contenant des particules virales. Ces gouttelettes se posent sur la muqueuse respiratoire ou la conjonctive d'une autre personne, généralement située à moins d'un mètre, deux mètres au maximum. On se protège de ce mode de transmission par le port de masques dits « chirurgicaux » ou « médicaux ». Mais les masques dits « grand public » font aussi bien l'affaire, à quelques exceptions près[1].

Les gouttelettes peuvent également se déposer sur les mains ou des objets fixes ou mobiles et être ainsi transférées à une autre personne lorsque les mains entrent en contact avec le nez, les yeux ou la bouche. Le virus reste détectable de quelques heures à quelques jours sur des surfaces inertes selon le type de surface. Ce temps est plus court à des températures supérieures à 30 °C, ce qui a fait suggérer à certains que l'épidémie ralentirait dans les pays chauds. Il s'agissait seulement d'expériences de laboratoire qui ne semblaient pas reproduire correctement la vraie vie. Et le consensus actuel semble considérer la transmission indirecte par des objets inertes comme faible. Néanmoins, on continue de recommander le nettoyage et la désinfection des surfaces inertes pour réduire la contamination à leur contact. Et surtout, la transmission par les mains est toujours à prendre en considération, raison pour laquelle on insiste sur leur lavage.

La transmission par aérosol (particules inférieures à 5 µm) peut également se produire dans certaines circonstances. Au début de l'épidémie, on a considéré que cela se faisait surtout en milieu hospitalier, principalement en

1. Voir chapitre 11.

réanimation, lors de certains gestes considérés à risque (intubation endotrachéale, bronchoscopie, aspiration endotrachéale, extubation). C'est la raison pour laquelle les infirmières de ces services étaient protégées par des masques particuliers dits « FFP2 » (ou haute protection). La possibilité d'une transmission par aérosol a néanmoins été considérée comme probable par certains d'entre nous dès le début. C'est la raison pour laquelle les infirmières et le personnel de mon service, au contact direct de tels malades, ont toujours porté un masque de haute protection.

On pouvait en fait s'en douter dès les premières mentions d'événements super-contaminateurs. Seule une forte transmissibilité, telle que celle réalisée par aérosol, pouvait expliquer le grand nombre de personnes infectées dans les lieux clos : églises, bateaux de croisière ou porte-avions... Et on en a eu la confirmation dès que l'histoire du restaurant chinois a été connue : une personne en avait contaminé plusieurs, situées bien au-delà d'un mètre. Les particules avaient été transportées à distance par le flux de la climatisation. Dès lors, il devenait évident qu'il valait mieux aérer les locaux, fenêtres ouvertes en grand, comme dans la tuberculose[1], plutôt que se fier à la climatisation. Ce mode de contamination fait d'ailleurs discuter, à mon sens, la pertinence des bureaux dits « open space » et des locaux dont les fenêtres ne peuvent pas s'ouvrir. Pour mémoire, les directives hospitalières étaient jusqu'alors d'empêcher l'ouverture des fenêtres pour éviter les suicides des malades...

1. Voir chapitre 2.

On allait les rouvrir pour diminuer le risque de transmission de la maladie dans nos services. On a tout de même attendu début juillet 2020 pour que l'OMS reconnaisse l'importance de ce mode de transmission.

Une transmission de la mère au nouveau-né est très peu probable, en dépit de quelques cas suspects qui avaient été rapportés chez des mères immunodéprimées, dont on sait qu'elles peuvent excréter le virus en plus grande quantité et pendant plus longtemps. Un cas d'une telle transmission a été rapporté chez une mère qui avait une charge virale très élevée dans le sang. Il a fallu attendre une étude américaine, conduite à New York City chez 116 mères infectées par le virus, pour constater qu'aucun des nouveau-nés n'était Covid positif après 24 heures de vie, et qu'aucun des 82 nouveau-nés qui avaient pu être testés 5 à 7 jours après la naissance n'était positif. Les mères avaient l'autorisation d'allaiter et de donner des soins à leur bébé et 83 % dormaient dans la même chambre. En revanche, elles étaient toutes masquées et devaient respecter le lavage des mains avant de prendre leur bébé dans les bras. Ces données sont extrêmement rassurantes. Après en avoir pris connaissance, l'Académie américaine de pédiatrie a déclaré que les enfants nouveau-nés pouvaient dormir dans la même chambre que leur mère à partir du moment où les précautions barrières étaient respectées. On peut donc considérer qu'il n'y a pas, dans ces conditions, de transmission de la mère à l'enfant après la naissance ni même dans la dernière semaine de la grossesse.

Mesures barrières

On se protège des maladies qui se transmettent par gouttelettes par différentes mesures regroupées sous le terme de « mesures barrières ». Elles devraient être appliquées à l'ensemble de la population. Elles incluent les éléments suivants : lavage régulier des mains (par du savon ou du gel hydroalcoolique), distanciation physique (de 1 à 2 mètres selon les pays), ne pas se serrer la main, ne pas s'embrasser, tousser ou éternuer dans son coude ou dans un mouchoir, ne pas porter les mains à la bouche, au nez ou aux yeux à moins qu'elles ne soient très propres. Si la distanciation physique n'est pas possible, en cas d'interactions avec des personnes vulnérables, dans les hôpitaux et les établissements de santé, et dans tous les lieux clos, il faut porter un masque[1].

Une forte contagiosité, mesurée par le R_0

La contagiosité d'une maladie infectieuse se définit par un chiffre, le R_0. C'est le nombre de personnes qui sont contaminées par une personne infectée. C'est pratique pour mesurer la contagiosité et la dynamique d'une épidémie : supérieur à 1, l'épidémie progresse ; inférieur à 1, l'épidémie régresse. Le R_0 du SARS-CoV-2 a été estimé à 2,7, mais il a en fait varié selon les temps de l'épidémie entre 2,2 et 5,7. Plus le nombre de personnes infectées, et non isolées, est grand, plus le R_0 augmente.

1. Voir chapitre 11.

Plus le nombre de personnes immunisées augmente, plus le R_0 baisse.

Pour le comparer avec d'autres agents pathogènes, les plus contagieux sont ceux qui se transmettent par voie respiratoire. Les R_0 les plus élevés sont ceux de la rougeole et de la varicelle, deux maladies virales dont on peut se protéger par un vaccin. Le R_0 monte à plus de 20 pour la varicelle et varie de 12 à 19 pour la rougeole. Viennent ensuite trois maladies respiratoires bactériennes, la coqueluche, la tuberculose, et la diphtérie, pour lesquelles le R_0 varie autour de 10. Comparativement les R_0 des maladies virales historiques que sont la poliomyélite aiguë, la rubéole, les oreillons et la variole (aujourd'hui disparue) tournent autour de 5. Parmi les maladies respiratoires virales, les coronavirus ont un R_0 entre 2 et 5 mais plus proche de 2 que de 5, comme la grippe dont le R_0 varie entre 1,5 et 3.

Une transmission avant l'apparition des symptômes

On estime qu'environ 50 % des contaminations (une étude chinoise a dit 44 %) sont le fait de personnes infectées mais pas encore symptomatiques. La période de contagiosité commence avant l'apparition des symptômes (2 à 3 jours avant) et le pic de contagiosité est maximal la veille (de moins 0,2 à 2 jours avant). Car les patients atteints de Covid-19 ont une charge virale élevée avant l'apparition des symptômes. La conséquence principale est la nécessité de rechercher des contacts dans les deux à trois jours qui précèdent la survenue des premiers signes si on veut remonter les chaînes de contamination.

On trouve le virus en quantité d'autant plus importante que les personnes infectées sont malades. Cela laisse à penser que les personnes les plus contagieuses sont celles qui vont devenir symptomatiques, et non celles qui resteront asymptomatiques tout au long de l'évolution. La contagiosité relève donc plus de patients présymptomatiques que de patients asymptomatiques.

Puis le virus reste présent dans les voies respiratoires (nez, gorge, poumons) pendant les cinq jours qui suivent l'apparition des symptômes. Après le cinquième jour, la charge virale diminue dans les prélèvements nasopharyngés en même temps que les symptômes s'atténuent jusqu'à la fin de la première semaine. L'ARN viral est détectable dans les prélèvements pulmonaires pendant la deuxième semaine mais à un niveau a priori trop faible pour être contagieux. En effet, au-delà du huitième jour, la détection n'indique pas que le virus soit viable, c'est-à-dire qu'il soit infectant, car les cultures se négativent au-delà de ce délai. Le virus peut être excrété plus longtemps dans les sécrétions respiratoires, ou dans les selles, sans que cela prête à conséquence pour ce qui relève de la contagiosité aérienne. En revanche, cela explique que l'on retrouve le virus dans les eaux usées. C'est une manière de suivre l'épidémie.

Transmission familiale et événements super-contaminants

Il existe deux grandes circonstances de contamination dans la vie de tous les jours : familiale et professionnelle. C'est l'analyse des clusters, qui permet d'évaluer les modalités de la transmission dans la population générale. Le terme de « cluster » est anglais, mais a été francisé à l'occasion de l'épidémie. Il désigne un foyer épidémique, défini par au moins trois cas liés entre eux dans une période de 7 jours.

En Chine, la transmission est plutôt familiale. Dans les vingt provinces chinoises en dehors de Hubei, parmi les 1 183 clusters rapportés, 88 % d'entre eux sont des petits foyers familiaux de 2 à 4 personnes. Et 64 % des clusters en Chine sont des foyers d'infection dans les familles. En France, l'analyse des clusters donne des résultats plus difficiles à interpréter car les foyers de transmission en Ehpad et en milieu familial restreint en sont exclus. À la mi-août 2020, sur les 609 clusters (hors Ehpad et milieu familial restreint), les plus importants se trouvent dans les entreprises hors établissements de santé (22 %), les établissements de santé (17 %), le milieu familial élargi (14 %), les établissements d'hébergement et d'insertion (10 %), et les événements publics/privés rassemblant de manière temporaire des personnes (8 %). Les autres clusters en France sont trouvés dans des établissements médico-sociaux pour handicapés, le milieu scolaire ou universitaire, les communautés dites vulnérables (migrants, gens du voyage…), les crèches, les transports, les prisons, etc. Attention : à la mi-août, les écoles, collèges, lycées et universités n'avaient pas encore rouvert. La situation sera probablement différente à la rentrée scolaire, surtout si elle se fait en conditions dégradées.

Si la principale source d'infection est intrafamiliale en Asie, il est difficile de savoir dans quel sens cela fonctionne : des enfants vers les adultes ou l'inverse? La transmission intrafamiliale a été étudiée dans 10 592 familles en Corée du Sud. Au moment de l'étude, les écoles étaient fermées et la population était confinée, ce qui limitait les risques de contamination à l'extérieur. Dans un tel contexte, le taux de transmission dans les familles a été estimé à 12 %. Ce sont les enfants âgés de 10 à 19 ans qui étaient à l'origine du plus important taux de contamination dans le foyer familial (18 %). À l'opposé, les enfants de 0 à 9 ans n'expliquaient que 5 % des contaminations. Si on allait jusqu'au bout de la logique de cette étude, il faudrait maintenir à domicile les enfants de 10 à 19 ans, et l'on pourrait éventuellement laisser partir à l'école les enfants de 0 à 9 ans, puisque le taux de transmission secondaire a l'air moins élevé chez eux.

L'autre circonstance de transmission fait intervenir des grands rassemblements dans les lieux clos, mal ventilés, plutôt non aérés et peut-être climatisés. Les plus grands d'entre eux sont principalement religieux. Les histoires des rassemblements évangéliques de Corée du Sud[1] ou de Mulhouse[2] sont bien connues. Cependant, de

1. Voir chapitre 6.
2. Voir chapitre 7.

multiples autres réunions religieuses ont été à l'origine de la diffusion du virus dans le monde par les pèlerins. La communauté juive orthodoxe a été particulièrement exposée en Israël. La maladie a aussi diffusé à partir de pèlerins musulmans ayant participé à des rassemblements en Iran et en Malaisie. C'est la raison pour laquelle le pèlerinage du Hadj a été annulé en 2020 et que seule une minorité de pèlerins, présents en Arabie saoudite au moment où cette interdiction a été donnée, ait pu faire ce pèlerinage. Sage décision ! Car la coexistence du MERS et du Covid-19 parmi les pèlerins en Arabie saoudite aurait certainement produit un cocktail explosif.

Les hôpitaux jouent aussi un rôle important pour amplifier l'épidémie de Covid-19, comme cela avait été bien montré avec le SRAS et le MERS en Corée du Sud[1]. Le rôle des hôpitaux a été encore plus important en début d'épidémie, avant que le personnel soit informé et protégé. Ainsi, en Chine, le pourcentage de personnel soignant infecté a été de 3,8 % dans la province de Hubei mais 63 % d'entre eux étaient originaires de Wuhan, ce qui prouvait leur manque de protection au début de l'épidémie. Cela persiste encore après le début de l'épidémie comme le montre l'analyse, en août 2020, des clusters en France : 16 % se situaient dans des établissements de santé !

La transmission à l'extérieur est bien moins probable que la transmission à l'intérieur des habitations et des lieux de réunion. À l'extérieur, elle ne peut être que de « croisement », c'est-à-dire qu'il faut avoir croisé, à

1. Voir chapitre 3.

moins d'un mètre de distance, une personne infectée. C'est la raison pour laquelle des files sont organisées dans différents endroits pour éviter que les populations puissent se croiser. Néanmoins, ce risque est minime du fait de la dispersion dans l'air des virus, une dilution tellement importante qu'il sera très difficile d'atteindre la dose infectante. En revanche, à l'intérieur des locaux, il est probable que les systèmes dits CVC (chauffage, ventilation, climatisation) puissent aggraver les risques de transmission. En effet, ces systèmes font recirculer l'air, pouvant faire respirer un air vicié du fait de la présence du virus. À l'intérieur, on peut être infecté sans jamais avoir croisé la personne infectée. Ce phénomène a été décrit dans des restaurants mais également dans des églises, des abattoirs et d'autres lieux clos. C'est le principal mode de transmission, même en présence d'un malade peu contagieux. En effet, une exposition à de faibles doses, pendant un temps prolongé, comme ça peut être le cas à l'intérieur, peut s'avérer plus à risque qu'une exposition brève, même face à une personne plus contagieuse.

La contamination par voie aérienne se fait donc principalement, voire uniquement, à l'intérieur des espaces clos. Cela fait craindre une résurgence de l'épidémie lors de l'hiver, voire dès l'automne. En effet, l'absence d'aération des locaux et une ventilation insuffisante pourront favoriser un rebond épidémique. Cela expliquerait la saisonnalité possible de ce virus. Celle-ci ne serait pas due à une virulence plus importante l'hiver mais à une augmentation de ses capacités de transmission en lieux clos, non aérés. Il est aussi tout à fait possible que ce soit la climatisation qui explique la persistance de la transmission du virus dans des pays très chauds, par exemple dans le sud des États-Unis, comme au Texas, ou en Chine où la climatisation est très utilisée. C'est un autre des messages écologiques que nous transmet ce virus.

Histoire naturelle

Le virus pénètre dans l'organisme par le nez, la bouche, ou les yeux. C'est principalement au niveau du nez que le virus semble s'accrocher à ses cellules réceptrices. Ces cellules sont celles qui portent, à leur surface, un récepteur dit ACE2 (ACE étant un acronyme anglais pour « enzyme de conversion de l'angiotensinogène »). Ce récepteur est présent à la surface de beaucoup de cellules humaines, au niveau des voies respiratoires, digestives, mais aussi des vaisseaux sanguins. Le virus s'accroche alors à ce récepteur par une protéine qu'il porte à sa surface et qui s'appelle la protéine S (pour spicule). La membrane du virus fusionne ensuite avec la membrane de la cellule réceptrice et libère son contenu, et notamment son génome, sous forme d'ARN dans la cellule hôte.

Le virus détourne alors la machinerie de la cellule pour s'y reproduire. La cellule va ainsi fabriquer, pour ainsi dire à son insu, les différents éléments du virus : son matériel génétique, sous forme d'ARN, son bouclier (les capsides), puis sa membrane. Ces bébés virus, appelés virions, sont ensuite expulsés de la cellule hôte. Une cellule infectée peut fabriquer et libérer de quelques dizaines à plusieurs milliers de virions. Par exemple, pour le virus de la grippe A, le nombre de virions libérés est d'environ 6000. Pour le SARS-CoV-2, ce chiffre est encore inconnu, mais pourrait varier beaucoup d'un individu à un autre.

Une fois le virus arrivé chez l'homme, le système immunitaire ne reste pas les bras ballants. Dès qu'il a détecté la présence virale, il réagit en sécrétant différents messagers chimiques (notamment les interférons de type alpha) qui permettent aux cellules immunitaires d'activer leurs défenses, pour bloquer la multiplication du virus. Une équipe française a mis en évidence qu'un déficit en sécrétion d'interféron alpha présageait des formes graves de la maladie. Les défenses immunitaires font intervenir à la fois les anticorps (qui vont apparaître à partir du dixième jour) et différentes cellules de défense de l'organisme (macrophages, cellules tueuses, neutrophiles, cellules dendritiques). Les anticorps, les macrophages, les lymphocytes tueurs contrôlent l'infection dans plus de 90 % des cas. Parfois, ils la contrôlent si bien que les patients restent asymptomatiques.

Mais, dans une minorité de cas, le système immunitaire est incapable de maîtriser l'infection et une réaction inflammatoire violente survient à partir du septième jour. C'est la phase dite de « l'orage immunitaire ». L'orage immunitaire est la conséquence de la libération, par les lymphocytes, de cytokines, pour appeler à la rescousse d'autres cellules immunitaires. Malheureusement, ces cellules libèrent, à leur tour, des cytokines et la réaction s'emballe. Cet orage immunitaire s'exprime principalement au niveau respiratoire mais aussi dans les organes et les vaisseaux sanguins. L'attaque des vaisseaux sanguins aboutit à des troubles de la coagulation et à la formation de caillots qui obstruent les veines ou les artères, au niveau d'organes comme le cœur, les intestins, le cerveau ou même la peau. C'est à ce moment d'orage immunitaire que certains médicaments ont prouvé leur efficacité, notamment les corticoïdes et, peut-être, des médicaments qui inhibent l'expression d'une cytokine, comme le TNF.

À ce stade, c'est la réaction inflammatoire incontrôlée, provoquée par le virus, qui est responsable de la majorité des signes observés et peut provoquer la mort. La plupart des décès sont causés par l'atteinte pulmonaire, responsable d'une insuffisance respiratoire, qui ne peut pas être palliée par la ventilation mécanique. Une autre cause majeure de décès est les troubles de la coagulation, responsables d'embolies pulmonaires, d'arrêts cardiorespiratoires, d'accidents vasculaires cérébraux, d'ischémies aiguës de membres.

Les modalités évolutives du Covid-19 sont donc dépendantes des formes de réponses immunitaires de l'hôte. Il est très probable que la différence de réponse immunitaire d'un malade à un autre soit liée à des différences génétiques. Dans une étude française de 50 patients, une réponse inflammatoire, caractérisée par l'absence d'interféron bêta et une faible production d'interféron alpha, était associée à une charge virale sanguine plus prolongée, à une aggravation de la réaction inflammatoire, et à une augmentation de la sécrétion de cytokines (TNF alpha, interleukine 6), menant à l'orage immunitaire. Ces constatations expliquent l'efficacité potentielle d'un inhibiteur de l'interleukine IL-6 (le tocilizumab) et font espérer en l'efficacité d'un anti-TNF ou d'un interféron de type alpha ou bêta. Malheureusement, les essais thérapeutiques n'ont pas montré d'efficacité de l'interféron bêta.

On a vécu en pensant qu'il n'y avait pas de réinfections possibles jusqu'au 24 août 2020. Ce jour-là, des chercheurs de Hong Kong rapportent un cas certain de réinfection chez un homme de trente-trois ans, quatre mois et demi après le premier épisode de Covid. Ces deux infections successives ont été causées par deux souches différentes de SARS-CoV-2. Sinon des formes chroniques de covid sont possibles chez certains patients immunodéprimés.

Histoires de bateaux : *Charles-de-Gaulle* et *Diamond Princess*

L'histoire de la maladie n'a probablement pas encore livré tous ses secrets. Pour connaître cette histoire, il faut connaître le nombre de personnes réellement infectées au sein d'une population donnée et suivre celle-ci longtemps, c'est-à-dire jusqu'à la fin de l'incubation de la maladie (pour détecter la part qui restera asymptomatique et identifier les signes cliniques chez les personnes symptomatiques), et bien au-delà de la fin de la maladie (si l'on veut évaluer les séquelles). C'est une opportunité qui ne s'est pas beaucoup présentée depuis le début de l'épidémie de Covid-19 en dehors des histoires de bateaux et, dans une moindre mesure, des participants au carnaval en Allemagne.

On doit beaucoup aux marins du porte-avions *Charles-de-Gaulle* et aux passagers du *Diamond Princess* dans la connaissance de la maladie. De telles populations captives, c'est-à-dire faciles à suivre, c'est précieux pour un épidémiologiste ! C'est l'histoire des marins du *Charles-de-Gaulle* qui est la plus riche d'enseignements. Premier message : 1 064 (67 %) des 1 568 marins testés ont été infectés. Et on retrouve un pourcentage encore plus élevé au cours d'une épidémie dans un camp d'été aux États-Unis où 76 % des 344 participants testés étaient positifs. Peu d'entre nous échappent donc à l'infection, et il faut un chiffre élevé de personnes immunes pour interrompre la transmission dans un groupe donné. D'ailleurs, on ne sait pas si c'est l'isolement des cas qui a contribué à mettre fin à l'épidémie ou l'immunité collective des marins. Il est peu probable que cela soit différent dans la vraie vie. Deuxième message : 13 % des 1 064 marins trouvés porteurs du virus sont restés asymptomatiques tout au long de l'évolution. Cela rejoint les chiffres constatés dans d'autres cohortes où le taux de porteurs asymptomatiques dépasse rarement 20 %, sauf chez les enfants. Troisième message : la mortalité/létalité est très faible. Elle de 0 % parmi les 1 568 marins (moyenne d'âge : 29 ans) du *Charles-de-Gaulle*, de 1,3 % parmi les 712 passagers (et membres d'équipage) du *Diamond Princess* (moyenne d'âge : 69 ans), et de 0,3 % chez les 919 habitants du village de Gangelt (Allemagne), chiffre qui est certainement le plus proche de la réalité. C'est d'ailleurs un chiffre similaire qui sera trouvé parmi les patients marseillais du Pr Raoult : 0,65 % parmi 1 061 patients (moyenne d'âge : 43 ans), et 0,5 % parmi 3 119 patients (moyenne d'âge : 45 ans), tous traités par hydroxychloroquine et azithromycine. L'équipe du Pr Raoult attribue cette « faible » mortalité à son traitement. Mais il apparaît assez évident, pour la plupart d'entre nous, que nous sommes plus dans l'histoire naturelle de la maladie avec de tels chiffres et compte tenu de la moyenne d'âge relativement jeune.

La plus grosse série mondiale de Covid-19 est, sans surprise, chinoise. Mais il s'agit presque exclusivement de patients avec des symptômes respiratoires. Elle comprend 44 672 cas confirmés de Covid-19, tous symptomatiques. Elle ne renseigne donc pas sur les cas asymptomatiques et les malades peu symptomatiques. Elle a été publiée le 18 février 2020 par le Center for Disease Control (CDC) chinois dans le *China CDC Weekly*. Autant dire qu'il vaut mieux savoir lire le chinois, car il n'y a que le résumé de l'article qui est en anglais. Mais la plus grande partie a été reprise par une revue américaine, le *JAMA*, dans le numéro du 7 avril 2020. Cette énorme série de patients donne une excellente idée de la présentation de la maladie chez les personnes symptomatiques. Parmi les 44 415 patients chinois (dont 87 % ont entre 30 et 79 ans) avec un Covid confirmé (par les analyses virologiques), 81 % ont une maladie bénigne ou une pneumonie peu sévère, 14 % ont une pneumonie suffisamment sévère pour nécessiter de l'oxygène, et 5 % sont tellement gravement atteints qu'ils doivent être hospitalisés en réanimation. Dans ce dernier groupe de patients, la moitié (49 %) décédera.

Polymorphisme de l'expression clinique

Le Covid-19 a une période d'incubation (durée écoulée entre la contamination et l'apparition des symptômes), le plus souvent comprise entre 3 à 7 jours, mais pouvant aller jusqu'à 14 jours. C'est la raison pour laquelle la durée de 14 jours a été considérée comme celle de la quarantaine[1].

Le polymorphisme clinique du Covid peut le rendre difficile à repérer. La première définition était fondée exclusivement sur des signes respiratoires, comme pour le SRAS ou le MERS. C'était une erreur. C'est ainsi que le premier malade du Covid a été loupé par les centres de référence parisiens, dont le mien[2]. Car les malades peuvent présenter beaucoup d'autres symptômes. Plus de 80 % des malades ont des symptômes peu sévères, si peu sévères qu'ils n'ont aucune raison de consulter.

Faute de traitement antiviral efficace, l'évolution de la maladie est naturelle. Elle se fait vers la guérison en moins de 10 jours chez environ 80 % des malades. Mais, chez les 20 % restants, on observe environ 7 à 10 jours après l'apparition des premiers symptômes une phase d'orage immunitaire, et des complications graves, principalement respiratoires. Chez 10 à 20 % de ces patients sévères, la maladie respiratoire évolue rapidement (dans les 10 jours après le début des symptômes) en une insuffisance respiratoire.

---

1. Voir chapitre 1.
2. Voir chapitre 7.

La principale cause de consultation est une infection respiratoire. La fièvre et la toux sont les symptômes les plus courants. Dans une étude de 1 099 patients chinois, 43 % d'entre eux avaient de la fièvre dès le début de la maladie et la fièvre s'aggravait pendant l'hospitalisation chez 88 % d'entre eux. Les autres symptômes les plus courants sont la fatigue, les maux de tête, la congestion nasale, une douleur pharyngée, des myalgies et des arthralgies, comme au cours d'une grippe, raison pour laquelle le Covid-19 lui a initialement été comparé, d'autant plus que les deux maladies partagent le même mode de contamination. La sévérité de l'atteinte pulmonaire est la principale cause d'hospitalisation car elle nécessite l'administration d'oxygène, voire une ventilation assistée en réanimation. La durée d'hospitalisation en réanimation peut aller jusqu'à un mois. Ces patients peuvent garder des séquelles respiratoires du fait d'une fibrose pulmonaire à distance de l'infection aiguë, tout comme cela avait été décrit lors des épidémies de SRAS et de MERS.

Des symptômes digestifs (nausées, vomissements, diarrhée) sont rapportés chez 2 à 40 % des patients, surtout les enfants. Il s'agit principalement de diarrhée qui peut être la première manifestation de la maladie. C'est particulièrement trompeur dans un contexte de retour de voyage où la diarrhée, dite du voyageur, est la cause la plus fréquente de consultation. Ces symptômes digestifs pourraient être en rapport avec le fait que le virus soit retrouvé dans les selles. Cela fait aussi suspecter une contamination par voie féco-orale, mais celle-ci n'est pas prouvée.

Des symptômes neurologiques sont rapportés chez plus de 50 % des cas du Covid-19 dans une étude espagnole de 841 malades. La perte de l'odorat (anosmie) et du goût (agueusie) est très caractéristique même si elle peut être rencontrée dans d'autres maladies virales dont la grippe. Mais elle est particulièrement fréquente au cours du Covid-19, observée dans 53 % des cas dans une série italienne. Dans la série des 1 064 marins du porte-avions *Charles-de-Gaulle*, l'anosmie était présente chez 57 %, et l'agueusie chez 46 %, soit plus ou autant que la fatigue (46 %) qui est pourtant un des signes cardinaux de la maladie. Cette perte du goût ou de l'odorat est pour le moment rattachée à une atteinte neurologique des nerfs crâniens responsables de ces deux sens.

D'autres symptômes neurologiques sont rapportés : maux de tête (céphalées chez 56 % des marins du *Charles-de-Gaulle*), vertiges, ralentissement intellectuel, difficultés d'attention, perte de mémoire, confusion, troubles de conscience, syndrome de Guillain-Barré (comme dans beaucoup de maladies virales), et aussi accidents vasculaires cérébraux chez des personnes jeunes. Des problèmes neurologiques (altération de la capacité d'attention, de la mémoire, de la fluidité du langage) semblent fréquents chez les personnes ventilées en réanimation, quelle qu'en soit la cause. Il est donc encore difficile de dire, pour ces malades graves, si cela revient au Covid-19 ou à la réanimation. Mais, sans se focaliser sur les malades de réanimation, on peut dire que certains malades du Covid ont une atteinte neurologique et que les symptômes peuvent persister pendant des mois. Les conséquences à long terme sont inconnues.

Des manifestations psychiatriques sont possibles. Elles concernent 15 % des manifestations neuropsychiques du Covid. L'éventail semble large : troubles du comportement, manifestations hallucinatoires, anxiété et troubles de l'humeur. Certaines ont déjà été décrites avec le cousin du SARS-CoV-2, le MERS-CoV. Il va être difficile pour les psychiatres de faire la distinction entre ce qui revient à la maladie Covid-19, au terrain sous-jacent, et aux conséquences du confinement (anxiété, renforcée par les médias) et du déconfinement (syndrome de la cabane). Le syndrome de la cabane est connu depuis la ruée vers l'or aux États-Unis. Il est la conséquence du brutal retour à la vie de tous les jours après une longue durée d'isolement : cela ne se passe pas toujours bien sur le plan psychologique.

Des problèmes cardiaques ont été aussi décrits, comme des atteintes du muscle cardiaque (myocardite), de l'enveloppe du cœur (péricardite), une insuffisance cardiaque et des infarctus. Une étude menée par l'Inserm, l'Université de Paris, et la brigade des sapeurs-pompiers de Paris a montré que le nombre d'arrêts cardiaques a doublé entre le 17 mars et le 26 avril, selon les chiffres du registre francilien (Paris, Hauts-de-Seine, Seine-Saint-Denis et Val-de-Marne) du Centre d'expertise mort subite (Paris-CEMS). Les six premières semaines du confinement ont vu le taux d'arrêts cardiaques monter à 26,6 pour un million d'habitants contre 13,4 entre 2012 et 2019, à la même période : quelque chose a dysfonctionné...

La fréquence des manifestations de thrombose (caillots de sang qui se forment dans les vaisseaux sanguins) et des embolies pulmonaires est à rapporter à un état d'hypercoagulabilité sanguine, c'est-à-dire à un risque accru de boucher ses vaisseaux sanguins, qu'il s'agisse de veines ou d'artères. Les embolies pulmonaires sont une source si fréquente de décès que les patients sont très rapidement mis sous anticoagulants. Cela rend compte de la fréquence augmentée des infarctus du myocarde comme des accidents vasculaires cérébraux, notamment chez les personnes âgées. Il a aussi été dit que la gravité des atteintes pulmonaires du Covid-19 est autant à rapporter à l'infection pulmonaire qu'à une atteinte des petits vaisseaux pulmonaires. C'est ce qui a été constaté dans des séries autopsiques.

Des atteintes ophtalmologiques sont également possibles, jusqu'à 32 % des patients dans une série chinoise, avec des conjonctivites et des larmoiements importants. Le virus peut d'ailleurs être retrouvé dans les larmes.

Une létalité faible

La maladie n'est pas si mortelle que cela dans la population générale. Le taux de létalité de la maladie a beaucoup varié au cours de l'épidémie, avec une tendance constante à la baisse. Au début, il a été estimé chez des patients qui avaient les formes les plus symptomatiques de la maladie. Par exemple dans l'étude chinoise de 44 672 patients symptomatiques, il était de 2,3 %, avec des variations importantes en fonction de l'âge. Mais, dans la toute première étude publiée dans le *Lancet* par les Chinois et portant sur peu de malades avec des pneumonies, il était de plus de 10 %.

Évidemment, la mortalité est beaucoup plus élevée chez les malades les plus graves, c'est-à-dire ceux nécessitant d'être hospitalisés et a fortiori d'être hospitalisés en réanimation. Dans la grande étude chinoise citée plus haut, la mortalité est de 49 % chez les 2 087 malades dits « critiques ». Et dans une étude italienne, la mortalité est de 26 % chez 1 581 patients en réanimation. En France, il y aura une polémique autour des chiffres de mortalité en réanimation, les Prs Raoult et Perronne prétendant que l'on mourrait plus à Paris qu'à Marseille. Cela va même se finir devant les tribunaux… Dans un premier temps, le directeur général (DG) de l'Assistance publique-Hôpitaux de Paris (AP-HP), Martin Hirsch, a estimé que le Pr Didier Raoult avait fait un « faux témoignage » devant la commission d'enquête de l'Assemblée nationale le 24 juin 2020, en déclarant que la mortalité en réanimation était de 43 % à Paris. Mais, manque de chance pour le DG de l'AP-HP, il s'agissait d'un chiffre correct au début de l'épidémie et Raoult s'était appuyé sur un rapport de la cellule de crise de l'AP-HP du 14 avril. Raoult a donc ensuite porté plainte contre le DG pour « dénonciation calomnieuse » ! Le match Paris DG-Marseille continue dans les tribunaux.

La mortalité varie aussi en fonction du temps écoulé depuis le début de l'épidémie, du fait de la saturation du système de soins qui en résulte et qui oblige, malheureusement, à dégrader la prise en charge des malades, c'est-à-dire à ne pas pouvoir offrir à tous la garantie des meilleurs soins. Par exemple, en Chine, si la mortalité globale était de 2,9 % dans la région la plus affectée du Hubei (dont la capitale est Wuhan), elle était de 0,4 % en dehors du Hubei. On constate aussi que la mortalité a diminué à Paris pour les malades en réanimation. Estimée initialement autour de 50 % puis de 40 %, elle se situe entre 25 et 35 % en fin d'épidémie, une fois mieux connue la difficulté de réanimer ces malades et le système non saturé.

Finalement, on estimera la mortalité entre 0,3 et 0,5 %, ce qui correspond aux résultats observés dans certaines cohortes de patients[1]. Et il y a des séries où la mortalité est encore plus faible ; par exemple, parmi les marins du porte-avions *Charles-de-Gaulle*, aucun décès ne sera observé, ce qui donnerait une mortalité inférieure à un pour mille. On n'ira pas jusqu'à dire pour autant que les médecins militaires soignent mieux leurs marins que les médecins de l'équipe du Pr Raoult, les Marseillais. En fait, la mortalité ne peut être estimée correctement que dans des séries qui tiennent compte de l'âge des malades et de leur comorbidité, les deux principaux facteurs de risque de mortalité. On ne peut comparer que ce qui est comparable.

La faible mortalité, dans de bonnes conditions de prise en charge (c'est-à-dire avec possibilité d'hospitaliser les cas sévères, de donner de l'oxygène, de réanimer) est finalement assez proche de celle de la grippe, à l'ère de l'absence de vaccins ou de médicaments. C'est une

1. Voir plus haut (p. 119) : « Histoires de bateaux ».

bonne nouvelle sur le plan individuel, mais pas sur le plan collectif. Car une maladie peu mortelle, mais touchant un grand nombre de personnes, peut s'avérer bien plus redoutable pour la population générale qu'une maladie grave touchant peu de personnes, surtout quand le système de soins est rapidement saturé.

Une maladie grave chez certaines personnes

Le Covid est plus grave dans certains groupes de personnes, âgées ou fragiles, et chez les obèses. Les facteurs de gravité les plus importants sont les suivants : maladies cardiaques graves, cancers, maladies rénales chroniques, obésité, grossesse, drépanocytose, transplantation d'organes et diabète de type 2. Dans l'étude chinoise précédemment citée, la mortalité est de 10% chez les malades cardiovasculaires, 7% chez les diabétiques, 6% chez les patients avec une pathologie respiratoire chronique, 6% chez les hypertendus, et 5% chez les patients avec un cancer.

Les maladies associées à un risque moindre de forme sévère sont l'asthme, les maladies cérébrovasculaires, l'hypertension artérielle, le tabagisme, l'administration de corticoïdes ou de médicaments immunosuppresseurs au long cours. D'autres pathologies chroniques (transplantation de moelle, infection VIH, autres déficits immunitaires, certaines maladies métaboliques, hépatiques, neurologiques, respiratoires chroniques, pédiatriques, thalassémie et diabète de type 1) sont moins associées à des formes sévères.

Le principal facteur de mauvais pronostic de la maladie est l'âge. En France, plus de 90 % des 30 000 décès ont été observés chez des patients âgés de plus de 65 ans. Le risque de mortalité augmente significativement et très rapidement à partir de 50 ans, en particulier chez les hommes. Dans l'étude chinoise, la mortalité est de 15 % chez les 1 408 patients de plus de 80 ans, 8 % chez les 3 918 patients âgés de 70 à 79 ans, et 0,3 % chez les 1 716 personnels soignants, forcément plus jeunes. Dans une autre étude chinoise, la mortalité est identique dans les tranches d'âge 80-89 ans (15 %), 70-79 ans (8 %), et elle est respectivement de 3,6 %, 1,3 % et inférieure à 1 % dans les tranches d'âge 60-69 ans, 50-59 ans, et en dessous de 50 ans.

Facteurs de risque sociaux : la précarité

À côté de ces facteurs de risque de décès propres à l'histoire médicale du patient, on reconnaît des facteurs de risque sociaux (conditions de vie et d'emploi) dont on n'a pas beaucoup parlé. Les personnes qui ont payé le plus lourd tribut à la maladie sont les travailleurs de première ligne, les « derniers de cordée », pour offrir un miroir inversé à l'expression présidentielle à propos des « premiers de cordée » censés tirer tout le monde vers le haut. Au moment du Covid-19, les premiers de cordée étaient plutôt confinés chez eux, et les derniers de cordée étaient plutôt au front. Il s'agit des travailleurs dans la vente (caissières, livreurs), les soins à la personne (aides-soignants, infirmières et médecins, ambulanciers, pompiers), les transports publics (chauffeurs), les employés des abattoirs, des entrepôts, des services postaux et de l'entretien (agents de nettoyage), et des travaillcurs sociaux. Ils cumulent plusieurs handicaps : pauvreté, conditions de vie difficiles (logements exigus, promiscuité), mauvaises conditions de travail, statuts précaires, et fréquence des comorbidités, notamment de l'obésité. En France, les données de l'Insee ont montré que le département de la Seine-Saint-Denis, un des plus pauvres de France, a présenté, en dépit du jeune âge de sa population, un record de surmortalité, avec 130 % de décès en plus entre le 1er mars et le 27 avril 2020 par rapport à la même période en 2019. Au Royaume-Uni, les travailleurs essentiels (« *key workers* ») ont aussi été les plus touchés par le Covid-19.

Un autre facteur « social » de risque de mortalité est le fait d'être noir. En France, nous ne disposons d'aucune donnée à ce propos car nos instituts statistiques n'ont pas l'autorisation de parler d'origine ethnique. Il vaut mieux, pour masquer une dure réalité, probablement pas différente de ce qui a été observé au Royaume-Uni et aux États-Unis. Dans ces deux pays, la probabilité de décéder du Covid est plus importante chez les Noirs, ou chez les non-Blancs puisque les Hispaniques, et dans une moindre mesure les Asiatiques, sont aussi concernés par cette surmortalité aux États-Unis. Aucune donnée en France, mais un constat fait par beaucoup d'entre nous : il y a beaucoup de Noirs en réanimation ! Et une note de l'Insee, publiée le 7 juillet 2020, va dans le même sens. Elle montre une hausse des décès deux fois plus forte chez les personnes nées à l'étranger (+ 48 %) que chez les personnes nées en France (+ 22 %) en mars et avril 2020, en comparaison de mars et avril 2019. Cette surmortalité est constatée chez les personnes nées en Afrique noire (+ 114 %), au Maghreb (+ 54 %) et en Asie (+ 91 %), tous âges confondus. De telles différences sont retrouvées en Seine-Saint-Denis et dans le Grand Est, avec respectivement des surmortalités (comparativement aux personnes nées en France) de + 368 % et + 121 % pour les personnes nées en Afrique noire, de + 191 % et + 120 % pour celles nées au Maghreb. Cette hausse est beaucoup plus marquée chez les hommes (+ 61 %) que chez les femmes (+ 44 %), une différence qui ne se retrouve pas chez les personnes nées en France (+ 25 % et + 26 % respectivement).

Fracture générationnelle

On aura rarement vu un virus aussi clivant sur le plan générationnel : les jeunes transmettent, les grands-parents trinquent… La gravité est effectivement corrélée à l'âge comme nous l'avons vu, mais les jeunes subissent une triple peine d'un autre ordre. Ils auront à rembourser les dettes accumulées par les générations précédentes et par notre génération. Du fait de l'épisode Covid-19, la dette est montée d'un peu plus de 100 % du PIB avant le Covid à près de 120 % du PIB après le confinement. Autres conséquences économiques, on parle déjà d'une génération sacrifiée pour tous ceux qui sont sortis des études et entrent sur le marché du travail dans cette année 2020, et probablement pour celle qui suit.

Les entreprises n'embauchent pas assez. Et beaucoup ont décidé de poursuivre leurs études, pour cette raison, au moins une année de plus. Enfin, les jeunes ont dû se freiner dans leur envie de se réunir, dc faire la fête, culpabilisés par les autorités et par beaucoup de médecins. Brandir le spectre de la contamination de leurs parents, voire de leurs grands-parents qui eux, ont plus de risque de faire une forme grave, et même d'en mourir, constitue un fardeau dont le poids peut être difficile à supporter.

Quant aux enfants, ils font des formes bénignes, voire inapparentes, en dehors de certaines complications particulièrement rares comme le syndrome de Kawazaki. Néanmoins, tous ne sont pas à l'abri. Les jeunes ne sont pas infaillibles, et des complications graves, voire mortelles, sont décrites chez certains d'entre eux, notamment les obèses.

Le rôle des enfants dans la transmission du virus, dans la cellule familiale ou scolaire, reste encore controversé le 20 août 2020. Si l'on se fie aux études françaises des foyers épidémiques de Crépy-en-Valois et des Contamines (fondé sur un seul cas), il semblerait, pour les pédiatres, que la transmission se fasse plus des adultes vers les enfants que dans le sens inverse. C'est la raison pour laquelle les enfants ont été autorisés à retourner à l'école tout en prenant certaines précautions. Néanmoins, des études allemandes, asiatiques et américaines, accordent un rôle plus important à la transmission entre enfants, et des enfants vers les adultes plutôt que dans le sens inverse. En Corée du Sud, il a été montré que les enfants de 9 à 18 ans étaient les principaux transmetteurs au sein des familles. Aux États-Unis, dans l'épidémie du camp d'été, les taux d'attaque étaient respectivement de 51 % chez les enfants de 6-10 ans, 44 % chez les 11-17 ans, et 33 % chez les 18-21 ans. Comme les moniteurs du camp d'été (au contraire des enfants) portaient des masques, on peut imaginer que le virus se transmet assez facilement entre enfants, notamment les plus jeunes, et que cela risque de se reproduire en milieu scolaire. Il faut aussi rappeler que, dans la plupart des pays qui ont maîtrisé l'épidémie, la première mesure a été de fermer les écoles.

Les séquelles du Covid

Il est encore un peu trop tôt pour avoir une vision correcte des séquelles, à long terme, du Covid-19. En revanche, nous avons une meilleure visibilité pour les séquelles précoces. Celles-ci apparaissent particulièrement fréquentes : 35 % de patients américains, interrogés 2 à 3 semaines après le Covid, n'ont pas retrouvé leur état de forme antérieur. Sans surprise, cette récupération est affectée par l'âge. Chez les personnes âgées de 18 à 24 ans, 26 % n'ont pas retrouvé leur état de forme antérieur et même 19 % de ceux sans aucun antécédent médical particulier ne sont pas revenus à leur état normal. Chez les personnes âgées de 35 à 49 ans, le pourcentage monte à 32 %, et chez celles âgées de plus de 50 ans, à 47 %.

Si l'on se projette sur une durée moyenne de 60 jours après l'infection, on peut se référer à une étude italienne de 143 patients avec Covid-19. Leur moyenne d'âge était de 56 ans et 73 % avaient eu une pneumonie, mais seuls 5 % avaient été intubés. Il s'agit donc de patients de gravité modérée. À 60 jours, seuls 13 % des patients étaient complètement asymptomatiques alors que 32 % avaient encore un à deux symptômes, et 55 % plus de 3 symptômes. Les symptômes les plus fréquents étaient une fatigue chez la moitié d'entre eux (53 %), une difficulté respiratoire (43 %), des douleurs articulaires (27 %) et des douleurs thoraciques (22 %). D'autres signes (perte de l'odorat, sécheresse des muqueuses, rhinite, conjonctivite, perte du goût, maux de tête…) étaient décrits chez moins de 20 % des patients.

Au-delà de deux mois après l'infection, nous manquons encore de recul. Néanmoins, si l'on se réfère aux deux infections précédentes à coronavirus[1], les séquelles étaient déjà connues et fréquentes. Un quart des patients atteints du SRAS en 2002-2003 à Hong Kong présentait une fatigue prolongée (chronique) plusieurs années plus tard. Et les auteurs coréens ont constaté des symptômes de fatigue chronique chez environ un tiers des patients, 18 mois après qu'ils ont été atteints du MERS lors de l'épidémie de 2015. Autres coronavirus, mêmes conséquences.

L'Académie de médecine, quant à elle, divise les séquelles de Covid-19 en trois catégories. La première comprend les séquelles respiratoires, cardiaques, rénales… consécutives aux atteintes directes de ces organes par le virus. La deuxième catégorie inclut des troubles mal

1. Voir chapitre 3.

étiquetés, survenant pendant la convalescence ou même à distance de celle-ci comme une récurrence des signes. Il s'agit de patients apparemment guéris de l'épisode aigu mais qui nécessitent une convalescence prolongée, ou se plaignent de la réapparition des symptômes (avec malaise général, douleurs musculaires ou articulaires, perte de mémoire, tachycardie) après une période de rémission. Les tests sont habituellement négatifs, ce qui élimine la possibilité d'une récurrence virale. L'origine de ces troubles est donc discutée. Il s'agit de troubles le plus souvent épisodiques mais qui peuvent se prolonger. Enfin, la troisième catégorie est celle des symptômes «psychiques», pour lesquels il est difficile de faire la part de ce qui revient au Covid ou à d'autres causes préexistantes, comme c'est le cas dans le cadre des anxiétés somatiques.

Pour les troubles de la première catégorie, et notamment les signes respiratoires et neuropsychiques, il est difficile de distinguer ce qui revient aux séquelles propres à la maladie de ce qui est dû aux manœuvres utilisées pour sauver la vie des malades. Par exemple, les troubles neuropsychiques ont déjà été décrits, en dehors du Covid-19, après de longs séjours en réanimation. Il est donc difficile de faire la part des deux.

Diagnostic du Covid : PCR et sérologies

Deux catégories de tests sont utilisées pour identifier le SARS-CoV-2 et faire le diagnostic de Covid-19.

Le diagnostic par PCR[1] permet d'identifier directement l'agent responsable et de faire le diagnostic de l'infection, asymptomatique (chez les porteurs sains) ou symptomatique (chez les malades). PCR positive : je suis infecté (et probablement contagieux). Les tests sérologiques dépistent les anticorps et permettent de faire le diagnostic rétrospectif de la maladie. Sérologie positive : j'ai eu la maladie (et je suis probablement immunisé).

Les tests de PCR restent la principale méthode d'identification du SARS-CoV-2. Les performances respectives des différents tests PCR demeurent inconnues. Il existe des faux négatifs, c'est-à-dire des personnes avec Covid-19 chez lesquelles on ne détecte pas le virus. Cela dépend de l'expérience de la personne qui prélève, de la technique utilisée, du moment du prélèvement par rapport au début de l'infection, et de la forme clinique. La sensibilité des tests PCR est estimée en moyenne à 60 % lors du premier prélèvement ; au mieux elle ne dépasse pas 85 %, même dans les formes respiratoires. Certains patients pourraient requérir des tests répétés avec des échantillons prélevés sur plusieurs sites des voies respiratoires. Les échantillons des voies respiratoires inférieures sont plus rentables qu'au niveau naso-pharyngé.

La pratique de ces tests PCR par écouvillons naso-pharyngés est difficile. Elle nécessite des laboratoires spécialisés, du personnel et du matériel à toutes les étapes du processus, c'est-à-dire du prélèvement au résultat. Il y a trois étapes incontournables. Le prélèvement, pas

---

1. *Polymerase Chain Reaction.*

facile, nécessite d'utiliser de longs cotons-tiges (appelés écouvillons) qui doivent être enfoncés loin dans les fosses nasales jusqu'au carrefour rhino-pharyngé. C'est un geste délicat pour le patient (j'en ai déjà eu cinq) et qui nécessite la présence d'une personne entraînée au prélèvement. Il faut ensuite posséder les milieux de transport et les réactifs pour analyser le prélèvement. Enfin, il faut avoir les machines pour techniquer le prélèvement dans son réactif, et les hommes derrière la machine pour analyser et rendre le résultat : positif, vous êtes infecté ; négatif, vous n'êtes probablement pas infecté.

Ces tests sont remboursés par la Sécurité sociale (54 euros par test). Ils peuvent être obtenus sans ordonnance et les résultats interprétés sans médecin. C'est ennuyeux, car le test a ses faiblesses et le diagnostic peut n'être que clinique. De plus, le test ne rend compte de la situation qu'à un instant donné. Et j'ai l'expérience de deux personnes dépistées, négatives un jour, et positives trois et quatre jours plus tard respectivement. Le test doit donc pouvoir être répété en cas de suspicion. Mi-août 2020, 90 000 tests étaient pratiqués par jour, soit un coût de 4 500 000 euros pour la Sécurité sociale…

Les tests salivaires PCR n'ont pas encore été bien évalués. Mais c'est en cours, et des résultats devraient être disponibles quand ce livre sortira. Il faut croire dans les tests salivaires car c'est beaucoup plus pratique. Ils ne seront probablement pas beaucoup plus performants que les tests naso-pharyngés mais, s'ils l'étaient autant, cela serait déjà beaucoup…

Pour la sérologie, à la recherche des anticorps, le prélèvement est une prise de sang classique. Les anticorps dirigés contre le coronavirus SARS-CoV-2 peuvent être détectés par des techniques automatisables (seulement en laboratoire) mais aussi un test rapide (accessible en pharmacie) appelé test diagnostique rapide (TDR). La sérologie est remboursée. Les performances des sérologies varient beaucoup selon la technique. Mais aucune d'entre elles ne détecte tous les anciens malades, la performance des tests actuellement commercialisés varie de 70 à 92 % selon la technique mais la disparition des anticorps débute dès le troisième mois.

Les chiens renifleurs

On ne peut clore cette partie sur le diagnostic de l'infection sans parler des chiens renifleurs, apparemment très efficaces. Ce sont les vétérinaires qui sont à la manœuvre et tout le monde médical n'est pas enthousiaste. Cela n'est pas bon pour les affaires des laboratoires de biologie médicale ni pour les virologues qui trustent les possibilités diagnostiques de cette maladie jusqu'à maintenant. Mais si un chien (malinois, border collie, berger allemand) bien formé (5 jours d'apprentissage par le maître-chien) suffisait au diagnostic, cela serait une excellente nouvelle, d'autant que le chien peut tester jusqu'à 150 personnes par heure. On imagine dans les aéroports, à l'entrée des salles de concert ou de réunions sportives…

Les chiens sont équipés de 200 millions de cellules olfactives (contre 5 millions pour l'homme). Ils peuvent repérer des hommes (sous les décombres des tremblements de terre), des mines, des explosifs, des armes, des drogues, mais aussi des cancers et des maladies infectieuses comme le paludisme. Pour le Covid-19, ils peuvent renifler des crachats ou des prélèvements respiratoires ou des tissus imprégnés de sueur dans les creux axillaires. Leur efficacité a été évaluée sur la salive et des prélèvements respiratoires, en Allemagne, par l'école de médecine vétérinaire de Hanovre. Leur flair est rarement pris en défaut : ils dépistent 85 % des malades, c'est-à-dire qu'ils font aussi bien que le test PCR au meilleur de ses résultats.

Le chien repère le malade grâce à l'odeur qu'il dégage. La maladie a en effet une signature olfactive, le volatilome, défini par l'ensemble des molécules volatiles que le malade libère dans l'air. On pourrait même rêver d'une grande banque d'odeurs où les volatilomes de toutes les infections seraient stockés pour entraîner les chiens renifleurs au diagnostic des maladies infectieuses.

Traitement : rien pour le virus, tout pour l'orage immunitaire

Six mois après le début de l'épidémie, on y voit un peu plus clair quant à l'efficacité des traitements. Malheureusement, il faut reconnaître, d'emblée, qu'aucun n'est miraculeux. Les publications à ce sujet sont très nombreuses. Il y en a à prendre et à laisser, et encore plus à jeter.

En ce qui concerne la multiplication virale, phase initiale de la maladie, aucun traitement antiviral n'a, à ce jour, montré son efficacité. Les médicaments testés sont principalement un anti-Ebola, le remdesivir, et un anti-VIH, l'association lopinavir-ritonavir. S'il existe peut-être une efficacité pour le premier, il n'y en a pas pour le deuxième. Le lopinavir a été abandonné dans l'essai britannique Recovery et dans l'essai européen Solidarity. Ont également été testés des médicaments antiviraux un peu plus généraux, comme l'interféron bêta, qui s'est révélé inefficace. Il serait intéressant d'évaluer l'interféron alpha, maintenant que l'on sait que les formes graves sont justement associées à un déficit en sécrétion d'interféron alpha.

Le remdesivir est commercialisé par le laboratoire américain Gilead, spécialisé dans les antirétroviraux (c'est-à-dire les médicaments efficaces contre le virus du sida), raison pour laquelle beaucoup de médecins spécialisés en maladies infectieuses avaient des liens d'intérêt avec ce laboratoire, et cela sera porté sur la place publique par certains[1]. Le remdesivir a fait l'objet de trois études rigoureuses, selon les standards des essais thérapeutiques, c'est-à-dire des études randomisées. Aucun effet bénéfique n'a clairement été montré sur la mortalité. Le critère ayant conduit les autorités sanitaires à accorder une autorisation d'utilisation de ce médicament est le raccourcissement de la durée de

1. Voir chapitre 11.

séjour à l'hôpital d'environ 4 jours. La recommandation d'utilisation a été émise non seulement aux États-Unis, mais également en Europe et en France, avec certaines réserves. En effet, de nombreux cliniciens ne sont pas convaincus. Le raccourcissement de durée d'hospitalisation est un critère de jugement pour le moins inhabituel chez des patients dans un état d'une telle gravité. Par ailleurs, l'arrêt prématuré de l'essai n'a pas permis de savoir chez quels patients le traitement serait le plus utile. Enfin, c'est un médicament dont l'accès est limité et il n'y en aura pas pour tout le monde. La question de l'efficacité et de l'intérêt de ce traitement, par ailleurs coûteux, reste donc à confirmer.

L'hydroxychloroquine, qui a fait beaucoup trop parler d'elle[1], n'a pas vu son efficacité confirmée dans des essais rigoureux et incluant un grand nombre de malades. Non seulement le médicament ne marche pas en curatif, mais il ne fonctionne pas, non plus, en préventif, ni à titre de traitement post-exposition, quand il est censé limiter l'apparition de la maladie chez des personnes contaminées. Enfin, même les patients prenant ce médicament au long cours pour une pathologie inflammatoire, comme le lupus, ont fait des Covid. Finalement, les essais thérapeutiques avec ces médicaments ont été arrêtés aux États-Unis, et même au Brésil, alors que Bolsonaro s'est vanté d'avoir utilisé l'hydroxychloroquine pour « soigner » son Covid.

On a beaucoup plus de traitements pour la phase d'orage immunitaire. Les corticoïdes sont efficaces à

1. Voir chapitre 11.

faibles doses : la dexaméthasone réduit d'un tiers la mortalité chez les patients hospitalisés en réanimation. Ce traitement est donc limité aux patients qui sont à un stade déjà avancé de la maladie et présentent des symptômes en rapport avec l'orage immunitaire. Il existe deux autres médicaments potentiellement efficaces à cette phase, l'anti-interleukine 6 et un anti-TNF. Ces médicaments sont utilisés dans le traitement des maladies inflammatoires comme la polyarthrite rhumatoïde. Ils sont ici détournés de leur usage habituel. Enfin, le plasma de personnes convalescentes est certainement une piste intéressante chez des patients sélectionnés. Les études actuellement disponibles ne permettent pas de tirer de conclusions, faute de groupe comparatif. Par ailleurs, les modalités de préparation des anticorps et le moment de leur administration par rapport au début des signes sont différents d'une étude à l'autre, rendant l'interprétation des résultats potentiellement difficile.

Enfin, on ne peut pas finir ce tour d'horizon rapide des traitements efficaces sans citer les progrès qui ont été faits dans la prise en charge en réanimation des patients avec des insuffisances respiratoires. Les réanimateurs sont passés progressivement de méthodes dites « invasives » d'assistance respiratoire (intubation, ventilation assistée sur le ventre) à des mesures de réanimation beaucoup plus douces, dites « non invasives ». Elles se sont avérées autrement plus efficaces et ont permis de diminuer le recours à la ventilation assistée. C'est grâce à ces mesures que le taux de mortalité des malades de réanimation a pu baisser progressivement, d'environ 50 % au début de l'épidémie à moins de 30 % à la fin, en tout cas en région parisienne. L'autre apport majeur au traitement a été l'usage des anticoagulants qui a permis d'éviter la survenue des complications thrombo-emboliques, notamment l'embolie pulmonaire, cause fréquente de mortalité.

Il faut vraiment souligner les progrès réalisés dans la prise en charge des malades graves. Par rapport au début de l'épidémie, la combinaison des anticoagulants, de la corticothérapie et de méthodes non invasives de ventilation pour les malades qui en avaient besoin, a permis de bien réduire la mortalité. Enfin il ne faut pas oublier que la plupart des malades ne relèvent pas d'un traitement car la guérison de la maladie est spontanée dans plus de 80 % des cas. Néanmoins, si un traitement antiviral efficace, simple d'administration et bien toléré pouvait voir le jour, il aurait un grand succès. En effet, ce virus est responsable de graves complications, même chez des gens jeunes, et les séquelles ne sont pas rares.

TROISIÈME PARTIE

6

L’exemple vient d’asie

Nous ne sommes pas obligés de croire en l’astrologie chinoise pour constater que l’épidémie de Covid a inauguré l’année du rat, et que les habitants de certains pays d’Asie n’ont pas eu à se confiner, à se terrer comme des rats justement, pour maîtriser l’épidémie. Ils l’ont affrontée plutôt efficacement et cela mérite de s’y attarder.

L’épidémie est facilement sortie de Chine. Wuhan, son épicentre, est une ville très peuplée, avec des connexions multiples (aériennes, ferroviaires, fluviales) vers d’autres villes de Chine, d’Asie et d’Europe[1]. À titre d’exemple, rien qu’entre Paris et Wuhan, il y avait six vols hebdomadaires dont trois vols directs. Ce sont donc les voyageurs qui ont fait sortir le virus de Wuhan, d’autant plus facilement que cette période a coïncidé avec le Nouvel An chinois, et que le confinement de la ville a été précédé de la sortie de 5 millions d’habitants dont un bon nombre devait être infecté.

Les pays les premiers touchés en Asie ont été ceux où la diaspora chinoise est la plus ancienne et la plus

1. Voir chapitre 5.

importante, et les plus attractifs sur le plan touristique (Singapour, Hong Kong, Taïwan, Japon, Corée du Sud, Thaïlande...). La plupart des pays d'Asie du Sud-Est ont été concernés. Pourtant, six mois après le début de l'épidémie, ces pays s'en tirent plutôt bien. Ils se singularisent par une stratégie consistant à empêcher l'épidémie de s'implanter chez eux, là où nous avons plutôt choisi de vivre avec, à nos risques et périls. C'est une stratégie fondée sur des mesures de santé publique rigoureuses dont on constate le succès facilement : peu de morts et pas d'arrêt de l'économie.

Il y a quand même des soubresauts. Et, le jour où ces lignes sont écrites, en août 2020, on ne sait toujours pas qui va triompher de la pandémie : la stratégie occidentale ou la stratégie asiatique? Les pandémies sont difficiles à arrêter. Mais quel dommage de ne pas avoir suivi l'exemple asiatique quand même. Et quelle tristesse de ne même pas avoir eu la curiosité d'aller voir comment ils faisaient. De toute façon, l'Europe était probablement bien incapable d'adopter une stratégie identique pour tous les pays qui la composent.

Chine : Xi Jinping décrète « la guerre contre le démon »

Le 20 janvier, le président chinois Xi Jinping décrète « la guerre contre le démon ». Il prenait – enfin, diront certains – la mesure de l'importance de l'épidémie de Covid-19 en Chine, et notamment dans la province du Hubei dont la capitale est Wuhan[1]. En même temps, la Chine prenait en compte l'importance de la transmission d'homme à homme de ce nouveau coronavirus. Car, aussi surprenant que cela puisse paraître aujourd'hui, la Chine a réfuté initialement l'hypothèse d'une transmission d'homme à homme !

L'histoire avait commencé quelques semaines plus tôt, début décembre 2019, avec l'apparition de cas de pneumonies graves et inexpliquées dans la ville de Wuhan, et notamment parmi les commerçants et les visiteurs du marché aux fruits de mer. Le marché fut fermé le 11 janvier 2020. Mais l'Organisation mondiale de la santé avait été alertée quelques jours plus tôt, le 31 décembre 2019, de 27 cas suspects de pneumonie d'origine inconnue en Chine. La télévision chinoise informera la population de l'épidémie le 15 janvier 2020, soit deux semaines après l'alerte de l'OMS.

La ville de Wuhan est confinée le 23 janvier 2020, et la province du Hubei quelques jours plus tard. L'OMS se veut rassurante, chantant les louanges du pays : « La Chine est admirable. » Il faut dire que la Chine n'est pas sans exercer une importante influence au sein de l'OMS et d'aucuns y ont vu la raison de l'absence d'alerte mondiale, en dépit de la sortie du territoire de centaines de milliers de Chinois. Certains ont même envisagé de demander à la Chine de rendre des comptes. Les plus remontés sont les Américains. Donald Trump parle sans arrêt de « *chinese virus* » (virus chinois). Selon Emmanuel Macron, dans le *Financial Times* du 16 avril 2020,

1. Voir chapitre 5.

« [...] des choses se sont produites que nous ne savons pas ». Parmi les choses que nous savons : des lanceurs d'alerte ont été muselés (quand ils n'ont pas disparu) ; l'OMS a été prévenue avec un retard de six semaines ; les décès ont été sous-estimés ; des fausses nouvelles (« *fake news* ») ont été diffusées, comme le fait que le virus aurait pu être introduit en Chine par l'armée américaine. La sous-estimation des décès est probable. Cette suspicion s'est nourrie du nombre important d'urnes funéraires, entreposées dans l'attente d'obsèques dignes de ce nom (soit après le déconfinement), et des demandes d'arrêt d'abonnement au téléphone mobile qui se seraient comptées par dizaine de milliers à cette époque.

Néanmoins, si l'on peut reprocher à la Chine certaines choses, l'annonce du risque épidémique a été beaucoup plus rapide qu'avec l'épidémie de SRAS. Il avait alors fallu attendre le foyer vietnamien pour prendre conscience de la réalité d'une épidémie, commencée en Chine plusieurs semaines au préalable[1]. Il faut également souligner la vitesse à laquelle les Chinois ont isolé le virus, ont décrypté sa séquence génétique et l'ont mise à la disposition de la communauté internationale. Cette rapidité a permis de mettre au point des tests biologiques pour faire le diagnostic du Covid-19 à une vitesse inconnue jusque-là.

1. Voir chapitre 3.

La Chine se confine

Les Chinois de Wuhan ont été, comme les pays du sud de l'Europe, puis d'ailleurs, dépassés par l'ampleur de la première vague épidémique. À partir du 25 janvier 2020, ils vont construire, en une quinzaine de jours, un hôpital pour la prise en charge des malades, l'isolement des contacts et des patients. Le 2 février 2020, on comptabilisait plus de 14000 cas en Chine et 350 morts officiels. À compter du 28 février 2020, ils estimaient le nombre de cas à 82000, mais tout le monde s'accorde pour penser qu'il devait déjà y en avoir plusieurs centaines de milliers.

Comme presque tous les autres pays, la Chine a dû avoir recours à des méthodes moyenâgeuses pour contenir cette épidémie dans le Hubei. Mais elle était entraînée puisque ces méthodes avaient été réhabilitées quand il avait fallu maîtriser l'épidémie de SRAS en 2003[1]. Les Chinois ont appliqué les mêmes méthodes, à une échelle autrement plus impressionnante et de façon graduelle. Devant l'inefficacité de la fermeture des transports publics (bus, trains bateaux, et avions), combinée à la distanciation physique et au port du masque, les autorités chinoises décidaient le confinement de la ville de Wuhan (11 millions d'habitants) puis celle de l'État du Hubei (60 millions d'habitants).

Et ils commençaient, en parallèle, l'isolement des cas, le traçage des contacts et leur mise en quarantaine grâce à leurs équipes interventionnelles (ce que nous

1. Voir chapitre 3.

appellerons des brigades). Rien que pour la ville de Wuhan, ils ont déployé 1 600 équipes de 5 personnes soit 8 000 personnes. Dès le 30 janvier 2020, ils avaient identifié 113 578 contacts, et placé 102 427 personnes en observation dans des gymnases ou des hôtels réquisitionnés. Les Chinois ont encaissé cette gigantesque vague épidémique en même temps qu'ils préparaient l'avenir par un confinement particulièrement sévère. Les communications sont toutes interrompues et les villes isolées. Tout le monde porte le masque, et utilise les solutions hydroalcooliques.

Les Chinois, s'ils ne nous cachent rien de la réalité, auront été les seuls à réussir une stratégie de refoulement de l'épidémie. Mais nul ne semble certain de ce qui se passe en Chine. Et la reprise possible de l'épidémie au Vietnam, à partir de migrants chinois Covid +, laisse à penser que l'épidémie n'a pas disparu partout en Chine. De toute façon, on savait, le 30 juillet 2020, que 18 000 personnes étaient en quarantaine à travers tout le pays, dont 12 000 dans la région occidentale du Xinjiang où certaines villes étaient de nouveau confinées du fait de foyers épidémiques.

Vietnam, le sans-faute jusqu'à Danang

S'il fallait décerner un prix d'excellence à la lutte contre le Covid, au 1er août 2020, il reviendrait, sans aucun doute possible, au Vietnam.

Le Vietnam est le premier pays qui a fermé ses frontières avec la Chine. Il le devrait à ses « hackers » (pirates informatiques) particulièrement bien informés quant à la situation à Wuhan. C'est donc la qualité de son espionnage électronique envers la Chine qui aurait valu au Vietnam de se protéger en fermant ses portes avant tout le monde, probablement aidé par une défiance historique vis-à-vis de son grand voisin. On peut aussi être admiratif des résultats du Vietnam, car c'est un pays très peuplé (95 millions d'habitants) et pas très riche. Pourtant il a fait preuve d'une très grande efficacité.

Ce qui distingue la réponse du Vietnam par rapport à celle des autres pays d'Asie du Sud-Est, c'est sa rapidité et son importance avec un isolement rigoureux. Pour le reste, le Vietnam a utilisé les mêmes recettes que celles suivies par ces voisins asiatiques et, un peu plus tard, par le reste du monde : « Tester, tracer, isoler », ce à quoi il faut ajouter une politique d'information publique à laquelle la population a été sensible. Dès le 16 janvier 2020, le gouvernement vietnamien avait pris des actions et édité des recommandations pour le diagnostic, le traitement et la prévention du Covid-19.

La rapidité de l'action du Vietnam lui a permis d'avoir la réponse la mieux adaptée possible au cours du temps. Les restrictions, de volontaires pouvaient devenir obligatoires ; et le périmètre géographique, de limité à un foyer épidémique être étendu à un quartier, une ville, éventuellement une région. Surtout, pour empêcher l'apparition de cas d'importation, le Vietnam a développé des mesures très rigoureuses de contrôle aux frontières : dépistage de la fièvre à l'entrée, contrôle des entrées sur le territoire, déclaration obligatoire sur la santé, quarantaine de 14 jours. Une fois un cas identifié, par exemple, les Vietnamiens ont remonté jusqu'à 5 générations précédentes et imposé différents modes de prévention selon la génération.

La population vietnamienne était constamment informée de la progression de l'épidémie et des réponses qui lui étaient apportées, à travers des sources officielles qui prônaient l'utilisation des gestes barrières et de la distanciation physique. En même temps étaient produits quotidiennement 10 000 tests et 72 000 masques. Le peuple vietnamien a bien accepté les mesures de distanciation sociale, de port généralisé du masque, ainsi que les autres mesures de contrôle sanitaire.

Pourtant, les choses n'étaient pas forcément très bien engagées. Le Vietnam était sur la même ligne de départ que le Japon et Singapour, avec un début rapidement progressif, et il a compté très vite une centaine de cas et un temps de doublement de plus de 7 jours, identique à celui du Japon et de Singapour. Le 7 avril 2020, 241 cas avaient été confirmés. Mais, fin juillet 2020, le Vietnam comptabilisait 415 cas et toujours aucun décès. Pourtant un cas de transmission autochtone était repéré fin juillet. La réaction fut rapide. En un clin d'œil, les Vietnamiens ont isolé 50 contacts, testé une centaine dont aucun n'était affecté par le virus. Mais, début août, un foyer épidémique d'éclosion très rapide était déclaré dans la ville de Danang, avec des clusters dans trois hôpitaux de la ville, rapidement confinés. Alors qu'il n'y avait pas eu un seul cas de Covid depuis 100 jours et toujours zéro mort, en un seul jour, apparaissent 45 cas et un mort, rapidement suivi de deux autres quelques jours plus tard. Mille personnels de santé étaient envoyés sur place. Les autorités ont pointé un cas index parmi des travailleurs chinois clandestins arrivés à Danang quelques jours plus tôt – c'est en tout cas la version officielle. Mais le premier décès est un homme de soixante-dix ans, habitant de Hoi An, une des villes les plus touristiques du Vietnam. Les autorités vietnamiennes auraient « délocalisé » tous les touristes, en même temps qu'à Hanoï, ils fermaient les bars et night-clubs, testaient massivement les habitants, interdisaient les rassemblements, et demandaient aux milliers de travailleurs domestiques de se signaler aux autorités.

L'efficacité vietnamienne repose sur la combinaison de l'isolement des cas, même asymptomatiques, la quarantaine de masse, le port généralisé du masque, la reconnaissance précoce de l'épidémie, une souplesse et une rapidité d'action, une production massive d'équipements médicaux et de protection individuelle, et la coopération de la population vietnamienne, très disciplinée. Cette efficacité est certainement héritée de l'effet du SRAS qui avait largement touché le Vietnam.

Taïwan, ostracisé par l'OMS

Au 1er août 2020, Taïwan fait figure de deuxième meilleur élève de la classe avec ses sept décès du Covid pour une population de 24 millions d'habitants. Elle est seulement devancée par le Vietnam pour le compte des morts, si l'on prend en compte les pays les plus peuplés. Les recettes taïwanaises sont les mêmes que celles de ces voisins chinois, vietnamiens et coréens : tester, tracer, isoler et contrôler aux frontières avec mise en quarantaine.

Mais la Chine a profité de la pandémie de Covid-19 pour renforcer sa politique d'isolement de Taïwan avec la bénédiction de l'OMS, un comble pour un pays qui a si bien contrôlé l'épidémie de Covid-19 sur son territoire. En effet, Taïwan n'est pas intégré dans le système de l'OMS. Et il s'agit bien d'une décision politique. À l'époque où Taïwan était dirigé par un gouvernement nationaliste qui agissait en faveur d'un rapprochement avec la Chine, il bénéficiait d'un strapontin à l'OMS avec un statut d'observateur. Mais, depuis que Taïwan est dirigé par un gouvernement opposé à toute forme d'unification avec la Chine, c'est-à-dire depuis 2016, il a été éjecté de son strapontin à l'OMS, et n'a même pas pu assister à la 73e Assemblée mondiale de la santé qui s'est tenue à Genève du 17 au 21 mai 2020. La Chine s'y est opposée, car elle voyait dans cette demande une manifestation d'indépendance. L'exclusion de Taïwan des organes de l'ONU est une stratégie de la Chine qui n'a rien à voir avec la santé ou le Covid ; c'est clairement une décision politique.

Voilà comment un des meilleurs élèves de la classe sanitaire anti-Covid se retrouve exclu de l'OMS, donc du domaine de la santé mondiale. Il faut dire que l'OMS est clairement sous influence chinoise. Elle a été dirigée de 2007 à 2017 par une Chinoise de Hong Kong, Margaret Chan, et son successeur, Tedros Adhanom Ghebreyesus, un Éthiopien, ancien ministre des Affaires étrangères, a été élu en 2017 grâce au soutien de la Chine. La stratégie d'exclusion s'appuie sur un protocole d'entente («*memorandum of understanding*») signé entre la Chine et l'OMS en 2005, selon lequel toutes les décisions et informations à propos de Taïwan doivent transiter par la Chine ! Et l'OMS suit... Il faut dire que l'OMS est de plus en plus financée par des dons privés, à hauteur de 80 % ; et les milliardaires chinois, membres du parti communiste, seraient particulièrement généreux.

Singapour était prêt

S'il y avait un tiercé gagnant, Singapour occuperait certainement, avec ses 27 morts pour 8,5 millions d'habitants, au 3 août 2020, la troisième place, après le Vietnam et Taïwan. Les trois pays ont en commun d'avoir été affectés par le SRAS et il est certain que l'expérience acquise avec le SRAS a été primordiale dans le contrôle de cette épidémie de Covid.

La stratégie d'endiguement à Singapour a été centralisée et très élaborée. Les mêmes recettes ont été appliquées : une recherche active des cas parmi tous les patients atteints de pneumonie, la possibilité laissée aux médecins de tester largement, une capacité de 2 200 tests par jour, l'isolement de tous les cas positifs quels que soient les symptômes, la mise en quarantaine de 40 000 personnes contacts au début de l'épidémie, des contrôles de température aux frontières et dans les entreprises, et l'usage très large de masques. La mise en quarantaine des personnes arrivant de l'extérieur était particulièrement rigoureuse : isolement à domicile et présence vérifiée à l'improviste deux fois par jour.

Si elles n'étaient pas joignables, une équipe de police était immédiatement envoyée…

La Corée du Sud contrôle ses clusters

La Corée du Sud, avec ses 258 morts pour 51 millions d'habitants au 10 mai, montre qu'il est possible de protéger sa population sans remettre en cause son fonctionnement démocratique, sans limiter les libertés individuelles (de plus de 99 % de la population), et sans jamais fermer les frontières (avec application de la quarantaine).

L'efficacité de la Corée du Sud est liée à une réponse très rapide et vigoureuse, remarquable de cohésion car placée sous la responsabilité du Korean Center for Diseases Control (KCDC), dispositif central de la réponse sanitaire à la crise. Le KCDC dirige la totalité des opérations sanitaires et jouit de pouvoir exécutif élargi, avec autorité sur la justice et la police. Les actions contre l'épidémie (dépistage, traçage, isolement, hospitalisation, autorisation et agrément d'urgence…) sont toutes placées sous une direction unique qui a les bons outils administratifs et juridiques. Par ailleurs, le KCDC est dirigé par une professeure de médecine expérimentée et le centre jouit d'une autorité respectée. Le KCDC est perçu comme un organe politiquement indépendant, fondé sur la connaissance scientifique et l'expérience professionnelle, s'appuyant sur des actions et une communication quotidienne transparente. Cette cohésion permet une mise en œuvre rapide et massive de la doctrine bien connue : « Dépister, tracer, isoler. » La mobilisation des industriels de la santé a aussi été très rapide : les tests étaient approuvés dès le 4 février, soit 14 jours avant l'apparition du Covid-19 en Corée du Sud. L'épidémie a débuté le 18 février. Le nombre de cas a augmenté pendant deux semaines, comme c'est la règle (les mesures adoptées ne produisant leur effet qu'après un certain temps d'inertie), puis a diminué rapidement.

Le suivi sanitaire et téléphonique est biquotidien, sans GPS, et concerne toute personne positive, isolée pendant deux semaines. La base de données, hébergée en dehors du gouvernement et soumise à un strict contrôle d'accès, sera détruite à la fin de l'épidémie.

Le système scolaire est fermé et les cours dispensés en ligne ou à la télévision. Aucune réouverture d'école n'était encore à l'ordre du jour en août 2020. Des dizaines de milliers de tablettes numériques ont été données aux enfants. Tout voyageur, d'où qu'il vienne, est mis en quarantaine pendant 14 jours. La procédure est très stricte. Les passagers sont mis à l'écart avant la récupération des bagages puis la personne est conduite par le service de santé ou un taxi volontaire, équipé spécialement, dans son lieu d'isolement. Elle reçoit gratuitement tout un nécessaire : 15 masques, thermomètre, gel hydroalcoolique, sac-poubelle spécial, gants… Pour toutes les personnes arrivant de l'étranger, la prise en charge est gratuite, y compris les besoins d'approvisionnement de la vie de tous les jours.

Une autre particularité du système (qui n'est pas propre à la Corée) est l'existence d'hôtelleries d'isolement, installations temporaires gérées par l'État, qui réquisitionne divers types de lieux (hôtels, résidences, gymnases, bureaux) pour les rendre habitables. Ces centres d'isolement accueillent des patients ne nécessitant pas de traitement médical mais une simple surveillance. Ils visent à désengorger l'hôpital. Cela permet de délester les hôpitaux Covid positifs, de garder la majorité des hôpitaux en mode Covid négatif, de garantir des mesures strictes d'isolement, et d'exercer une surveillance afin de transférer sans délai les cas qui s'aggravent. Quant aux cas contacts, ils sont isolés à domicile avec la totalité du foyer familial sous une surveillance active pendant 14 jours. L'isolement est levé au lendemain du 14e jour, après un second test PCR négatif.

Ce système est basé sur une surveillance épidémiologique rigoureuse. Elle donne une connaissance très précise de la répartition géographique des cas pour permettre une enquête efficace, mais repose sur une intrusion dans la vie privée des individus positifs. Néanmoins, le fonctionnaire chargé de l'enquête doit recueillir le consentement initial de l'individu concerné. L'immense majorité des Coréens adhère à cette loi car le bénéfice est individuel et collectif. Merci à François Amblard, chercheur français, physicien et biologiste, qui travaille depuis près de cinq ans dans une université publique coréenne, l'Institut national de science et de technologie d'Ulsan, pour tous les détails de la stratégie coréenne qu'il m'a fait partager ainsi qu'à l'Académie des sciences.

Les clusters de la secte Shincheonji et du quartier d'Itaewon

Le KCDC a réussi à casser la première vague épidémique issue d'un rassemblement de la secte Shincheonji, chaîne de contamination commencée le 18 février à Daegu, à partir d'un cas d'importation. Cette Église, forte de 320 000 adeptes, est reconnue en Corée du Sud comme une secte en raison de l'interdiction faite à ses membres de révéler leur appartenance. Les autorités coréennes ont été obligées de recourir à la loi pour obtenir la levée de cette interdiction et faire le travail de traçage. Le patient n° 31, un Chinois arrivé de Wuhan, a fait pénétrer le Covid-19 en Corée du Sud où il s'est répandu dans la secte lors d'offices très peuplés. L'enquête faite pour remonter la chaîne de transmission a révélé que la secte avait une activité à Wuhan qui avait été dissimulée. Après cet épisode de communication rituelle, le cluster « Shincheonjio », avec 5 016 personnes, représentait, au 18 mars 2020, 50 % des individus testés positifs en Corée du Sud lors de la première vague.

Le deuxième cluster coréen, à garder en mémoire, est celui du quartier d'Itaewon à Séoul. C'est ce genre d'expérience qui empêche pour le moment la réouverture des boîtes, et lieux de rencontres de la nuit. En Corée du Sud, un clubbeur Covid + de vingt-neuf ans est passé dans quatre bars ou clubs, et deux supérettes dans la nuit du 1er mai : 1 500 personnes avaient fréquenté les mêmes clubs, et 5 500 personnes ont dû être testées après enquête. Le 12 mai, seules 3 077 personnes avaient été testées et 94 cas détectés positifs. Cela montre la difficulté pour remonter les chaînes de contamination, même dans un pays comme la Corée du Sud. La complication tenait ici au fait qu'il s'agissait de clubs gays, et que nombre de clubbeurs avaient déclaré de faux numéros de téléphone. Non pas que l'homosexualité soit taboue en Corée du Sud, mais il existe encore un certain degré d'intolérance, notamment dans les sectes religieuses plus ouvertement homophobes. Cette situation montre les limites du traçage, qui nécessite l'adhésion des tracés pour être efficace.

Thaïlande, le tourisme abandonné

La Thaïlande mérite aussi de figurer dans le quinté gagnant. Mais à quel prix ? Avec ses 58 morts pour 67 millions d'habitants au 3 août 2020, elle fait mieux que Singapour, quand on regarde le nombre de morts par million d'habitants. La Thaïlande tiendrait ce succès à son expérience de la gestion des épidémies, à une stratégie d'isolement et de traçage des cas positifs, et des pratiques culturelles d'hygiène et de distanciation physique naturelles, mais surtout à la fermeture de ses frontières au tourisme. Réflexe vital pour se protéger d'une maladie du voyageur.

Pourtant la Thaïlande a payé ce succès sanitaire au prix fort économique, car elle vit du tourisme de masse. Le pays avait attiré 39,8 millions de touristes en 2019, et 52 milliards d'euros de devises étrangères (18 % du PIB). Mais la Thaïlande s'est fermée au monde, tout simplement. Elle a bouclé son espace aérien.

Des 40 millions de touristes attendus, elle n'a reçu que 6 millions. Les réservations hôtelières ont été interrompues, les hôtels et la plupart des établissements pour les voyageurs (bars, restaurants, boîtes de nuit, salons de massage) ont licencié leur personnel, dont beaucoup de travailleurs originaires de Birmanie, du Cambodge ou de régions plus pauvres de Thaïlande. Les migrants licenciés n'ont pas droit aux aides, contrairement aux Thaïlandais. Des milliers d'entre eux se retrouvent dans des files de distribution de nourriture organisées par des associations locales ou des restaurateurs. Les commerces des îles les plus touristiques et des villes les plus fréquentées par les touristes, à Bangkok, Chiang Mai, Pattaya ou Koh Samet, ferment. Les artères commerçantes deviennent fantomatiques, avec leurs boutiques agrémentées de panneaux « À vendre » sur fond de rideaux de fer tirés.

Mais la Thaïlande ne va pas rouvrir ses portes de sitôt. Elle a même tendance à les fermer encore plus. Depuis le 1er juillet, les étrangers ne peuvent plus rentrer en Thaïlande sauf exception : diplomates, conjoints, étudiants, visiteurs d'affaires, travailleurs avec permis de travail, touristes médicaux… Mais tous doivent être assurés pour le Covid-19 à hauteur de 100 000 dollars (85 000 euros), et être soumis à une quarantaine de 14 jours, dans des hôtels certifiés par l'État, à leurs propres frais, où ils seront testés deux fois avant d'être libérés. De quoi décourager le plus motivé des touristes. Quant aux dizaines de milliers d'étrangers qui résident toujours en Thaïlande, au 26 septembre 2020, ils devront avoir régularisé leur visa ou quitté le pays. On ne reste pas un pays «*Covid free*» comme ça. En fait, les Thaïlandais ne veulent pas que les touristes occidentaux reviennent sans être vaccinés. Ils vont peut-être devoir attendre longtemps !

L'approche thaïlandaise de ce secteur, vital pour l'économie, donne une petite idée du tourisme dans le monde d'après-Covid. En attendant le retour des voyageurs occidentaux, les Thaïlandais vont se contenter du tourisme domestique, insuffisant pour faire redémarrer la machine. Dorénavant, priorité aux pays «*Covid free*» : Chine (qui représentait un quart des touristes dans le monde d'avant), Corée du Sud, Taïwan, Hong Kong, Japon et pays frontaliers. Tant que l'Europe et les États-Unis se battent contre le Covid, leurs ressortissants ne sont clairement pas les bienvenus en Thaïlande. Et la Thaïlande fait même de son succès contre le Covid un argument d'attractivité touristique ; et son nouveau slogan, «*Amazing trusted Thailand*» vante l'efficacité du système de santé publique en Thaïlande, au même titre que d'autres plaisirs locaux. Il est même envisagé que des îles, plutôt épargnées par le Covid, dans le golfe de Thaïlande, deviennent des «bulles, des espaces préservés du Covid, où l'on ne serait pas surpris que seuls des voyageurs testés négatifs puissent se rendre».

Mieux vaut être une île

En prenant de la hauteur par rapport à l'Asie, et en considérant la situation mondiale, au 5 août 2020, il n'y a que les îles, et pas trop grandes, pour s'en sortir complètement (ou ne pas avoir été rattrapées par la pandémie). Il s'agit des îles Vierges britanniques, îles Caïman, îles Falkland, Brunei, République dominicaine, Polynésie française, Macao, Maurice, Nouvelle-Calédonie, Taïwan, Timor-Lesté, Fidji, Saba, Saint-Barthélémy et Saint-Eustache. Avec une mention particulière à la Nouvelle-Zélande, car c'est une très grande (et très belle) île. Et quelques pays continentaux s'en tirent plutôt bien. Outre le Vietnam, la Corée du Sud (pour ainsi dire une île puisque sa seule frontière terrestre est partagée avec la Corée du Nord), et la Thaïlande, on doit citer le Groenland et le Laos.

Les recettes étaient donc connues pour faire face à l'épidémie et ne pas avoir à recourir à des méthodes moyenâgeuses pour la contenir : détecter les cas de la façon la plus précoce possible, isoler les patients, tracer tous les contacts, mettre en quarantaine stricte les contacts et les voyageurs. Encore aurait-il fallu se donner les moyens de cette politique, c'est-à-dire, au minimum, avoir de quoi tester les patients, isoler les cas et les contacts, et équiper les enquêteurs en masques. En France, rien de tout cela ne sera mis en place avant le déconfinement. Finalement, seuls les pays d'Asie du Sud-Est, et, dans une moindre mesure l'Allemagne, ont réussi dans cette entreprise, et n'ont jamais eu besoin de confiner tout un pays. L'exemple venait bien d'Asie, mais nous ne l'avons pas suivi, tellement nous étions pétris de nos certitudes.

7

Quand les Français se préparent

Il est classique de dire que les dégâts faits par une épidémie sont plus liés à l'état de la société au moment de son arrivée qu'à l'agent pathogène lui-même. La gravité de la peste au Moyen Âge était liée à la coexistence avec d'autres maladies infectieuses graves, et à l'état de dénutrition de la population européenne, appauvrie par des guerres successives[1]. La gravité du Covid-19 sera liée à deux facteurs : la quasi-disparition de notre système de santé publique et la dégradation de notre système hospitalier. La première se révèle très ennuyeuse quand il s'agit de mettre en place une prévention digne de ce nom[2]. La seconde s'avère catastrophique quand il faut prendre en charge un afflux brutal de malades.

Ne nous trompons pas, c'est avant tout la pénurie de lits, d'hôpitaux, de réanimations (5 000 lits pour toute la France), et de personnel qui est le principal facteur expliquant notre mauvaise gestion de cette épidémie, une fois les malades arrivés. Nous n'étions pas sereins.

1. Voir chapitre 1.
2. Voir chapitre 12.

Nous ne savions pas où les mettre. On est en pénurie perpétuelle de lits. Alors, ce n'est pas en temps d'épidémie que cela peut s'améliorer... Cette pénurie a été décidée au plus haut niveau de l'État depuis des années, voire des décennies (100 000 lits d'hôpitaux supprimés en vingt ans). Ces difficultés ne concernent pas seulement les hôpitaux mais tous les services publics : police, justice, enseignement, santé... Quand on compare notre situation sanitaire à celle de l'Allemagne, c'est une évidence. Leurs lits sont restés inoccupés, quand les nôtres étaient tellement saturés qu'il a fallu confiner, la main forcée, avant que le système explose. Et le plus ennuyeux est que cela ne sera pas réparé en un jour, ni même un mois ou une année. Il faut une dizaine d'années pour former un médecin, trois ans pour former une infirmière, et il n'y a pas de volonté politique de rouvrir des lits ou des hôpitaux. C'est théoriquement possible, car beaucoup des hôpitaux, vidés de leurs malades et de leurs lits, n'ont pas encore été réutilisés à d'autres choses. Mais, de toute façon, il nous manquerait les médecins et les infirmiers pour s'occuper des malades. C'est la pénurie de personnel qui est le principal problème ! On n'imagine pas le nombre de médecins occupés à faire autre chose que de la médecine...

Contexte T2A

Au moment de l'arrivée du Covid en France, fin février, début mars, le système hospitalier est à bout de souffle. Une grève des services des urgences est en cours depuis près d'un an. Une grève du codage a été lancée et 1 200 chefs de service de plusieurs services hospitaliers (dont moi) s'apprêtent à démissionner un peu partout en France. Un durcissement du mouvement était même prévu dans les semaines suivantes. Nous dénoncions notamment un manque de moyens, un manque de lits, un manque de personnels, et nous soutenions les revendications des personnels soignants, en particulier une augmentation de salaire pour les personnels non médicaux. Et ces manques allaient s'imposer comme une évidence tout au long de l'épidémie dans les zones affectées par la première vague, le Grand Est et l'Île-de-France.

Finalement, alors que j'étais plutôt engagé au sein du mouvement de défense de l'hôpital public, dont le porte-voix est le CIH, je suis revenu sur ma promesse de démissionner, car c'était incompatible avec mon exercice professionnel en pleine crise de Covid, et cela aurait pu être mal interprété. Et puis je me suis rapidement rendu compte que les principaux motifs de faire grève n'avaient plus beaucoup de raisons d'être en temps de crise Covid. Toutes nos demandes étaient satisfaites dans la journée. Nous ne connaissions plus les mots : restrictions, codifications, tarification… Tout s'orientait vers la prise en charge des malades. Je n'avais plus vu ça depuis vingt ans. L'administration et les médecins marchaient main dans la main vers le même but : soigner les malades, plutôt que faire des économies. Un changement complet de paradigme.

La tarification à l'activité (T2A), appliquée dans nos hôpitaux, et la dette hospitalière (artificiellement créée avec l'Ondam) symbolisent la dégradation de notre système de santé, ou comment l'hôpital est devenu une « entreprise de soins » plutôt qu'un lieu de soins. Le président Emmanuel Macron a pris toute la mesure du problème quand il a dit, lors de son discours préconfinement du 12 mars : « La crise actuelle démontre que la logique de marché ne doit pas s'appliquer à la santé qui doit être une priorité quoi qu'il en coûte. » Bravo, beau diagnostic ! Voilà comment est remis en cause, en une seule phrase, tout ce qui avait abouti à la situation du système hospitalier tel qu'il était au moment de l'arrivée du Covid-19.

Arrivée du Covid en France par le Bas-Rhin (Colmar)

Il est certain que nous sommes passés à côté du premier cas. Ce n'est pas si surprenant. Nous comprendrons des mois plus tard, en mai 2020, qu'en fait le virus avait déjà commencé à circuler chez nous à bas bruit, une sorte d'épidémie silencieuse, dès novembre 2019 pour le Grand Est, et dès décembre 2019 pour l'Île-de-France. On est alors plusieurs semaines avant le fameux rassemblement de Mulhouse. Et je ne serais pas surpris que l'on remonte encore plus loin. En Chine, ils ont identifié des cas jusqu'au 17 novembre 2019. Et certains auteurs américains ont même évoqué sur des données de géolocalisation que le début de l'épidémie à Wuhan remontait peut-être à l'été 2019.

Pour le Grand Est, on peut penser que le virus est arrivé par un touriste chinois en visite dans la région, notamment à Colmar. Pourquoi Colmar ? On pourrait croire que c'est pour son célèbre triptyque, le *Retable d'Issenheim*, au musée Unterlinden, mais pas du tout. En fait, c'est pour un restaurant typiquement alsacien, le Bistrot des Lavandières, dans lequel a été tournée en 2018 une très populaire série télévisuelle (200 millions de téléspectateurs, 3 milliards de vues sur Internet...), *Chinese Restaurant*, à mi-chemin entre « Loft Story » et « Top Chef » selon *Marianne* (29 mai-4 juin 2020). Et aussi incroyable que cela puisse paraître, c'est l'ancien consul de France à Wuhan, Olivier Guyonvarch, qui a soufflé le nom de Colmar aux organisateurs de l'émission. On le voit même déguster des plats chinois, typiques de la région de Wuhan, cuisinés au Bistrot des Lavandières, lors d'une émission le 7 septembre 2018.

Voilà qui ne manque pas de sel quand on se souvient que Wuhan est le point de départ de la pandémie, et l'Alsace le premier foyer d'importance en France. Mais cette histoire de restaurant a bel et bien fait exploser le tourisme chinois dans la belle ville alsacienne, passée d'un peu plus de zéro touristes chinois avant 2018 à 13 000 nuitées en 2019. Le consulat de France à Wuhan indique au quotidien *L'Alsace*, en octobre 2018, que « le service des visas de Wuhan constate que trois agences de voyages déposent chaque semaine en moyenne une centaine de demandes de visa pour des groupes allant spécifiquement visiter Colmar ». À raison d'au moins 100 visiteurs chinois, originaires de Wuhan, par semaine, il ne serait pas surprenant qu'un porteur de virus se soit glissé parmi eux. Et on sait que le virus a commencé à circuler à Wuhan dès novembre, si ce n'est octobre, 2019.

Cette hypothèse repose sur le travail du chef de service de radiologie de l'hôpital Albert-Schweitzer de Colmar. Il a identifié plusieurs cas d'infections respiratoires inexpliquées dans son hôpital bien avant le début 2020. En reprenant les scanners thoraciques (les images de Covid sont assez caractéristiques) pratiqués dans son service, il trace le premier cas dans son hôpital à novembre 2019, avec 2 cas en novembre, 12 cas en décembre, 16 cas en janvier, et ainsi de suite jusqu'en février. Cette réalité est corroborée par les médecins généralistes de Colmar qui, rétrospectivement, trouvaient la grippe quand même bien bizarre cette année. Dans le Grand Est, cela avait donc commencé bien avant le rassemblement évangélique de Mulhouse.

Arrivée du Covid en Île-de-France par l'Oise (Creil)

Quant à la région parisienne, on retrouvera peut-être un jour l'origine de l'introduction de l'épidémie. La virologie possède de fins limiers et d'excellents outils moléculaires pour remonter très loin vers le fameux patient zéro. Il peut s'agir d'un touriste chinois (Roissy-Charles-de-Gaulle est une plateforme aéroportuaire), de personnes travaillant à l'aéroport, ou pour une compagnie aérienne (un grand nombre résident dans l'Oise). On a aussi beaucoup parlé de la base militaire de Creil, dans laquelle étaient logés des membres de la mission ayant assuré le rapatriement des Français de Wuhan début février. Mais je ne crois pas à cette hypothèse. Si c'est bien passé par la base militaire de Creil, je ne serais pas surpris que cela remonte plutôt au retour des athlètes de la septième édition des Jeux mondiaux militaires, fin octobre 2019.

Les Jeux mondiaux militaires se sont tenus à Wuhan, du 18 au 27 octobre, et il y a (il y avait) de nombreux témoignages de sportifs, dans toutes les disciplines olympiques et dans tous les pays, comme Élodie Clouvel, une pentathlète, tombée malade en France au retour de ces compétitions. De façon surprenante, l'athlète garde maintenant le silence et son interview a disparu du site de Télévision Loire 7 où elle a figuré un temps. Plus encore, les sportifs français ayant participé aux jeux de Wuhan ont reçu des consignes pour ne pas s'exprimer à ce propos, et renvoyer au service de communication des armées. Clairement l'information quant aux Jeux mondiaux militaires à Wuhan est contrôlée. Et il semble en être de même pour les sportifs d'autres nations. Il faut dire que certains de ces sportifs français, tous militaires, étaient basés à... Creil, épicentre supposé de l'épidémie en Île-de-France. L'un d'entre eux, Alexis Bodiot, de l'équipe de France de cyclisme, a même déclaré au *Monde* (12 mai 2020) : « C'est dans mes bureaux qu'il y a eu le plus de cas », mais il ne dit pas quand cela a commencé par rapport au retour de Wuhan. Selon *Le Monde*, il existe le même problème d'infections inexpliquées au retour, voire pendant les jeux de Wuhan, pour les athlètes italiens et suédois. Dans le premier cas, c'est quasiment toute l'équipe nationale qui est tombée malade. Dans le deuxième cas, plusieurs athlètes ont été fiévreux, et sont restés fatigués et incapables de s'entraîner pendant plusieurs semaines au retour de Wuhan. Ça ressemble quand même beaucoup au Covid-19, d'autant que tous ces athlètes devaient être vaccinés contre la grippe. De son côté, le porte-parole du ministère chinois des Affaires étrangères déclare le 12 mars que cela « pourrait être l'armée américaine qui a apporté l'épidémie à Wuhan » à l'occasion de ces jeux. J'espère que l'on connaîtra un jour la vérité…

Définition de cas, sitôt publiée, sitôt dépassée

Repérer les cas est à la base de la gestion correcte d'une épidémie. Cela permet de les isoler et d'interrompre les chaînes de contamination. Mais, pour les repérer, il faut s'appuyer sur une définition correcte des cas et il était d'usage, au début de l'épidémie, de distinguer les cas suspects, les cas possibles et les cas confirmés, ces derniers l'étant seulement une fois des tests de diagnostic biologique mis à disposition, ce qui sera fait rapidement après le début de l'épidémie. Il faut reconnaître que nous nous sommes trompés sur la définition des cas.

L'exemple du premier patient hospitalisé dans la région parisienne pour Covid-19 est tout à fait caractéristique de la difficulté à détecter les cas. En effet, ce premier patient, chinois, âgé, et qui d'ailleurs finira par mourir du Covid-19, voyageait en France avec sa fille. Alors qu'il est hospitalisé le 26 janvier 2020 dans un hôpital parisien, les médecins contactent les responsables des établissements de santé de référence, en l'occurrence les médecins de l'hôpital Bichat dans un premier temps et de la Pitié-Salpêtrière dans un deuxième temps. Aucun des deux médecins contactés ne retient ce cas comme possible. En effet, il ne rentre pas dans la définition telle qu'elle avait été établie par Santé publique France. D'une part, ce patient se présentait avec une diarrhée alors que les critères de définition parlaient de signes respiratoires et aucunement de diarrhée. Par ailleurs, le patient ne revenait pas de Wuhan, mais d'une ville à 350 km. Or, à cette date, Santé publique France limitait la région à risque à la ville de Wuhan. Preuve de la lenteur de la réaction des autorités sanitaires : une semaine plus tard, ce patient ne serait toujours pas rentré dans la définition, ni pour la diarrhée ni pour le périmètre géographique.

Le patient et sa fille finiront par être pris en charge à l'hôpital Bichat plutôt qu'à la Pitié-Salpêtrière pour des raisons que je ne juge pas utile de détailler ici. En effet, l'établissement de santé de référence pour le côté sud de Paris, au sud de la Seine, est la Pitié-Salpêtrière et pour le nord, l'hôpital Bichat. En dépit du fait que le patient venait d'un hôpital situé au sud de la Seine, il a été transféré dans l'établissement de santé de référence du nord de la Seine. Il faut dire qu'il n'y en avait que pour Bichat dans les propos ministériels. Quand la ministre s'exprimait, Bichat était Bichat et la Pitié-Salpêtrière, l'hôpital parisien… En outre, le chef de service des maladies infectieuses de Bichat fait partie du Comité scientifique, et c'est à lui que la ministre avait demandé de rédiger des protocoles, comme elle l'a déclaré lors de son audition devant la commission d'enquête de l'Assemblée nationale. Et ce tropisme pro-Bichat n'est pas l'apanage des cabinets ministériels, on le retrouve aussi côté AP-HP.

De mon côté, j'essaie de sensibiliser la direction générale de la Santé (DGS) à la nécessité de faire évoluer plus rapidement la définition, en particulier, le 28 janvier 2020, en élargissant le contour géographique, toujours limité à Wuhan alors que nous savons que l'épidémie a progressé au-delà, dans toute la région du Hubei mais également l'ensemble de la Chine. Il me répond le même jour à 16 h 50 : « La définition des cas évolue. » Et il ajoute : « Nous avons pris la décision de prendre toute la Chine. » En fait, la définition ne changera que 24 heures plus tard et n'englobera que Hubei. Et toute la Chine ne sera prise en considération que le 5 février 2020, soit une semaine plus tard. Je n'ai plus jamais fait part de mes doutes par la suite – peine perdue.

Début février 2020, la définition de Santé publique France intègre enfin toute la Chine alors que le CDC européen l'a déjà élargie à tous les endroits où il y a une transmission active (« *ongoing transmission* »), c'est-à-dire bien au-delà de la Chine. Ils avaient pris en compte le fait que les transmissions autochtones, c'est-à-dire sans lien avec la Chine, avaient déjà été identifiées non seulement en France mais également en Allemagne, au Japon, à Taïwan, en Thaïlande, en Corée du Sud, aux USA et au Vietnam. Ces transmissions autochtones étaient au nombre de 16, le 2 février 2020, et témoignaient déjà de la circulation du virus dans nos territoires. Mais la vitesse de réaction des autorités sanitaires européennes a été beaucoup plus rapide que celle des autorités françaises.

Nous ne sommes pas les seuls à avoir eu des difficultés avec la définition de nos cas. Par exemple, les Chinois, au début de l'épidémie, ont défini la maladie par l'existence de signes cliniques, radiologiques et biologiques. Il fallait donc avoir à la fois des signes cliniques et radiologiques de pneumonie, plus la preuve biologique du Covid-19, pour entrer dans la définition. Cette dernière était de fait beaucoup trop restrictive, puisque l'on a appris rapidement que les manifestations cliniques de la maladie allaient bien au-delà des seuls signes pulmonaires identifiables par une radio. Les Chinois ont alors adopté une nouvelle définition, mais encore plus mauvaise, uniquement clinique et radiologique. Non seulement elle ne prenait toujours en compte que les pneumopathies mais il n'était plus nécessaire de les confirmer par PCR. Cette définition était probablement la conséquence du manque de tests PCR pour confirmer le diagnostic en Chine à ce moment-là. Il faudra attendre quelques semaines et la mise à disposition, en grande quantité, de ces tests pour obtenir une confirmation par l'unique test biologique de PCR.

J'ai du mal à me défaire de cette impression d'un retard systématique d'un train – d'un métro, diront d'autres –, et cela va se reproduire à de multiples reprises au cours de l'épidémie. Mais, à ce moment-là, les autorités sanitaires étaient très occupées par l'organisation de la mise en quarantaine des Français de retour de Wuhan.

La communauté chinoise stigmatisée, des soignants aussi

Dans l'inconscient collectif, l'épidémie réveille une peur de l'autre, et celui qui est censé avoir fait entrer l'épidémie dans nos murs est rejeté. Ici, c'est surtout la communauté asiatique qui a trinqué, ce qui contraste avec les pratiques médiévales où il s'agissait plutôt des juifs – qui n'ont pas été épargnés pour autant[1]. Les mœurs ont changé : ce sont les réseaux sociaux qui mènent la danse, avec une augmentation de 900 % des propos racistes à l'égard de la communauté asiatique.

Pendant ce temps-là, Jackie Chan chantait à la télévision chinoise : « Qui a dit que notre pays était contaminé ? » Malheureusement, quelques mois plus tard, tout le monde sait que le pays a été contaminé, du moins certaines régions. D'autres n'ont pas attendu cette confirmation pour faire l'amalgame entre peau jaune, yeux bridés et origine chinoise, en résumé, une discrimination au faciès. L'arrivée de l'épidémie a été précédée par la libération d'une parole xénophobe et la stigmatisation de la communauté chinoise. Certains d'entre eux se défendent par le hashtag #jenesuispasunvirus. En tout cas, les quartiers asiatiques de Paris, notamment le XIIIe arrondissement, étaient vides, la circulation calme et les restaurants asiatiques, habituellement bondés, quasiment vidés de leurs clients pendant que les commerces étaient désertés par les acheteurs.

1. Voir chapitre 1.

En France, la communauté d'origine chinoise comprend 600 000 à 700 000 personnes qui appartiennent en fait à des origines diverses. Elle a été formée par deux grosses vagues successives de migrations au cours des cent dernières années. La première a concerné des travailleurs chinois qui sont venus aider, avec l'accord de leur gouvernement, à la reconstruction du pays après la Première Guerre mondiale, à partir de 1919 : 140 000 Chinois sont arrivés et des milliers sont restés. La plupart étaient originaires de la région de Wenzhou, détail qui aura son importance par la suite. La seconde vague migratoire est dite des « boat people ». Elle a démarré à la fin des années 1960, et était composée de populations asiatiques des anciennes colonies françaises d'Indochine (Cambodge, Laos, Vietnam) fuyant le communisme. Beaucoup étaient d'origine chinoise car leurs parents avaient fui la Chine quelques décennies plus tôt. En parallèle, la révolution culturelle en Chine a engendré une fuite, plus discrète, des Chinois de la région de Wenzhou vers leurs familles installées en France. Ces deux principaux courants migratoires se sont enrichis d'autres, beaucoup moins importants. Ces populations d'origine chinoise sont bien françaises et n'ont plus de rapport avec la Chine autre que commercial.

Les soignants ont aussi pu faire partie des personnes stigmatisées, au début de l'épidémie. Cela a concerné des infirmières. Il existe quelques témoignages de locataires ou propriétaires indélicats demandant l'expulsion de leurs immeubles de soignants travaillant au contact des malades du Covid. Et puis les locataires et propriétaires grincheux ont dû rapidement comprendre qu'ils ne pouvaient pas aller à contre-courant des applaudissements aux balcons, qui bientôt remplacent ces – heureusement rares – manifestations de défiance vis-à-vis du personnel soignant.

Quarantaine médiatisée à Carry-le-Rouet (1er février 2020)

Comme on l'a vu avec la peste[1], la première pensée des autorités sanitaires devant une flambée épidémique est de se barricader ou d'établir une mise en quarantaine. Une façon de fermer les frontières est d'arrêter les liaisons aériennes, ce qui a été fait entre la France et la Chine à partir du 1er février 2020. Les pays possédant une frontière terrestre avec la Chine, comme le Vietnam, ou des liaisons plus directes, comme Taïwan, ont fermé leurs frontières un peu plus tôt sans crainte de froisser leur puissant voisin chinois. C'est un réflexe naturel en temps d'épidémie, et la réciproque est vraie côté chinois. Finalement, la plupart des pays ont imposé une quarantaine de 14 jours aux touristes revenant de Chine et/ou du Hubei. Cela a été mis en place par exemple le 31 janvier 2020 aux États-Unis.

La première mise en quarantaine, côté français, a été celle des expatriés français à Wuhan. Deux cent vingt-cinq personnes ont été rapatriées de Wuhan à Carry-le-Rouet, à quelques jours d'intervalle. Elles sont sorties de quarantaine, indemnes de Covid,

1. Voir chapitre 1.

le 14 février 2020 pour la plupart d'entre elles, et le 16 février 2020 pour les autres. D'autres personnes, environ 150, ont ensuite été isolées à Aix-en-Provence. Enfin, les dernières, une trentaine, ont été isolées à Branville, dans le Calvados.

La rigueur du confinement à Carry-le-Rouet, Aix-en-Provence et Branville n'a eu d'égale que l'importance de la couverture médiatique de cette quarantaine. On pouvait participer heure par heure « au rapatriement » de ces voyageurs bien portants, puis vivre jour par jour les 14 jours de leur quarantaine. Dommage pour ces Français rapatriés et pour les finances publiques : la durée du confinement chez eux, à Wuhan, pendant plusieurs jours avant d'être rapatriés, ne sera pas prise en compte dans le calcul des 14 jours de quarantaine à Carry-le-Rouet, ni ailleurs pour les rapatriements suivants, alors que le confinement à Wuhan était très strict.

Il avait bien été proposé par le Pr Raoult (Carry-le-Rouet est à côté de Marseille) de dépister ces personnes avec un examen PCR, puisqu'il était un des seuls à bien maîtriser cette technique en France à l'époque. Mais cela lui a été poliment refusé par les autorités sanitaires qui ont mandaté un des membres du Conseil scientifique pour lui expliquer l'inutilité de faire cette recherche, même si la négativité du test aurait pu permettre de libérer plus tôt les assiégés. Le suspens médiatique a pu ainsi rester à son comble jusqu'à la fin des 14 jours de la quarantaine, annoncée là aussi par les médias de façon ostentatoire. Quel cirque (et quel coût) pour une quarantaine qui aurait pu se faire à domicile ! Pendant ce temps-là, les personnes de retour de voyage dans des zones d'endémie autres que le Hubei n'étaient pas mises en quarantaine et pouvaient éventuellement concourir à la formation de chaînes de transmissions autochtones.

À côté de la quarantaine, la fermeture des frontières est l'autre mesure importante pour limiter les risques de voir arriver une épidémie[1]. Pour le Covid-19, les politiques ont été diverses. La plupart des pays mitoyens de la Chine (Corée du Nord, Russie, Mongolie, Kazakhstan, Népal, Vietnam) ont fermé leur frontière terrestre. D'autres pays, comme les États-Unis, l'Australie, la Nouvelle-Zélande ou Israël, ont interdit l'entrée aux ressortissants étrangers ayant séjourné en Chine dans les 14 jours précédents. Et il y a eu les pays qui ont félicité la Chine comme le Laos, le Pakistan, l'Argentine, le Costa Rica, l'Afrique du Sud et d'autres. Le Cambodge finira même par accueillir à bras ouverts les passagers du *Westerdam* qui a échoué dans le port de Sihanoukville, après plus de dix jours d'errance dans l'océan Pacifique, les Philippines, Taïwan, le Japon, Guam (USA) et la Thaïlande lui refusant l'accostage. À partir du 3 février 2020, l'Italie ferme son espace aérien aux Chinois et six compagnies aériennes européennes (française, autrichienne, allemande, suisse, britannique, finlandaise) arrêtent leurs vols commerciaux avec la Chine.

1. Voir chapitre 1.

Contamination aux Contamines-Montjoie (8 février 2020)

Le foyer des Contamines restera comme le premier foyer de contamination autochtone en France, notre premier cluster[1].

Se contaminer aux Contamines est quand même digne de l'humour de Pierre Desproges. Coluche aurait pu rajouter qu'il n'y a pas de joie à se contaminer aux Contamines-Montjoie puisque les deux noms, Contamines et Montjoie, apparaissent associés. Et, en même temps que l'on apprend la nouvelle de ce premier cluster français, on me fait parvenir une promotion, style « Printemps : pour un séjour aux Contamines-Montjoie », avec une réduction de 30 %. La personne qui m'a transféré cette promotion a rajouté avec l'humour qui la caractérise : « et moins 80 % de réduction si vous séjournez dans les deux chalets concernés ».

Ce cluster a été parfaitement géré par les autorités sanitaires locales. Le père de famille, un homme d'affaires, s'était contaminé lors d'un séjour à Singapour du 18 au 23 janvier. Il avait rejoint un chalet partagé par des amis et une autre famille anglaise. D'un côté, un groupe de 10 personnes, de l'autre une famille de 5 personnes avec 2 adultes et 3 enfants : 11 personnes sont testées positives, 82 % des contacts dans le premier groupe et 60 % dans la famille. Tous seront isolés à Grenoble, Lyon et Saint-Étienne. Aucun ne fera de forme grave. Ce foyer épidémique ne donnera pas lieu

1. Voir chapitre 5.

à des transmissions secondaires. L'excellente gestion de ce foyer épidémique des Contamines-Montjoie a contribué à nous bercer dans l'illusion que nous pouvions facilement maîtriser les foyers et empêcher l'épidémie de s'installer chez nous. En fait, le virus circulait déjà depuis plusieurs semaines en France, comme nous l'avons vu plus haut.

C'est aussi à l'occasion de l'étude du foyer des Contamines que l'on a présumé que les enfants étaient peu contagieux. En effet, un des enfants infectés avait fréquenté pendant plusieurs jours une école dans laquelle il avait été en contact avec 112 élèves et professeurs. Aucun de ces enfants ou professeurs n'a été contaminé. C'est une des deux études qui a permis aux autorités sanitaires françaises de dire que la transmission dans les écoles était négligeable. Cette hypothèse, fondée sur la surveillance des contacts d'un seul enfant infecté, reste néanmoins à confirmer à une plus large échelle, surtout quand on sait que, dans la plupart des pays, les premières décisions prises, dès la résurgence épidémique, sont de fermer les écoles, collèges, lycées et universités. Sans compter les études et expériences allemandes, coréennes et américaines qui ne vont pas dans ce sens-là[1].

1. Voir chapitre 6.

Le rassemblement de Mulhouse, un cauchemar épidémiologique (17-21 février 2020)

Le rassemblement organisé par la «*megachurch*» évangélique de la Porte ouverte chrétienne de Mulhouse, une Église pentecôtiste, est caractéristique du monde d'avant, d'une certaine insouciance. Le mardi 18 février, le pasteur Samuel Peterschmitt déambule micro à la main sur la scène au fond de la salle de culte. Comme un télévangéliste américain, il fait le show devant quelque 2000 personnes. «J'ai une bonne nouvelle pour vous. Monsieur Macron n'est pas venu. Mais Jésus est là!» L'assemblée rit, l'ovationne. Elle ne sait pas encore que le Covid a commencé à circuler parmi les participants. Le pasteur Peterschmitt comptera ensuite 18 personnes positives au sein de sa famille. Médecin généraliste à Mulhouse, il estimera plus tard : «La majorité des personnes présentes sur le site ont été contaminées. Pourquoi ? À cause du nombre de personnes qui, après coup, se sont révélées malades ou positives dans la foulée.»

Si le petit foyer épidémique des Contamines a été parfaitement géré, il n'en a pas été de même du rassemblement évangélique de Mulhouse. Il a eu des conséquences dramatiques, en disséminant le virus dans tout le pays et même à l'étranger. Ce rassemblement n'aurait, à mon sens, pas dû être autorisé car la même chose s'était produite en Corée du Sud quelques semaines plus tôt[1]. Les mêmes causes produisant les

1. Voir chapitre 6.

mêmes effets, il était à prévoir que ce qui s'était passé en Corée du Sud allait se reproduire en France à partir de Mulhouse. Et c'est ce qui est arrivé. Sauf que nous n'avons pas contrôlé ce cluster comme les Coréens ont contrôlé le leur.

Ce rassemblement a été qualifié de «cauchemar épidémiologique» dans *L'Humanité* du 31 mars 2020. Le directeur de l'ARS Grand Est, Christophe Lannelongue, a de son côté parlé d'«une bombe atomique». Le rassemblement a réuni, pendant cinq jours, 2000 à 2500 personnes, dont près de 300 enfants, venus de toute la France et d'outre-mer, dans une ambiance très festive : on prie et on jeûne, c'est carême; mais on se tient aussi par la main, on se bise, et on chante tous ensemble. Résultat : des centaines, voire jusqu'à un millier de personnes, ont été infectées au cours de ces cinq jours et demi, et ont ensuite exporté le virus dans l'Hexagone, de l'Île-de-France à la Bretagne en passant par la Corse, et jusqu'en Guyane française. Un des participants a même exporté le virus à Vienne, en Autriche, où plusieurs personnes de l'École française ont été infectées. Une infirmière des hôpitaux universitaires de Strasbourg, probablement contaminée lors de ce rassemblement, aurait été à l'origine de l'infection de 250 membres du personnel soignant, selon l'Agence régionale de santé du Grand Est.

Le 15 février 2020, le premier décès du Covid-19 en Europe est constaté en France, à l'hôpital Bichat. Il s'agit du patient chinois de quatre-vingts ans. C'était le troisième mort en dehors de la Chine, après Hong Kong et les Philippines. J'avoue que je me suis posé la question de savoir si l'on pouvait encore mourir à quatre-vingts ans du Covid-19, en France. Et j'ai vu que des philosophes de talent, comme André Comte-Sponville, s'étaient aussi interrogés à ce sujet[1]. Et cette question se pose tout au long de l'épidémie puisque ce sont principalement les personnes âgées de plus de soixante-dix ans qui décèdent[2].

Coronaphobie et grippounette

Le mois de février a été épuisant pour toute notre équipe. Nous n'avions pris en charge qu'un seul Covid, mais nous étions déjà épuisés. Quand les premiers « vrais » malades du Covid sont arrivés au cours de la dernière semaine de février, mes infirmières m'ont même dit qu'elles comprenaient enfin le sens de ce qu'elles faisaient. Mais, en février, en tant qu'établissement de santé de référence, et donc en première ligne sur le front des infections émergentes, nous avons été débordés par ce que j'ai appelé « des grippounettes ».

Je n'aurai jamais dû prononcer ce mot, qui sera réutilisé ensuite à mes dépens par des personnes qui n'avaient rien compris, ou n'avaient pas voulu comprendre. Clairement je ne parlais pas de Covid puisque les malades n'arriveront vraiment qu'à la toute fin février. Je parlais de ces malades qui arrivaient de nuit comme de jour, à flux continu, et qui n'avaient pas le Covid.

1. Voir chapitre 10.
2. Voir chapitre 5.

Le 26 février, nous avons eu plus de 40 entrants dans la journée dont dix dans la nuit, moins de 10 % avaient le Covid.

En fait, on gérait la coronaphobie, la phobie du coronavirus. Le moindre rhume devenait immédiatement suspect de Covid, et le malade était déposé chez nous, à nous de nous débrouiller… Cela prenait environ 24 heures pour éliminer le diagnostic de Covid, permettant de lever l'isolement, et pour faire le décompte des infections virales hivernales dont était atteint le patient : grippe (« vaccinez-vous pour la prochaine saison »), rhinovirus, metapneumovirus, coronavirus humains circulants, autres que le Covid… Tout y est passé, mais nous hospitalisions des rhumes, des grippounettes, pas de Covid, pas encore… Nous gérions une véritable phobie du Covid qui s'était emparée de la population, dans un contexte de saturation du 15. Comment en étions-nous arrivés là ?

L'abus du 15

Je ne sais pas qui a eu l'idée de transformer le SAMU en « chef d'orchestre de l'organisation de la prise en charge des patients », pour reprendre l'expression du président de Samu-Urgences, interviewé sur France Info le 25 février. Mais on a raté quelque chose. Car, en même temps, on disait aux patients de ne pas se rendre aux urgences ou chez leur médecin pour éviter de contaminer d'autres personnes. Il fallait bien leur offrir une solution. Au bout du compte le nombre d'appels au 15, numéro d'urgence supposée, a été multiplié jusqu'à cinq en région parisienne, et le centre d'appels s'est retrouvé saturé très rapidement. Les temps d'attente étaient trop longs pour tout le monde, même pour les vraies urgences qui en payaient les conséquences. Et les fausses urgences, les grippounettes, étaient rabattues sur les services de maladies infectieuses de référence comme le nôtre, jour et nuit. La boucle est bouclée. Nous avons été rapidement débordés.

La situation est devenue si critique que, le 10 mars, lors de la visite du président Macron au SAMU 75, à l'hôpital Necker-Enfants malades, à Paris, une partie de la réalité, le temps de décrochage ou le nombre d'appels en attente, lui a été cachée par une mystérieuse coupure d'écran qui a duré le temps de sa visite. Cela m'a été rapporté par plusieurs témoins. Et le 15 mars, les urgentistes et journalistes médicaux, Patrick Pelloux et Gérald Kierzek, alertent sur les ondes et demandent aux Français de « n'appeler le 15 qu'en cas de symptômes graves ». Les grippounettes se débrouilleront et resteront chez elles.

Il faut attendre le rapport, au ministre de l'Intérieur, de la Fédération nationale des sapeurs-pompiers de France (FNSPF), le 1er juillet, pour voir un coin du voile se lever. Il est dénoncé « un très grand nombre d'appels [au 15] souvent très éloignés de toute urgence réelle… ». Pour les pompiers : « Le 15 a montré son vrai visage : celui d'un numéro de renseignement, pas d'un numéro d'urgence […]. Des requérants non-Covid en situation d'urgence vitale n'ont jamais eu de réponses dans l'indifférence générale. Un vrai scandale ! » Il faut dire que l'on pouvait observer des délais de réponse de 37 minutes, le 11 mars dans le Val-d'Oise, ou de 45 minutes, le 10 mars à Paris. Cela fait long pour un arrêt cardiaque !

Il faut savoir que la régulation des urgences en ville est un point de friction important entre les pompiers, les médecins généralistes et le SAMU. La FNSP et les quatre syndicats de médecins généralistes craignent la généralisation du 15 comme numéro unique d'accès aux soins, pour désengorger les urgences hospitalières, alors qu'il existe un autre numéro, le 112, comme numéro centralisateur. Il va falloir clarifier les choses, incontestablement ! Quelle que soit la solution choisie, il faudrait clairement distinguer ce qui relève de l'urgence, du conseil médical et de l'accès aux soins, ce qui relève des urgentistes et des médecins généralistes, ou de la protection civile. La moindre des choses à dire est qu'en temps de crise sanitaire, un numéro unique ne fait qu'aboutir à une perte de chances pour les malades les plus graves. C'est la preuve par le Covid !

Erreur de jugement

En matière d'infections émergentes, force est de reconnaître que la vérité d'un jour n'est pas celle du lendemain, comme je m'en apercevrai très rapidement. Le mois de février 2020 fut un mois d'incertitudes, où nous essayions tous de comprendre ce qui se passait. La situation était confuse en Chine, et nous apprendrons rétrospectivement qu'ils nous ont caché une part de la vérité[1]. Les premiers pays affectés (Singapour, Hong Kong, Taïwan, Japon) semblaient s'en tirer plutôt bien, et d'ailleurs, la suite de l'épidémie le confirmera. Simplement ce n'était pas dû à la faible virulence du virus, mais plutôt à un modèle d'organisation sanitaire que nous étions bien incapables de suivre.

Je n'écouterai aucune de mes interventions télévisées de ce mois de février, où j'ai dû dire quelques bêtises, comme lors des suivantes. Mais, comme je vais parler des bêtises de nos décideurs, il est difficile d'esquiver mes propres bêtises, et ce mois de février en a vu quelques-unes. Nous en avons tous dit, ne comprenant pas la gravité potentielle de cette maladie à ce moment-là. Toutefois, je me suis rendu compte peut-être un peu plus rapidement que d'autres, que nous nous étions trompés. Dès le 27 février, lors de la visite présidentielle à la Pitié-Salpêtrière, j'ai été très clair.

Il m'a fallu attendre la lecture du numéro du *Canard enchaîné* du 1er avril 2020 pour que me soit rappelée ma négligence initiale quant à la gravité de cette épidémie. Selon le *Canard*, je disais que le virus n'était « pas particulièrement pathogène », mais également : « On va peut-être pas s'en rendre compte, ça va passer en douceur. » Malheureusement, je n'ai pas retrouvé dans mon carnet l'endroit où, le 17 février 2020, j'avais dit de telles inepties. D'autres s'en sont chargés pour moi. Et, finalement, c'est grâce à la lecture du livre du Pr Gilles Pialoux que j'ai appris qu'il s'agissait d'un Brut. Dans son livre, *Nous n'étions pas prêts. Carnet de bord par*

1. Voir chapitre 6.

temps de coronavirus, le professeur spécialiste du sida, a fait son enquête de journaliste, et il revient lourdement sur ce passage de mon interview à Brut… six mois plus tôt !

Mais, à dire vrai, ce jour-là, il n'y avait pas beaucoup d'indicatifs de la gravité de la maladie, avec environ 40 000 cas dans le monde, moins de 1 000 morts cumulés et seulement 3 décès en dehors de la Chine. Et personne n'avait d'ailleurs alerté en France. L'OMS était relativement optimiste. Le nombre de cas révélés quotidiennement en Chine « se stabilisait » et il n'y avait que 11 cas en France (1 à Bordeaux, 5 à Paris dont 4 à Bichat, 1 à la Pitié-Salpêtrière et 5 à Grenoble, du fait du foyer des Contamines). Le premier décès en France était survenu le 15 février chez un homme de quatre-vingts ans…

Biais d'ancrage

Dans la troisième semaine de février, nous étions tous dans le flou. Jusque-là, peu de morts avaient été observés en dehors de la Chine. Et, comparativement à sa population, le nombre de morts en Chine était peu élevé. Les décès semblaient survenir plutôt chez les personnes âgées ou fragilisées par des pathologies associées. L'épidémie était encore loin. Elle ne s'était pas développée dans les premiers pays touchés en dehors de la Chine : Taïwan, Singapour, Japon, Hong Kong, Corée du Sud, Vietnam. Dans un tel contexte, il a été difficile, pour beaucoup d'entre nous, de se sortir de ce biais d'ancrage.

Le biais d'ancrage a été décrit par deux psychologues, experts en économies comportementales, dans les années 1970, Daniel Kahneman (futur prix Nobel d'économie en 2002) et Amos Tversky. Cet effet est fondé sur le fait qu'un individu a une nette tendance à raccrocher son jugement à la première information qu'il a reçue. Cela s'avère un handicap quand on doit prendre une décision dans un contexte d'infection émergente, baignant dans un océan d'incertitudes. L'épidémie de Covid-19 a permis d'illustrer les mécanismes de ce biais d'ancrage. Il a consisté à garder en mémoire la première information perçue et ajuster notre jugement, non pas en l'adaptant aux événements actuels, mais en se référant aux événements passés, aussi imprécis soient-ils. C'est exactement ce qui s'est passé avec le Covid-19 et cela explique le retard avec lequel certains d'entre nous ont pris conscience de la gravité de l'épidémie.

L'Italie est frappée

Le 21 février 2020, Tedros Adhanom Ghebreyesus, directeur général de l'OMS, déclare : « Au moment où nous parlons, nous sommes encore dans une phase où il est possible de contenir l'épidémie. » Malheureusement, il était déjà trop tard.

C'est une question qui m'est souvent posée : quand est-ce que j'ai pris conscience de la gravité de l'épidémie ? Réponse : au cours de la dernière semaine de février 2020.

L'Italie est frappée. C'est la région de Milan (Lombardie) qui est la plus touchée. Des décisions de semi-confinement sont très rapidement prises, avec l'annulation des réunions publiques et des matchs de football, et la fermeture des lieux publics. C'est le début du confinement. Dans le même temps, au Moyen-Orient, des cas sont décrits au Liban ; en Israël et en Iran, la situation apparaît rapidement très inquiétante. Pendant ce temps-là, la situation s'est apaisée en Chine avec une stabilisation du nombre de cas à partir du 21 février, en même temps que l'épidémie restait très peu importante à Hong Kong, au Japon, à Singapour et en Corée du Sud. Mais je m'aperçois aussi, au même moment, que si les pays confucéens ont si bien résisté, c'est parce qu'ils étaient prêts sur le plan de la santé publique[1]. Le premier Européen à décéder de la maladie est un Italien, le 23 février 2020.

En France, les deux premiers cas témoignant d'une transmission autochtone de la maladie, c'est-à-dire pour laquelle on ne retrouve pas de lien avec un Chinois ou un voyageur de retour de Chine, seront connus le 25 février et annoncés officiellement le 26 février 2020. Cela témoignait du fait que des chaînes de transmission autochtone, à savoir dans le pays, existaient et que de multiples personnes avaient probablement été exposées. Le 25 février 2020, on annonce le premier décès d'un Français, à l'hôpital de la Pitié-Salpêtrière ; c'est un enseignant et conseiller municipal dans l'Oise, tout un symbole.

1. Voir chapitre 6.

Injonctions plus ou moins paradoxales

La dernière semaine de février 2020 se termine mal. Le samedi 29 février (c'est une année bissextile) se tient un Conseil de défense couplé à un Conseil des ministres exceptionnel. Il est décidé l'interdiction des rassemblements de plus de 5 000 personnes en milieu clos ; même les rassemblements en milieu ouvert sont interdits quand ils conduisent à des mélanges entre des populations issues de zones où le virus circule possiblement. Or, le virus circule déjà parmi nous : nous sommes une de ces populations. Les portes du Salon de l'agriculture, qui étaient déjà ouvertes depuis une bonne semaine, ferment. On apprend que le marathon de Paris, qui devait avoir lieu le lendemain, est annulé ainsi que le carnaval de Strasbourg, la foire de Nice. Mais on peut toujours continuer à jouer au foot devant des dizaines de milliers de spectateurs. Dans le même temps, les écoles sont fermées dans l'Oise, un des foyers épidémiques les plus importants en Île-de-France.

Une certaine incohérence peut apparaître dans ces décisions apparemment discordantes. Mais, dans l'état des connaissances de l'époque, c'était une décision cohérente, car le risque est beaucoup plus important en lieu clos qu'en lieu ouvert. Et, même si les conséquences économiques, notamment sur le tourisme, les congrès, les meetings, pour lesquels la France est un des pays les plus attractifs du monde, n'ont pas beaucoup pesé par rapport au dieu football, cette différence d'égards ne tient pas longtemps.

D'autres décisions me paraissent beaucoup plus paradoxales dans les jours et les semaines qui suivent. Une des plus emblématiques du paradoxe est la décision de maintenir le premier tour des municipales, tout en annonçant le confinement[1]. Mais ce n'est pas le lieu de faire la liste des injonctions paradoxales.

Saturation des capacités d'accueil hospitalières

L'épidémie de Covid-19 entraîne une explosion brutale des besoins en lits d'hospitalisation en médecine et en réanimation. Les hôpitaux français doivent être capables d'accueillir jusqu'à 30 000 patients en un mois. Alors que la France compte 5 000 lits de réanimation, jusqu'à 7 148 patients ont nécessité ce type de soin le 8 avril, jour correspondant au pic d'hospitalisation. Nous n'avions pas non plus pris en compte que la durée de séjour en réanimation pour les patients atteints des formes sévères de Covid-19 serait longue : en moyenne 14 jours, parfois un mois, suivis d'au moins 10 jours d'hospitalisation conventionnelle.

L'accueil des patients nécessitant des soins de réanimation a pu être assuré jusqu'au bout au prix du renoncement à la prise en charge de toute autre activité, notamment programmée (c'est-à-dire interventions chirurgicales, rendez-vous médicaux, hospitalisations de jour...). Le monde médical s'est arrêté pour les autres

1. Voir chapitre 9.

malades[1]. Le personnel libéré de ces obligations anesthésiques était reconverti en réanimateur Covid pour l'ouverture de lits de réanimation dans les salles de réveil des blocs opératoires (500 lits supplémentaires ouverts en Île-de-France pour 1 500 disponibles en temps normal). Le personnel chirurgical libéré était reconverti à des tâches administratives ou de soignant.

Tout tournait autour du Covid. Mais, comme cela n'allait pas suffire, les TGV médicalisés sont entrés en scène. « Belle prouesse technologique », pour tous ceux qui l'ont vécue. « De pures opérations de communication et véritable esbroufe » pour les pompiers, dans le rapport cité plus haut. Le transfert de 644 patients des régions les plus endémiques (Île-de-France, Grand Est) vers les régions les plus épargnées ou vers l'Allemagne, par train, avion, hélicoptère et transport terrestre, a néanmoins incontestablement permis de désengorger nos hôpitaux, même si, là aussi, les médias s'en sont donné à cœur joie. Enfin, des hôpitaux temporaires ont été construits par les services de santé des armées, par exemple dans le Grand Est. La situation dans les hôpitaux français a également été complexifiée par le grand nombre de malades en réanimation et le respect des mesures d'hygiène pour prévenir le Covid-19 en milieu hospitalier : port de surblouses, port de masques, ventilation des chambres de réanimation en surpression, gestion des effluents avec des virucides, désinfection des surfaces répétée ; autant de malades graves, et des procédures à respecter qui ralentissent le travail et nécessitent plus de

1. Voir chapitre 10.

personnel. Cela a tenu grâce à un renfort considérable en personnel soignant originaire d'autres régions.

Le but, fin février, n'était déjà plus d'empêcher la maladie d'arriver chez nous, mais de ralentir l'épidémie sous peine de voir le système de santé exploser ; de diminuer la mortalité des patients avec le Covid-19 ; de s'occuper correctement des patients sans Covid ; et de protéger les soignants. Mais nous n'y arriverons pas. Il était probablement inutile d'y croire. Même nos dirigeants n'y croyaient pas. Un membre de la cellule de crise au ministère de la Santé a confié anonymement à *Mediapart* (11 avril 2020) : « Dès le départ, on savait que ce serait une gestion de crise liée à la pénurie – de masques, de tests, de respirateurs, de lits de réanimation. À partir de là, vous pouvez anticiper, faire un tas de choses – et on en a fait des bien –, vous avez perdu la guerre d'entrée. » Il aurait dû parler de bataille, car la guerre est loin d'être finie. Nous n'en sommes qu'au début.

8

Médias, pouvoir et politique

Beaucoup de choses allaient se jouer dans les médias plutôt que dans les journaux scientifiques ou les bureaux ministériels. Et cela justifie la place que je leur accorde. En ces temps de Covid-19, où les médecins de première ligne, comme ceux de mon équipe, sont la tête dans le guidon, dans l'impossibilité de surveiller quotidiennement la littérature scientifique, je dois avouer que j'ai obtenu énormément d'informations par le biais des journalistes. Parfois ils en savaient même plus que moi. Et puis, ma visite sur les plateaux télévisuels était l'unique occasion de voir les infos en direct. Et, pour beaucoup d'entre nous, et pas des moindres, il en était de même : BFM TV était en permanence en fond d'écran dans la cellule de crise de l'AP-HP. Au moins j'étais sûr qu'en passant sur les plateaux de BFM TV, le message serait entendu par notre direction générale, même si j'ai fini par remarquer qu'ils étaient plus sensibles à la lecture du *Monde* ou à l'écoute de France Inter.

Ma présence médiatique n'est pas due au hasard, mais au fait que j'étais (je suis toujours) le chef de service des maladies infectieuses de l'hôpital de la

Pitié-Salpêtrière, à Paris. Et l'Île-de-France a été aussi lourdement affectée par le Covid-19 que le Grand Est. Cet hôpital est un des deux seuls établissements de santé de référence, avec l'hôpital Bichat, à pouvoir prendre en charge à Paris des malades adultes avec des infections émergentes. Nous avions l'habitude des patients suspects de MERS, pathologie pulmonaire que l'on peut diagnostiquer chez des pèlerins au retour d'Arabie saoudite ou chez des voyageurs de retour de la péninsule arabique où la maladie est endémique[1]. Nous avions été aux premières loges au moment de la grippe A/H1N1 pdm09[2] et du SRAS[3]. Nous avons une importante expérience en pathologie du voyageur. Il est logique que nous nous retrouvions en première ligne, avec l'hôpital Bichat, au moment du Covid-19. Les premiers malades sont arrivés dans la semaine du 24 au 29 février. Mais j'avais fait mes premiers pas médiatiques dans les semaines qui ont précédé.

Premiers pas médiatiques

Mes interventions dans la presse ou les émissions télévisuelles, jusqu'à maintenant, s'étaient surtout limitées au « Magazine de la santé » où j'étais intervenu plusieurs fois dans mes domaines de compétences comme la médecine des voyages, les maladies sexuellement

1. Voir chapitre 3.
2. Voir chapitre 2.
3. Voir chapitre 3.

transmissibles ou la maladie de Lyme. Mais ces interventions étaient rares et surtout elles n'étaient pas en rapport avec une actualité aussi brûlante et nécessitant une réactivité particulière.

Je fais mes premiers pas médiatiques avec les chaînes d'informations en continu, principalement BFM TV, LCI, et CNews. Mon apprentissage médiatique est, par la force des choses, très rapide. Le dimanche 26 janvier 2020, il n'y a que deux patients hospitalisés en France, l'un à Bordeaux, l'autre à Paris, et je suis intervenu les 25 et 26 janvier. Le week-end suivant, j'interviens deux fois alors qu'il n'y a que cinq malades hospitalisés en France (1 à Bordeaux et 4 à Bichat). Néanmoins, le rapatriement de Carry-le-Rouet occupait ce jour-là, samedi 1er février 2020, tout l'espace médiatique. Je n'avais alors la possibilité d'aller dans les médias que le week-end, pratique que j'ai fini par abandonner. En effet, la mise à jour rapide des connaissances demandait beaucoup de lectures et d'attention dans le suivi des articles publiés, et le week-end était le seul moment de la semaine où c'était possible. Même si le repos dominical était incomplet, puisque nous avions, pendant plusieurs semaines, deux réunions d'une heure par jour, même le week-end. Au cours de cet apprentissage médiatique, j'essaie de naviguer entre un devoir de réserve naturelle, la demande d'information, la volonté du siège de l'Assistance publique-Hôpitaux de Paris de contrôler la communication quand elle se passe dans ses murs, et mes propres bêtises[1].

1. Voir chapitre 7.

En ces débuts d'épidémie, il semblait important aux autorités sanitaires de « ne pas affoler la population ». J'avoue que c'était un exercice difficile pour moi qui pensais plutôt que la meilleure manière de « ne pas affoler la population » était de lui dire la vérité ; mais cette opinion n'était pas partagée par tous. Pourtant, la vérité était simple à dire : on ne savait pas ! À titre d'exemple, je me suis retrouvé, le 31 janvier 2020, sur un plateau de télévision avec un excellent spécialiste des infections respiratoires. Je l'ai entendu dire que « le virus ne se transmettait que par les personnes symptomatiques » et « qu'il n'y avait pas de chaînes de transmission en dehors de Wuhan ». Quand je lui ai demandé l'explication de ces affirmations erronées que je n'avais pas osé contredire en direct devant des milliers de téléspectateurs, il m'a répondu qu'il « ne fallait pas affoler la population » et qu'il fallait « veiller à ne pas renforcer le racisme antichinois ». Il faut dire qu'il s'agissait d'un membre de la cellule de réflexion gouvernementale de l'époque. Ainsi, un médecin se faisait porte-parole du monde politique. Je n'étais pas tout à fait sûr d'être en phase avec cette vision-là de la situation.

Le lendemain, 1er février 2020, jour de l'atterrissage de l'avion des rapatriés de Wuhan à Carry-le-Rouet, je fais le tour des plateaux télé d'informations en continu. C'est le jour où je prends la décision de ne plus répondre systématiquement à leurs sollicitations. J'ai parfois trop eu l'impression de perdre mon temps. Or, mon temps devenait de plus en plus précieux et je ne pouvais plus me déplacer, a fortiori le week-end, sur les plateaux où notre planning n'était pas pris en considération. Et puis, il était difficile de participer à ce cirque de rapatriement sanitaire et de quarantaine à Carry-le-Rouet alors que, pendant ce temps-là, nous ne mettions même pas en quarantaine les personnes qui revenaient de régions de Chine ou de pays où il existait probablement une transmission autochtone[1].

Visite présidentielle à la Pitié-Salpêtrière (27 février 2020)

Finalement, cette journée du 27 février 2020 restera gravée dans ma mémoire comme emblématique de l'épidémie de Covid, qui avait alors à peine commencé sur le territoire français. Ce jour-là, je me doutais qu'on allait vivre une « situation à l'italienne » et je l'ai dit, en direct sur BFM TV, au président, comme au directeur général de l'AP-HP et à la directrice de mon hôpital qui assistaient tous deux à cette visite. Mais il me semble qu'ils n'ont pas entendu le message ce jour-là.

L'hôpital de la Pitié-Salpêtrière était visité au titre d'établissement de santé de référence (ESR). Et le Covid est bien une infection émergente relevant d'un ESR, au moins au début. Et comme c'est une infection avant tout respiratoire, les patients ont d'abord été pris en charge par les infectiologues et les pneumologues, puis les réanimateurs. Avant que nous soyons submergés par la première vague et fassions appel à tout ce que le monde de la médecine comptait de médecins,

1. Voir chapitre 7.

d'infirmières, d'aides-soignants, de techniciens, d'administrateurs et de directeurs, dans les ESR et en dehors.

En tant que chef du service des maladies infectieuses de cet ESR, j'étais en première ligne pour accueillir le président. Il aurait d'ailleurs dû commencer cette visite par notre pavillon, nommé d'après Laveran, Alphonse de son prénom, un des rares prix Nobel de médecine français, ainsi reconnu pour sa découverte de l'agent du paludisme. Mais l'accès du pavillon des maladies infectieuses lui a été interdit par des syndicalistes prévenus de sa visite, pourtant restée secrète jusqu'au dernier moment. Je n'en avais été informé que tardivement la veille au soir. Le président a donc manqué le bâtiment Laveran où avait été prélevé, en 1984, le ganglion lymphatique d'un patient alors atteint d'un mal mystérieux, le sida, prélèvement dont l'analyse permettra la découverte du virus par l'équipe du Pr Luc Montagnier à l'institut Pasteur.

Et finalement la visite présidentielle s'est déroulée dans un bâtiment très récemment rénové, baptisé du doux nom d'« Éole », comme le vent, car il abritait le service de pneumologie et la réanimation qui lui est attachée.

En direct, le scénario à l'italienne, acte I

La visite présidentielle se fait en direct, sous l'œil des caméras de BFM TV qui se révélera un média omniprésent dans la couverture du Covid, avec ses éditions spéciales quasi journalières, et ses quatre journalistes santé. L'attachée de presse poussait dans le dos certains d'entre nous devant le cortège présidentiel qui déambulait dans les couloirs, pour être captés par la caméra aux côtés du président. On était plongé d'emblée dans le monde de la communication présidentielle et du journalisme de l'immédiateté télévisuelle.

Au cours de cette visite matinale, le président Macron m'a interpellé deux fois pour me demander mon avis sur l'épidémie de Covid. Je lui ai d'abord dit que « le virus circule parmi nous », probablement déjà à bas bruit depuis plusieurs semaines, comme une épidémie silencieuse qui explose une fois atteint son seuil de développement critique. Et, à l'époque, je ne pensais pas si bien dire. On apprendra trois mois plus tard qu'il circulait déjà depuis au moins fin décembre en Seine-Saint-Denis, et depuis fin novembre dans le Grand Est, voire qu'il était arrivé en France dès la fin octobre dans les bagages de l'équipe de France militaire au retour des Jeux mondiaux militaires de Wuhan[1].

La deuxième fois, le président me demande de lire dans une boule de cristal l'avenir de l'épidémie. Je lui réponds qu'il va y avoir une « situation à l'italienne », que « le virus se transmet probablement beaucoup mieux que ce qu'on pensait » et que « la mortalité est probablement faible, de l'ordre de 1 % ». En fait la mortalité s'avérera encore plus faible, de l'ordre de 0,3 % à 0,5 %[2]. Mais je précise que si 1 % de 1 000 personnes, cela ne

1. Voir chapitre 7.
2. Voir chapitre 5.

fait pas beaucoup, 1 % de 10 millions, cela fait beaucoup trop, et que le système de santé ne pourra pas le supporter. L'avenir me donnera malheureusement raison. Merci aux journalistes enquêteurs d'avoir retrouvé mes propos. Je ne regarde pas beaucoup la télévision et encore moins quand il s'agit de moi.

La dernière image symbolique de la visite du président Macron à l'hôpital de la Pitié-Salpêtrière est cette longue poignée de main entre le président et notre collègue le Dr François Salachas, un des médecins leaders du Mouvement de défense de l'hôpital public. François Salachas n'a pas lâché la main du président avant que l'intégralité de son message politique soit passée. La durée de la poignée de main (1 minute 50 secondes) a donc été proportionnelle à l'état de dégradation des hôpitaux publics, dénoncé depuis plusieurs mois par les soignants regroupés au sein de la Coordination interhospitalière[1] (CIH).

Quel pilote dans l'avion ? Les comités Théodule

De mon côté, je lui soumets une seule remarque : « Monsieur le président, il faut un pilote dans l'avion, un directeur de crise. » C'est une des choses que j'avais retenues de l'épidémie de SRAS, plus de dix ans plus tôt, et de mes lectures sur les retours d'expériences d'épidémies. Et le président de me répondre : « Le pilote, c'est Jérôme Salomon », le directeur général de la

1. Voir chapitre 7.

Santé, devenu le croque-mort du Covid-19, qui annonçait les décès tous les soirs en direct sur BFM TV. Le même Jérôme Salomon qui, quelques minutes plus tôt, m'avait répondu, alors que je partageais avec lui mes craintes de vivre un scénario à l'italienne : « Les Italiens n'étaient pas prêts. »

En fait, je doute que Jérôme Salomon ait piloté quoi que ce soit. Nous n'aurons pas de directeur de crise, nous n'aurons pas de pilote dans l'avion du Covid-19. Ou alors, c'était, et c'est toujours, du pilotage à vue. La meilleure manière pour les politiques de garder la main sur les décisions était de multiplier les comités Théodule et les membres de ces comités. Nous avons ainsi eu deux comités pléthoriques : le Conseil scientifique, dirigé par le spécialiste du sida, Jean-François Delfraissy ; et le CARE, dirigé par la découvreuse du VIH, agent du sida, Françoise Barré-Sinoussi. À côté de ces deux comités, il ne faut pas oublier Santé publique France, dirigée par Geneviève Chêne, spécialiste de la recherche clinique dans le sida. Cela fait beaucoup de spécialistes du sida à la tête de ces comités ou agences gouvernementales. Et encore, je ne compte pas les membres de ces groupes de travail où on retrouve les bons amis ou élèves du professeur Delfraissy.

Est-ce que des spécialistes du sida étaient les mieux placés pour conseiller ce gouvernement ? J'en doute. On a confondu le savoir-faire acquis dans la recherche sur le sida, une maladie chronique sexuellement transmissible, et la connaissance nécessaire à la gestion d'une épidémie explosive d'infection transmise par voie respiratoire, le Covid-19. J'aurais plutôt vu un épidémiologiste spécialiste de santé publique (comme en Corée du Sud), ou un virologue (comme en Allemagne), ou un infectiologue (avec des compétences en épidémiologie). Nous n'aurons rien de tout cela. Enfin, il faut souligner, dans ce paysage plutôt médiatico-politique, la qualité du travail scientifique du Haut Conseil de santé publique qui aura émis en un temps record une quantité impressionnante d'avis sur le Covid-19. Mais les avis du Conseil scientifique sont toujours restés intéressants à lire, même si pas mal d'entre eux n'ont pas été suivis d'effets.

Il faudra attendre le 1er juillet et le rapport, au vitriol, de la Fédération nationale des sapeurs-pompiers de France (FNSPF) pour comprendre que le « pilotage national du Covid a fortement dysfonctionné » du fait du choix politique qui a été fait de « qualifier cette crise de purement sanitaire et de confier son pilotage, sous l'autorité du Premier ministre, au ministre des Solidarités et de la Santé », quitte à bafouer les principes qui prévoient que l'Intérieur soit aux commandes. Et il est un fait que cette crise était de nature interministérielle et aurait dû relever d'un seul pilote, d'un seul commandant des opérations. C'est la règle pour ce genre de situation. La procédure prévoyait en effet que la conduite opérationnelle revienne au ministère de l'Intérieur et à la chaîne territoriale des préfets. Au contraire, des ARS auraient même donné l'ordre aux délégués territoriaux et directeurs d'hôpital de ne pas communiquer avec les préfets !

Le rapport des pompiers est très sévère. On peut y lire que « ces principes ont été bafoués » au profit d'un dispositif « atypique » et « bicéphale » Santé-Intérieur, avec comme conséquences « de brouiller le lieu de décision stratégique », de « favoriser le travail en silo des administrations », de « complexifier les lignes de communication » avec une « verticalité marginalisant la médecine de ville et la santé publique » avec des ARS « aucunement préparées », souffrant d'« un déficit de culture de gestion opérationnelle », « accaparées » par le nombre de lits en réanimation et sans aucune culture de santé publique.

« La France n'est pas prête »

Dès ce jour du 27 février, je me suis rendu compte que les choses étaient mal engagées sur le front du Covid. Le président de la République pensait qu'un directeur général de la Santé (DGS) pouvait gérer une telle crise, ce qui n'est évidemment pas possible puisque le DGS n'a aucune compétence interministérielle. Le DGS pensait que nous ne vivrions pas un scénario à l'italienne car les Italiens n'étaient prétendument « pas prêts ». C'était ubuesque. J'étais allé visiter l'unité des maladies infectieuses de mon ami Francesco Castelli, à Brescia, quelques mois auparavant et je savais qu'ils étaient aussi prêts que nous pouvions l'être, et que leur système hospitalier en Lombardie n'avait rien à envier au nôtre.

Je n'exclus pourtant pas la possibilité d'avoir été manipulé, car je ne comprends pas comment Jérôme Salomon pouvait penser une chose pareille, alors qu'il s'agit d'un excellent épidémiologiste. D'ailleurs, il écrivait le 5 septembre 2016 dans une note qui sera révélée plus tard par la fuite des MacronLeaks (des documents internes à la campagne présidentielle de Macron) : « La possibilité d'un événement naturel d'ampleur [...] doit être sérieusement envisagée et anticipée. La France n'est pas prête. Notre pays doit adapter ses organisations aux spécificités de crises majeures à venir. » Quatre ans plus tard, la France était encore moins prête qu'en 2016, et on essayait de me faire prendre des vessies pour des lanternes. Il fallait penser que cela ne nous arriverait pas. On était peut-être déjà dans la com...

Je ne suis pas un vieil habitué des sérails ministériels, au contraire de Jérôme Salomon qui a commencé très tôt sa carrière dans les cabinets ministériels. Il a d'abord été conseiller au cabinet de Bernard Kouchner, dirigé à l'époque par Martin Hirsch, qui se trouvera DG de l'AP-HP au moment de la crise du Covid. Puis, de 2013 à 2015, il est conseiller à la sécurité sanitaire de la ministre socialiste Marisol Touraine, en poste de 2012 à 2017. Il est nommé à la tête de la DGS le 8 janvier 2018. Jérôme Salomon est donc un homme d'appareil, plus que de terrain, partageant de surcroît une certaine intimité avec le président puisqu'il était avec Olivier Véran, futur ministre de la Santé, un des deux conseillers santé du candidat Macron à l'Élysée. On allait retrouver tout ce petit monde se fréquentant de longue date tout au long de cette épidémie de Covid.

La « cravate préservatifs »

Le mardi 3 mars 2020 au soir, c'est la première grande émission de télévision et une des dernières avec tant de monde en plateau. Elle est animée par le présentateur, docteur vedette, Michel Cymes. Cela sera la fin de mes premiers pas médiatiques. J'apprendrai progressivement à manier un peu mieux la langue de bois. Heureusement j'avais mis une « cravate préservatifs ». J'aurais préféré mettre une « cravate masques » mais je n'en ai pas et cela aurait été moins amusant. Et en matière de prévention, le préservatif est aux infections sexuellement transmissibles ce que le masque est aux infections respiratoires : facile à utiliser, très efficace et pas cher.

La première question qui m'est posée renvoie à l'idée d'aller voyager à Venise alors que l'Italie est en plein boom épidémique, les foyers étant concentrés dans certaines régions du nord de l'Italie : Lombardie, Vénétie et Émilie-Romagne. Les premiers cas sont décrits en Toscane et en Sicile, témoignant d'une diffusion de l'épidémie en Italie. Santé publique France n'avait toujours pas, ce soir-là, considéré que la Vénétie était une région à risque. Il n'y avait donc aucune contre-indication officielle ou interdiction d'aller en Italie. Il était difficile, pour moi, de dire devant le ministre que Santé publique France n'avait pas mis cette région d'Italie en zone rouge et donc qu'il était compliqué d'interdire aux personnes d'y aller. J'aurais probablement dû être un peu plus courageux, mais je manquais alors d'expérience. Je m'en suis tiré par une mauvaise pirouette en disant que les voyageurs bénéficieraient certainement de tarifs réduits pour une telle destination, ce qui a eu pour seul intérêt de détendre l'atmosphère.

Lors de la même émission, interpellé par ma « cravate préservatifs », Michel Cymes m'interroge quant à la possibilité que le Covid soit une maladie sexuellement transmissible. La réponse fit rire beaucoup de monde : si le Covid n'est pas une maladie sexuellement transmissible, *stricto sensu*, il est quand même bien difficile d'avoir des relations sexuelles sans se toucher, ni s'embrasser, et encore moins en s'approchant à moins d'un mètre de distance. C'est pourtant possible, mais je ne l'apprendrai que plusieurs jours plus tard. Parmi les douze positions répertoriées dans le « coronasutra », il y en a tout de même six qui permettent de faire l'amour en tenant nos visages à une distance d'au moins 1,5 mètre. Évidemment, dans de telles circonstances, l'acte sexuel est limité à la pénétration, et peut s'avérer acrobatique…

Je pense que ce soir-là, ma « cravate préservatifs » m'a bien aidé. Les personnes se sont plus focalisées sur cette apparence que sur le fond de mes propos, qui n'était pas très bon. Elle m'a valu une avalanche de tweets. Je ne tweete pas du tout mais, à l'époque, cela amusait encore mes enfants et ils m'en ont informé. Pour les amateurs, apparemment nombreux, de cette cravate, je l'ai achetée dans la boutique du restaurant (associatif et militant, côté planning familial et prévention des infections sexuellement transmissibles) Cabbages and Condoms, à Bangkok (Sukkumvit Soi 12), en Thaïlande. Elle date néanmoins des années sida (1990) et on n'en trouve plus d'identiques, sauf peut-être sur le Web.

Invitation à l'Élysée (5 mars 2020)

Le jeudi 5 mars 2020, je suis invité à l'Élysée à une réunion présidée par Emmanuel Macron à 16 heures. L'avant-veille, on enregistre le quatrième décès en France, un homme âgé de quatre-vingt-treize ans, en Bretagne, pendant que les foyers s'animent un peu partout sur le territoire, mais plus particulièrement en Île-de-France et dans la région Grand Est. Cette réunion préfigure la formation du Conseil scientifique dont beaucoup autour de la table feront partie. Mais je vais rater mon examen de passage. En fait, je n'ai pas du tout cherché à le réussir, surtout pas. Je me doutais de qui Jean-François Delfraissy allait s'entourer, et j'étais déjà suffisamment occupé comme cela. Et puis, je n'aurais jamais pu écrire ce livre. Je tenais à garder mon indépendance d'esprit.

C'était la première fois que je mettais les pieds à l'Élysée, en tout cas de ce côté-ci de la cour. La réunion avait lieu dans le salon des Ambassadeurs à 16 heures et j'en conserve le carton d'invitation. Cette réunion restera probablement mon unique passage dans ce magnifique palais, où l'on comprend la signification de l'expression « les ors de la République ». Nous étions trente et une personnes autour de la grande table. Avec, d'un côté, entourant le président de la République, différents directeurs généraux, conseillers et secrétaires généraux ainsi que quatre directeurs de laboratoires pharmaceutiques (Sanofi-Pasteur, Gilead Sciences, Abbvie et Bio-Mérieux). Je me suis d'emblée interrogé sur la présence de ces chefs d'entreprise autour de la table pour discuter d'une épidémie émergente... Gilead, Abbvie, les deux grands laboratoires avec lesquels les infectiologues français, la plupart spécialistes du sida, ont des liens d'intérêt[1] : qu'est-ce qu'ils faisaient là ?

De l'autre côté de la table, entourant Jean-François Delfraissy, président du Comité consultatif national d'éthique (le Conseil scientifique qu'il allait diriger n'avait pas encore été créé), on trouvait presque toutes les personnes qui deviendront membres du Conseil scientifique, et différents directeurs généraux, de l'institut Pasteur, de l'Inserm, du CNRS. Finalement il n'y avait pas beaucoup d'hommes de terrain en dehors du Pr Frédéric Adnet, chef de service des urgences de l'hôpital Avicenne, du Pr Yazdanpanah, chef de service des maladies infectieuses de l'hôpital Bichat, présent au titre de directeur de Reacting, un organe de recherche, et moi-même, sans oublier Didier Raoult.

La liste des personnes présentes autour de la table n'augurait rien de bon, non pas que la présence de ces capitaines d'industrie et directeurs d'instituts divers soit incongrue, mais on ne voyait pas très bien comment ces acteurs allaient pouvoir empêcher l'épidémie d'arriver sur notre territoire. En fait, il n'était pas question, au cours de cette réunion, de discuter des meilleures manières d'empêcher l'épidémie d'arriver ; l'affaire semblait déjà entendue. Le but principal de cette réunion, annoncé d'emblée par le président de la République, était de faire un état des lieux de la recherche. L'épidémie, pour reprendre ses propres propos, était déjà considérée

1. Voir chapitre 12.

comme « inexorable et inarrêtable ». On comprenait qu'en de telles circonstances, le but n'était pas d'empêcher l'épidémie de se développer sur le territoire mais de faire le point sur le diagnostic, les traitements, les vaccins et la meilleure manière, pour reprendre ses propos, de projeter le pays vers l'épidémie en évitant de répliquer les mêmes bêtises que celles des années passées. J'ai rapidement compris que ma présence était là légèrement dissonante. Le ministre de la Santé, Olivier Véran, a rapidement pris la parole pour rappeler les mérites de la France « en matière de recherche clinique, fondamentale et appliquée, dans le domaine des vaccins comme des médicaments, comme nous l'avions montré au cours des épidémies successives de chikungunya, zika, Ebola ». Pour bien connaître au moins deux de ces trois infections virales, chikungunya et zika, je me demandais bien à quel succès il pouvait faire allusion en matière de traitements (il n'y en a aucun) et de vaccins (il n'y en a aucun commercialisé), sauf pour Ebola, mais la maladie est limitée à certaines régions d'Afrique. Je me suis consolé en me disant qu'il était neurologue, pas infectiologue.

C'est Jean-François Delfraissy, futur directeur du Conseil scientifique, qui a ensuite organisé le tour de table en donnant la parole d'abord au seul épidémiologiste qui était présent autour de la table (Arnaud Fontanet), puis aux virologues (qui étaient un peu plus nombreux), enfin aux cliniciens responsables des essais thérapeutiques (un seul). Il s'est réservé les enjeux organisationnels et éthiques de la recherche dont il se fait une spécialité. Il a insisté pour que « la parole soit libre, sans trop d'ego et sans trop d'institutionnalité ».

Je retiens un drôle de souvenir de cette réunion. Je m'en suis ouvert, lors d'une interview dans *Le Nouvel Obs*, la semaine qui a suivi. La parole m'a été donnée en dernier. Le temps de la réunion était déjà écoulé. Quand Jean-François Delfraissy m'a convié à parler, il m'a demandé d'être bref. J'ai répondu que, si je ne pouvais pas dire le fond de ma pensée, il n'était pas utile que je sois là et que je pouvais m'en aller immédiatement. Emmanuel Macron a alors interrompu Jean-François Delfraissy pour lui dire qu'il voulait m'écouter. Merci, monsieur le président.

Quand j'ai pu m'exprimer, j'avais conscience que cette réunion était plutôt portée sur la recherche que sur l'épidémie et la manière de la contrôler. À mon avis, il s'agissait d'une erreur, mais il est vrai que les membres du futur Conseil scientifique étaient plus orientés vers la recherche que vers la meilleure manière de contrôler l'emballement de l'épidémie. L'erreur majeure a été, de mon point de vue, de confier à un spécialiste de la recherche sur le sida la prise en charge d'une épidémie explosive d'infection respiratoire. Or, dans mon esprit, je n'étais pas là pour faire de la recherche sur de futurs malades, mais pour empêcher des malades d'arriver. De fait, au cours de cette réunion, on a beaucoup parlé de choses qui n'existaient pas ou pas encore (antiviraux, tests diagnostiques, sérologies, et même de vaccins).

De mon côté, j'ai parlé des difficultés de prise en charge des malades. Nous étions déjà confrontés aux problèmes de pénurie de masques, aux problèmes éthiques, aux choix des patients à hospitaliser en réanimation. J'avais l'impression d'un certain emballement pour la recherche et d'un excès de précipitation qui sera une constante au cours de cette épidémie. Même si, à l'inverse, souvent, il s'est plutôt agi de retard des bonnes décisions, le fameux train de retard. J'ai commencé par faire part de l'expérience que j'avais acquise puisque j'en étais à ma troisième maladie émergente depuis mon arrivée à la Pitié-Salpêtrière à Paris, après le SRAS, et la grippe A/H1N1 pdm09, sans compter la gestion des patients avec suspicion de MERS au retour de la péninsule arabique. J'ai insisté sur la difficulté d'interpréter les données épidémiologiques et notamment les modélisations mathématiques. J'ai parlé du manque de disponibilité des tests PCR pour faire le diagnostic de la maladie puisque nous étions confrontés à cette échéance qui, finalement, ne nous affectera pas pour la prise en charge des malades à l'hôpital. J'ai essayé d'être rassurant sur l'interprétation des données de létalité, puisque j'en étais déjà arrivé à la conclusion que la mortalité était de moins de 1 %. Tout en insistant sur le côté nombre, et saturation à venir du système hospitalier, propos déjà tenus lors de la visite présidentielle à l'hôpital de la Pitié-Salpêtrière quelques jours plus tôt. Enfin, j'ai rappelé que rechercher un vaccin était certainement une bonne chose, mais qu'il ne fallait pas trop rêver car nous n'avions toujours pas de vaccins contre le sida, quarante ans après le début de la maladie, toujours pas de vaccin contre l'herpès pour lequel des recherches sont en cours depuis plus de trente ans. Enfin, nul ne sait si ce vaccin, une fois trouvé, sera efficace, et si la protection qu'il conférera pourra être prolongée. Je pensais donc qu'il valait mieux lutter contre l'épidémie plutôt que de discuter recherche. Je n'ai ensuite plus jamais fait partie de quelque groupe de travail que ce soit au niveau ministériel et encore moins présidentiel. Mais j'ai été consulté par le Premier ministre, Édouard Philippe, la présidente d'Île-de-France, Valérie Pécresse, et par un groupe de travail de l'Assemblée nationale présidé par Cédric Villani.

Le président a conclu la réunion en portant certains jugements sur l'Italie, Israël, Trump, et en nous recommandant d'essayer de ne pas diverger et de « conjuguer les temporalités » (formule sur la signification de laquelle je m'interroge toujours). Il nous a enfin recommandé d'éviter de surréagir. Il nous a bien fait comprendre qu'il était conscient que l'hôpital était sous tension et le SAMU submergé par les appels. Il a fini par ces mots : « Le pire, c'est le demi- (ou semi-) sachant », et je me suis demandé qui pouvait alors se considérer comme un sachant autour de la table. Et une dernière fois, il s'est adressé à moi, personnellement, après la fin de la réunion en me disant : « Surtout, gardez votre franc-parler. » J'ai donc gardé mon franc-parler comme il me l'avait conseillé, jusqu'à ce jour.

Notre rôle dans les médias

Je ne pensais pas que les médias pouvaient tenir autant de place. La visite du président de la République à l'hôpital de la Pitié-Salpêtrière, en direct, sous les yeux des caméras, aurait dû me mettre la puce à l'oreille. Nous sommes bien dans une société de communication. Et l'AP-HP n'est pas en reste, avec ses multiples chargées de communication au pays des malades et des soignants.

J'ai mis un certain temps à me rendre compte que le DG de l'AP-HP suivait en direct BFM TV dans la cellule de crise de l'AP-HP. C'est lui qui me l'a dit. Le lundi 23 mars 2020, jour où je suis passé en direct dans l'émission de Ruth Elkrief, j'ai reçu un petit texto, « en toute amitié », me demandant comment je pouvais passer une heure trente sur BFM TV. En fait, j'y avais passé une seule heure et plutôt tôt le matin mais c'était certainement trop. Une autre fois, je suis accusé, à mots couverts, de faire un concours de « qui est passé le plus de fois » à la télévision, une autre fois de ne rien « apporter par rapport à d'autres émetteurs », quand ce n'est pas, dernière en date, une recommandation de « sevrage de médias » mais celle-ci émanait d'un autre « émetteur ».

Ces injonctions m'ont fait réfléchir à notre rôle potentiel dans les médias. Ils sont importants pour faire passer des messages d'éducation sanitaire à la population. Vous pouvez faire un Brut et être vu par plus d'un million de personnes. Les chaînes d'information en continu relaient les messages importants... Par ailleurs, tout le monde n'est pas écouté de la même façon. Certains, qui ont changé de discours comme on change de chemise, ont perdu la confiance des téléspectateurs ou auditeurs. D'autres servent de porte-paroles scientifiques gouvernementaux. Et puis, nous ne sommes jamais assez nombreux pour faire passer un bon message de santé publique. Pour toutes ces raisons, j'ai continué à aller dans les médias et je ne le regrette pas. Même si j'étais un peu interloqué que l'on puisse penser que je participe à un concours.

J'ai fait de belles rencontres dans les médias. Et puis, c'était l'occasion de voir un peu la télé. J'y ai appris des choses intéressantes, les enquêtes étaient souvent d'excellente qualité. J'ai découvert un milieu, le journalisme, que je ne connaissais pas. J'ai trouvé que la plupart faisaient très bien leur travail, même si j'ai fini par exercer une sélection. En effet, je me refusais à répondre à toutes les demandes, mais j'essayais de rester très correct et courtois vis-à-vis des journalistes à la recherche de personnes pour venir sur les plateaux. La demande est effectivement importante. Et, d'une manière générale, à mes yeux, il valait mieux que la parole reste aux infectiologues, virologues, épidémiologistes, réanimateurs, pneumologues, urgentistes… toutes ces spécialités concernées par le Covid-19. On a quand même eu l'impression que beaucoup devenaient des spécialistes sans en avoir le titre ni même l'expérience des maladies infectieuses. Après tout, on peut être épidémiologiste ou urgentiste, et spécialisé dans d'autres domaines que les maladies infectieuses. Et être spécialisé en maladies infectieuses et n'avoir aucune notion d'épidémiologie.

J'ai participé avec le DG de l'AP-HP à deux images qui font le bonheur des réseaux sociaux. La première est une caricature de la couverture de l'album de Lucky Luke, *La Guérison des Dalton*, où je suis Averell allongé sur la couchette du bas dans mon habit rayé de détenu, et notre directeur général, le psychiatre, avec son carnet de notes en train d'écouter les confessions des quatre frères Dalton, dont trois confrères plutôt médiatiques et/ou anti-raoultiens. L'autre est une image, sans titre, où l'on voit les quatre Dalton dégainer leur revolver (moins rapidement que leur ombre) : Martin Hirsch, le DG, est Jack Dalton ; Olivier Véran, notre ministre, est Joe Dalton ; Karine Lacombe, une collègue, est William Dalton ; et je tiens encore le rôle d'Averell. J'aime beaucoup Lucky Luke, Averell est le plus sympathique des Dalton, et *La Guérison des Dalton* est un excellent album. Je l'ai encadré pour mon bureau. Toujours à la rubrique détournement d'images de grandes bandes dessinées, je figure aussi sur la couverture de *Coke en stock* devenu *Discovery* en compagnie de Yazdan Yazdanpanah, en Szut, tandis qu'un de ses élèves barbus est le capitaine Haddock. Je suis Tintin, un rôle qui me fait plutôt plaisir même si je n'avais rien à faire dans ce *Discovery*-là[1]. En revanche, je connais si bien les aventures de Tintin que j'ai même écrit deux articles scientifiques, plutôt sérieux, sur les problèmes de santé de Tintin et de Haddock. Se retrouver ainsi quelque part entre les mains de Goscinny, Uderzo et Hergé, des grands maîtres de la bande dessinée, est pour moi un honneur inattendu en temps de Covid-19, même si je tiens cela de mes détracteurs qui n'ont vraiment aucun discernement dans l'amalgame.

1. Voir chapitre 10.

9

La semaine du revirement (9-15 mars 2020)

En une petite semaine, la situation va complètement se retourner. En ce début de semaine, on nous disait qu'on était prêt. En fin de semaine, ce n'était plus vrai ! Comme disait si bien Albert Camus : « On croit difficilement aux fléaux lorsqu'ils vous tombent sur la tête » (*La Peste*).

« Les Italiens n'étaient pas prêts »

Une fois compris la gravité de l'épidémie en Italie et comment les pays confucéens avaient si bien résisté en Asie, l'hypothèse d'un scénario à l'italienne devenait probable en France, en dépit de ce que nous disaient les autorités de santé. La première fois que je m'en suis ouvert, c'était au directeur général de la Santé, Jérôme Salomon, lors de la visite présidentielle à la Pitié-Salpêtrière, le 27 février. Il m'avait alors juste répondu : « Les Italiens n'étaient pas prêts. » Cela ne m'avait pas empêché d'évoquer, quelques minutes plus tard, ce scénario à l'italienne devant le président de la République et les « têtes couronnées » qui l'accompagnaient ce jour-là, dont le DG de l'AP-HP.

Heureusement que mon intervention a été fréquemment reprise. Car j'ai trop souvent entendu, par la suite, surtout de certains directeurs, que j'avais dit que c'était une grippounette ; c'était même devenu un mantra pour certains. Non seulement ils ne m'avaient pas demandé mon avis, mais en plus ils avaient tous complètement oublié ce que j'avais dit le 27 février, même quand cela se passait sous leurs yeux[1]. En revanche, les autres confrères sont restés très discrets. Ils n'ont pas été meilleurs que moi, loin de là. Bon, évidemment il y a des exceptions, il y en a toujours qui savent tout mieux que les autres, surtout quand les prophéties se sont réalisées. Mais on se rendra facilement compte qu'ils n'ont rien dit avant le 1er mars, même pas avant le 13 mars.

La deuxième fois, c'était dans les coulisses de l'émission de Michel Cymes le 3 mars 2020. J'y rencontre Olivier Véran. Il vient vers moi et me demande comment est la situation à la Pitié-Salpêtrière. Elle commençait à être tendue. Quand j'en viens rapidement à l'évocation d'un possible scénario à l'italienne, le ministre me répond : « Les Italiens n'étaient pas prêts… »

1. Voir chapitre 8.

« La Grande Confrontation » : « le scénario à l'italienne », acte II (11 mars 2020)

Bis repetita le 11 mars sur le plateau de l'émission « La Grande Confrontation », animée par David Pujadas sur LCI. Olivier Véran arrive au dernier moment et nous nous entretenons très rapidement. De nouveau, je lui parle de scénario à l'italienne ; de nouveau, il me dit : « les Italiens n'étaient pas prêts. »

On peut dire que cette émission démarrait donc sous de mauvais auspices avec une telle persistance dans le déni. D'ailleurs, l'émission commence d'emblée par une longue interview d'Olivier Véran à laquelle nous devons assister passivement sans pouvoir réagir. Plus j'écoutais le discours lénifiant du bon Dr Véran, plus je me décomposais. Dès le début de son interview, je me suis dit que l'on en était encore à l'ère des croyances, côté décisionnaires. D'où mon intervention, devenue virale, avec un ministre interloqué en fond d'écran : « Nous allons vers un scénario à l'italienne, et je ne suis pas sûr que les autorités en aient pris toute la mesure. » Il n'a pas su quoi répondre. J'étais dans l'improvisation totale. Mais j'en avais assez de répéter toujours la même chose depuis deux semaines, et de m'entendre répéter toujours la même chose : « Les Italiens n'étaient pas prêts. »

De notre côté, en ce début du mois de mars, le service se remplissait à toute allure. Nous avions été obligés de vider le service des patients hospitalisés pour des maladies infectieuses courantes pour pouvoir prendre les patients avec suspicion de Covid dès le mois de février, mais il s'agissait de covid maintenant. On pouvait avoir jusqu'à 60 diagnostics par jour (les capacités d'accueil du service étaient passées de 40 lits à près de 60 lits), et 10 entrants par nuit. J'avais deux médecins de garde qui se relayaient. Celui qui faisait la nuit dormait sur un lit de camp dans son bureau. Par ailleurs, le personnel hospitalier tombait malade. J'avais la connaissance d'un cluster à l'hôpital Tenon et d'un autre à l'hôpital Lariboisière et je trouvais que les choses étaient bien mal engagées. J'ai bien essayé de sensibiliser le DG de l'AP-HP au risque d'avoir un cluster se développant à partir des malades à l'hôpital Tenon, il m'avait répondu : «Oui, je sais.» Cet homme savait tout… Le cluster de Tenon sera un des plus importants de tout l'AP-HP[1].

C'est dans ce contexte-là que je me suis permis de lancer l'alerte sur le plateau : on courait vers un «scénario à l'italienne» et je n'avais aucun doute là-dessus, probablement pas plus que mes confrères, même si tous, à l'exception notable de Gérard Kierzek (qui n'avait pas hésité à parler de 150000 morts), étaient restés très silencieux sur le plateau de Pujadas. Ce soir-là, je me suis senti bien seul. Mon ancien chef de service, François Bricaire, n'a pu s'empêcher de me traiter de «pessimiste» devant des millions de téléspectateurs alors qu'il adoptait lui-même un discours policé, lénifiant, conformiste et faussement rassurant. Je n'ai pas pu m'empêcher de lui dire ce que je pensais de son manque de vision,

1. Voir chapitre 10.

mais évidemment hors plateau. Quant à Karine Lacombe, qui deviendra une figure médiatique du Covid, elle était restée étrangement silencieuse ce soir-là et il a fallu que j'attende l'édition du *Monde* du week-end suivant pour découvrir qu'elle pensait que j'étais un être « iconoclaste et clivant ». Ben voyons… Mais il faut dire que, dans la même interview, elle disait que j'étais une « personnalité engagée » « contre la pensée unique », « lanceur d'alerte » et « désintéressé ». La balance est positive. Et cela était bien peu de chose par rapport à l'interview de François Bricaire dans *Le Figaro* du samedi 14 mars 2020, intitulée : « Le professeur antipanique ». Il avait prévu 500 000 morts de la grippe aviaire en 2005 (livre coécrit avec le Pr Jean-Philippe Derenne) et il n'y en a pas eu beaucoup. Il prévoyait peu de morts de Covid et on a dépassé les 30 000. Belle perspicacité ! C'est dommage, car tout ce qu'il avait prévu pour la grippe aviaire, dans son livre de 2005, est arrivé avec le Covid-19. À se demander si c'est bien lui qui avait écrit ce livre…

Discours présidentiel après présentation des modèles (12 mars 2020)

Le jeudi 12 mars 2020 restera comme le jour emblématique du changement de stratégie et de discours présidentiel. Même si on m'a dit que le président avait regardé l'émission de la veille, je pense que ce changement de stratégie n'était pas fondé sur « La Grande Confrontation », mais plutôt sur d'autres éléments.

Le premier d'entre eux est que l'OMS a reconnu enfin l'état de pandémie la veille. Même si c'était le cas déjà depuis quelques semaines, de mon point de vue, du fait de la présence de cas disséminés sur tous les continents, elle ne l'avait pas encore reconnu officiellement.

Surtout, le président a réuni le jeudi matin, pour la première fois à l'Élysée, le Conseil scientifique, créé le 10 mars[1]. On lui a présenté les résultats des modèles de développement de l'épidémie que proposait l'équipe de l'institut Pasteur. C'est le Dr Cauchemez qui, je crois, lui a montré les projections qui étaient faites. Coup de tonnerre : les modèles mathématiques prévoient, si rien n'est fait, entre 150 000 et 450 000 morts en France. Je n'étais pas autour de la table, mais j'aurais aimé découvrir la tête des protagonistes et notamment celle des personnes qui m'avaient dit que les Italiens n'étaient pas prêts. Ils venaient de comprendre que nous ne l'étions pas plus.

Quoi qu'il en soit, le soir même, le président intervenait à l'Élysée. Lors de son allocution télévisée, suivie par près de 25 millions de Français, le président de la République a égrainé les mesures prises pour lutter contre ce qu'il a qualifié de « plus grave crise sanitaire qu'a connue la France depuis un siècle ». Son discours était surprenant, mettant l'accent sur les dérives du capitalisme et de la financiarisation, parlant de « plan de relance », d'« État-providence », le tout sur fond de « quoi qu'il en coûte [...] pour la santé », un autre monde... On pouvait presque croire que le Covid signait l'acte de décès du

1. Voir chapitre 8.

système ultralibéral, cette crise montrant la fragilité de notre monde et la sénilité du capitalisme financier, pour reprendre les propos d'un article du *Monde* (week-end des 15-16 mars). Mais qu'il était agréable d'entendre : « La santé est gratuite sans conditions de revenus, de parcours, de professions, notre État-providence ne sera pas du coup des charges mais des biens précieux et des atouts indispensables quand le destin frappe. » C'était même trop… Mais il faut bien dire que l'État-providence a parfaitement joué son rôle quand il s'est agi de prendre en charge des personnes se retrouvant brutalement au chômage du fait de la crise économique qui découlait du confinement. Au terme de ce discours de 12 minutes (ce qui avait été annoncé aux journalistes), mais qui a finalement duré plus de 20 minutes, le changement de stratégie gouvernementale est complet. Le président semblait prendre le contre-pied des propos tenus la veille par son ministre de la Santé.

On est en droit de s'interroger sur les raisons qui lui ont valu de changer si rapidement d'avis. Les projections épidémiques qui lui avaient été présentées le matin ont dû l'ébranler. Il ne devait pas s'attendre à ça. Mais il devait probablement avoir été préparé à ce changement de pied. Je ne pouvais tout de même pas m'empêcher de penser à l'impact économique majeur qu'auraient les annonces présidentielles, en ce sens qu'elles préfiguraient la décision de confinement, prise quelques jours plus tard. Car la saturation du système de santé devenait évidente dans les deux régions sinistrées.

Les restrictions budgétaires imposées au cours des décennies précédentes au monde de la santé, au nom d'impératifs économiques, avaient abouti à rendre le système sanitaire inapte à la prise en charge d'une épidémie de cette importance[1]. Voilà comment des contraintes économiques ayant entraîné des économies de bout de chandelles sur la santé allaient avoir maintenant un effet économique majeur : chômage partiel, faillites en série, chômage total croissant, absence d'embauche et notamment des plus jeunes, comme on le comprendra au cours des semaines qui suivirent. Mais, à cette heure, c'était la santé qui l'emportait sur l'économie.

Visite au DG après le couscous (13 mars 2020)

Même si j'étais conscient, comme je l'avais dit au président de la République lors de sa visite du 27 février à la Pitié-Salpêtrière, que nous aurions à faire face à un scénario à l'italienne, je n'avais pas perçu, à ce stade de l'épidémie, quand cela nous tomberait dessus. Nous venions aussi de découvrir une réalité qui changeait beaucoup de choses : la durée d'hospitalisation serait deux fois plus longue que prévu en réanimation. Le système serait donc saturé deux fois plus vite que prévu. Ce qui aura de lourdes conséquences pour les malades du Covid et les autres.

Ce jour-là, je suis allé manger un couscous avec mon collègue Renaud Piarroux qui s'en revenait d'un séjour en Afrique, au Congo, où il avait été appelé pour aider à la prise en charge d'une épidémie de choléra. Bien que

1. Voir chapitre 7.

parasitologue et biologiste, il est pédiatre de formation, et a une bonne connaissance des épidémies, surtout acquise à Haïti où il s'est s'occupé du choléra. Le choléra se distingue du Covid de nombreuses façons[1]. Il se transmet sur le mode féco-oral, principalement par les mains sales, alors que le Covid se transmet par voie respiratoire, comme on le sait. Mais il n'en reste pas moins vrai que nous devions faire face à une épidémie avec à peu près les mêmes difficultés de prise en charge (bien que d'un autre ordre).

Jusqu'à ce jour-là, je pensais avoir fait mon travail de lanceur d'alerte auprès de mes tutelles. Le DG savait, d'après ce qu'il m'écrivait, et j'avais dit ce que je pensais. Après tout, ce n'était pas ma faute s'il n'écoutait pas, deux semaines plus tôt, lors de la visite présidentielle. Il fallait faire abstraction de cette attitude comme du reste de mes conflits d'intérêts potentiels avec ma maison mère. Car j'ai probablement un conflit d'intérêts avec la direction de l'AP-HP, qui pourrait altérer mon jugement, c'est le problème des liens d'intérêts : ils peuvent jouer dans les deux sens, vision positive ou vision négative. En fait, l'affaire remonte à une dizaine d'années. La directrice de l'hôpital avait su bien enterrer l'affaire comme on sait le faire dans un tel milieu. Et elle a fait une brillante carrière pour finir conseillère santé du président Macron sans être médecin. J'aurais dû poursuivre l'AP-HP en justice, comme l'a fait l'ancienne psychologue du service. D'ailleurs, elle a obtenu réparation du préjudice subi, ils n'ont même pas fait

1. Voir chapitre 2.

appel, tellement c'était gros comme une barrique. Les torts de cette administration, complice des égarements de ces médecins, et sans égards pour leurs victimes, auraient été connus plus largement. Et cela aurait eu plus de poids que les réparations obtenues par la très courageuse psychologue. Je suis resté, à cette occasion, chevaleresque. Mais je le regrette encore aujourd'hui. Je le raconterai peut-être un jour sous une forme romancée… Renaud Piarroux m'a fait rapidement prendre conscience du débordement très proche de nos capacités d'accueil hospitalières au niveau de l'AP-HP. Il fallait en prévenir nos autorités de tutelle. Une fois notre couscous terminé, j'ai donc appelé les directrices de notre hôpital, pour leur demander une entrevue. Rapidement convaincue de la nécessité d'en informer la direction générale, la directrice, Mme Welty, nous a ouvert les portes du bureau du DG, Martin Hirsch, qui nous a reçus immédiatement. Nous avons d'ailleurs croisé une journaliste du *Monde* en arrivant au siège de l'AP-HP. Il est intéressant de relire l'interview donnée par le DG ce jour-là, il n'avait rien vu venir. Il devait vraiment écouter ailleurs deux semaines plus tôt.

Quand nous sommes arrivés dans le bureau, les mains dans les poches, sans courbes ni schéma, nous avons été reçus par François Crémieux, son fidèle, sympathique et très efficace adjoint, et Frédéric Batteux, l'épidémiologiste qui avait été choisi pour aider le directeur général à y voir clair, sans aucune connaissance en maladies infectieuses. Nous n'avons pas mis très longtemps à les convaincre de la gravité de la situation, en 15 minutes, c'était fait. Ils étaient bien victimes du biais d'ancrage, et pensaient que nous en étions toujours restés à la grippounette. Ils n'avaient pas entendu, ni vu, que l'épidémie évoluait très rapidement, malgré tout ce que j'en disais dans les médias depuis deux semaines. Mais ils ont été rapidement convaincus par les propos de Renaud Piarroux renforcés par ma présence.

Dans la foulée, le DG réunit rapidement quelques épidémiologistes, dont certains que je lui avais recommandés. Il prévoyait une réunion de restitution à laquelle il m'avait promis de m'inviter. Manque de chance, il a oublié de me prévenir. Lapsus ou effet de la fatigue. Je penche quand même plutôt du côté du lapsus… révélateur. Même s'il s'en est excusé. D'ailleurs, quelques semaines plus tard, dans un message adressé à l'ensemble de la communauté de l'AP-HP (le DG nous en envoyait un tous les jours), et revenant sur cette journée du 13 mars, il dit : « Un de nos chercheurs m'a ouvert les yeux. » Pas deux, un seul… il m'a oublié ! Malgré mes plus de quatre cents articles de recherche, dans tous les domaines des maladies infectieuses, il ne doit pas me considérer comme un chercheur, juste comme un poil à gratter ou un spécialiste de la maladie de Lyme…

Le maintien des élections municipales (15 mars 2020)

Au terme de cette semaine de mars, de grands revirements se préparent. La situation sanitaire n'était pourtant pas catastrophique : le nombre de décès était à 91 (plus 19 par rapport à la veille) et plus de 300 personnes étaient en réanimation (avec une augmentation néanmoins importante en 24 heures). Mais tout le monde avait pris conscience de la gravité potentielle de l'épidémie. William Dab, ancien directeur général de la Santé, épidémiologiste reconnu, déclarait dans *Le Journal du dimanche* du 15 mars : « On approche du point d'inflexion, ce moment où la courbe n'est plus linéaire mais exponentielle, où la situation peut devenir incontrôlable comme en Italie. » Je me sentais de moins en moins seul… D'autant plus que je lisais, dans le même journal, les propos de Martin Hirsch : « Il peut y avoir une augmentation des cas graves de 20 à 30 % chaque jour. » Mais on dénombrait déjà plusieurs milliers de malades hospitalisés dans les hôpitaux du Grand Est et d'Île-de-France.

Le dimanche 15 mars 2020 est aussi le jour du premier tour des municipales, accusé d'avoir amplifié l'épidémie. Je ne pense pas que cela soit le cas. J'en veux pour preuve le nombre de personnes qui étaient malades le jour du vote parmi les assesseurs comme cela sera révélé un peu plus tard. Une enquête, réalisée par les journalistes de « Cash Investigation », pour France 2, a consisté à interroger les assesseurs des bureaux de vote de Saint-Ouen, ville de Seine-Saint-Denis, département particulièrement touché en Île-de-France, et a montré un taux d'assesseurs malades qui pouvait avoisiner les 50 % dans certains bureaux de vote. Autrement dit, le jour du vote, jusqu'à un assesseur sur deux pouvait être malade dans certains endroits de la ville. Il s'agissait d'une simple enquête téléphonique par des journalistes qui n'ont aucune compétence médicale ou épidémiologique mais c'était, à mes yeux, de la bonne épidémiologie de base. Celle qui nous manquait si cruellement. S'il y avait tant d'assesseurs malades ce jour-là dans les bureaux de vote, c'est bien parce que le principal amplificateur de l'épidémie a été la campagne électorale. En effet, quoi de mieux qu'une campagne électorale où l'on passe son temps dans des espaces clos, le plus souvent fenêtres fermées (nous sommes en février-mars), à serrer des mains, faire des bises et des discours à haute voix…

Un autre signe de l'importance de la campagne électorale dans l'amplification de l'épidémie est le grand nombre de députés, mais aussi de maires, qui ont été atteints.

Cluster à l'Assemblée nationale

Le 16 mars, on apprend que l'Assemblée nationale comprend 18 députés Covid +. Mais le premier cas remonte au 5 mars, jour où un député alsacien est hospitalisé en réanimation pour Covid-19. Il n'avait pas été repéré plus tôt, mais on en était au début de l'épidémie. À la suite de l'enquête de tracing, 26 personnes fréquentant le Palais-Bourbon sont dépistées Covid +. Outre les 18 députés, on trouve un des serveurs de la buvette du Palais-Bourbon, haut lieu de rencontre entre élus. Le lendemain, tous les députés ayant fréquenté la buvette sont appelés à se mettre en quarantaine, et au télétravail. Bientôt, cela sera au tour de tous les députés contacts de ceux dépistés Covid +. La commission des Affaires culturelles est particulièrement affectée avec au moins six de ses membres atteints. La salle de la commission est au sous-sol, non aérée, et elle peut accueillir entre 40 et 60 députés. Plusieurs figures de l'Assemblée nationale sont touchées : le président du groupe communiste, André Chassaigne ; le président du parti Les Républicains, Christian Jacob ; le ministre de la Culture, Franck Riester, etc. Je ne brise pas le secret médical, c'est de notoriété publique.

Ce cluster hautement symbolique illustre le rôle de la campagne électorale pour les élections municipales dans l'amplification de l'épidémie. Des députés, cela voyage beaucoup, surtout en campagne. On comprend mieux comment tant d'assesseurs, dans certaines régions de France, se sont retrouvés contaminés. Le député de La France insoumise de Seine-Saint-Denis sera très clair dans *Le Monde* (21 mars 2020) : « On a été prudents mais on a continué à faire des réunions. [...] C'est une hécatombe chez les militants, il y a des cas qui nous remontent de partout. Ça ne peut pas être le fruit du hasard. » Effectivement, ce n'est probablement pas le hasard. L'épidémie silencieuse était en marche dans le nord de l'Île-de-France et le Grand Est ; la campagne électorale l'a révélée aux yeux de tous.

On a même parlé d'un cluster « Assemblée nationale » comme du Grand Est ou de l'Oise. Il est probable, même si aucune enquête ne permet de l'affirmer, que les maires, aux côtés des députés et des représentants de leurs partis, ont contribué à amplifier l'épidémie au cours de leur campagne électorale.

En revanche, il est tout aussi probable que le nombre de personnes infectées lors de cette journée électorale explique que beaucoup de personnes ayant participé au dépouillement des bulletins de vote aient été contaminées, sous réserve qu'il ait existé une personne infectée et contagieuse parmi les assesseurs. Cela explique une grande part des personnes qui sont tombées malades durant la semaine suivant le vote du premier tour, même si on ne peut pas éliminer, compte tenu de la durée d'incubation de la maladie, qu'elles aient été contaminées dans la semaine qui a précédé le vote. Bref, nous avons payé cher, en matière épidémique, le maintien des élections municipales, également une débâcle démocratique dans un tel contexte. D'ailleurs le taux de participation ne trompera pas : 44 % ! Mais on fera pire au second tour, dans un contexte épidémique pourtant plus serein : 41 % ! Pauvre démocratie française !

Agnès Buzyn, dans son interview devenue fameuse dans *Le Monde*, après sa sortie ministérielle, et alors qu'elle était en lice pour les élections municipales à Paris, reviendra sur son rôle au ministère de la Santé et décrira cette campagne comme « une mascarade électorale ». Surtout – aveu, à mon sens, autrement plus important sur le plan épidémiologique – elle dit avoir eu « peur de serrer des mains ». Elle savait ! Elle savait l'importance potentielle de la campagne électorale dans l'amplification de l'épidémie. Le chapeau de la décision de maintenir le premier tour des élections municipales sera néanmoins porté par le Conseil scientifique, « la confiance dans la science », chère à Emmanuel Macron. Mieux eût valu se fier au bon sens qu'à la science, inexistante à ce moment-là. Mais le chapeau aurait aussi été partagé par l'opposition qui aurait refusé le report de ce premier tour électoral. Ce fait est néanmoins contesté, certains responsables politiques disant qu'ils n'ont jamais été consultés. Heureusement que je ne fais pas de politique.

En tout cas, je ne pense pas que l'on puisse soupçonner le gouvernement d'avoir retardé sciemment le confinement pour permettre le bon déroulement de la campagne électorale, des bises et du serrage des mains. Je pense que cela relève plutôt, là encore, du biais d'ancrage ; en d'autres termes, du refus de regarder la réalité en face[1]. La vérité est qu'ils n'ont pas su anticiper. Eux, comme le Conseil scientifique, comme d'autres…

1. Voir chapitre 7.

10

Les soubresauts du confinement (16 mars – 9 mai 2020)

Nous sommes confinés le 17 mars. Nous venions de comprendre que la saturation des capacités d'accueil hospitalières, en fait le principal problème, était proche dans deux régions de France, insupportable, inadmissible. La prise en charge correcte de patients graves affluant en masse nécessite un nombre suffisant de médecins, d'infirmières, de lits d'hospitalisation et d'hôpitaux, ce qui n'est pas le cas dans beaucoup d'endroits dans le monde, mais aussi en France.

La submersion du système sanitaire n'est pas passée loin dans le Grand Est et en Île-de-France. Pour d'autres régions de France, cela a été acceptable, et pour certaines, il ne s'est rien passé. Heureusement, ces dernières ont pu venir à la rescousse des deux grandes régions affectées pour, d'une part, accueillir des patients, et d'autre part, envoyer du personnel, médecins et infirmiers, vers les hôpitaux des régions en difficulté. Un bel exemple d'entraide et de solidarité, à l'échelle nationale, comme on en a vu beaucoup, dans nos services et nos hôpitaux, dans toutes les régions touchées… À titre d'exemple,

7000 personnes viennent à Paris renforcer les équipes de l'AP-HP pour gérer la première vague épidémique.

Déclaration de guerre (16 mars 2020).

Le discours d'Emmanuel Macron du 16 mars 2020, lendemain électoral, a marqué les esprits. Il a prononcé sept fois de suite : « Nous sommes en guerre. » En revanche, il n'a pas prononcé une seule fois le mot « confinement ». Il faudra attendre un peu plus tard dans la soirée le ministre de l'Intérieur, Christophe Castaner, pour entendre le mot « confinement » lors de réponses à des questions sur France 2.

Le fait de prononcer le mot « guerre » n'est pas anodin et renvoie à l'introduction d'une législation d'exception : la suspension de l'état de droit et son remplacement par un état d'urgence sanitaire qui allait courir jusqu'à mi-juillet. Il fallait donner un cadre légal à la suppression de beaucoup de libertés, du fait du confinement : celle d'aller et venir, de se réunir, de se rendre sur son lieu de travail, d'entreprendre... L'état d'urgence sanitaire est voté précipitamment le 23 mars 2020. Certains parlent de « dictature sanitaire ». Sans aller jusque-là, il est peu contestable que les libertés individuelles ont été sacrifiées sur l'autel de la santé ! Étonnant, pour le pays des droits de l'homme... Des philosophes comme Bernard-Henri Lévy ou André Comte-Sponville s'en sont fait l'écho.

Le même jour, l'OMS fait passer « un message simple : testez, testez, testez [pour] isoler les personnes positives et remonter les chaînes de contact ». Elle utilise une métaphore de pompiers : « Vous ne pouvez pas combattre un incendie les yeux fermés. Et nous ne pourrons pas stopper cette pandémie si nous ne savons pas qui est infecté. » Mais, problème, nous n'avons pas de tests en quantité suffisante.

Le président annonce le confinement pour le lendemain, mardi 17 mars 2020.

Confinement généralisé (17 mars 2020)

Comme à Wuhan, en Chine, l'annonce du confinement a été précédée d'une large fuite de personnes. On estime que 200 000 Parisiens ont quitté l'agglomération, sur 2 millions de personnes, et que 1,7 million, sur 13 millions d'habitants d'Île-de-France, seraient partis. Par effet de vases communicants, la population de plusieurs départements a augmenté brutalement avec l'afflux des citadins. Par exemple, l'augmentation a été estimée à plus 7 % pour l'Yonne, plus 6 % pour le Gers, plus 6 % pour l'Orne.

Pour autant, l'épidémie n'a pas flambé en province à la suite de l'arrivée de ces citadins. Ils ont certainement respecté les règles de distanciation physique en s'isolant dans leur maison de campagne. De toute façon, tout le pays était confiné. Il faut dire qu'ils ne devaient pas forcément être regardés d'un bon œil. Certains d'ailleurs avaient même interdit l'accès de leur île (l'île d'Yeu, par exemple) aux Parisiens qui y avaient une résidence secondaire.

Le temps des pénuries

Mais ce qui a plus marqué, du côté des hôpitaux, soignants et non-soignants, c'est l'angoisse de la pénurie, quand ce n'est pas la pénurie tout court : masques, gel hydroalcoolique, tests, lits d'hospitalisation, lits de réanimation, lits pour isoler les malades, lieux pour isoler les contacts, médicaments, respirateurs, autres matériels médicaux de premiers soins comme des pousse-seringues, et surtout personnel. Nous nous inquiétions beaucoup des délais d'approvisionnement et de la meilleure manière de contourner les ruptures de stocks prévisibles. La situation était très tendue. Et plus on avançait, plus cela se tendait. La pénurie de surblouses a obligé certains soignants à utiliser des sacs-poubelles pour se protéger. La pénurie de housses mortuaires, de cercueils et de chambres mortuaires a conduit à louer des chambres frigorifiques, à faire appel au marché de gros de Rungis, en région parisienne, pour y accueillir les défunts. La pénurie de personnel a été compensée par un afflux très important de professionnels d'autres régions vers les deux grandes régions sinistrées, 7000 comme dit précédemment pour l'AP-HP qui emploie 100000 personnes : c'est plus de dix pour cent des effectifs médicaux et paramédicaux.

Heureusement, nous n'avons jamais été en situation de pénurie absolue, en tout cas, à l'AP-HP. Néanmoins, le couperet n'est pas tombé loin et la situation a été bien différente dans d'autres hôpitaux, notamment dans le Grand Est, qui n'ont pas bénéficié des mêmes aides que notre institution.

Je ne souhaite pas revenir sur les raisons de ces pénuries, ni entrer dans les détails, bien que cela ait été un problème majeur. Mais ce ne fut pas le seul et braquer encore les projecteurs sur cette réalité m'apparaît inutile. Elle a été très bien décrite par d'autres, en large et en travers, dans les journaux, et dans des livres comme celui du Pr Christian Perronne. Même si je ne suis pas d'accord avec ce qu'il pense de l'efficacité de la chloroquine ou ce qu'il dit de nos confrères, son livre établit la liste de presque toutes les pénuries, et des chapitres entiers leur sont consacrés. Il en décrit très bien les origines comme la réalité. Mais cela avait déjà été très bien couvert par les journalistes de la presse écrite et télévisée.

Le personnel soignant touché

Le personnel, notamment les infirmiers, aides-soignants, agents hospitaliers, secrétaires médicaux, toutes ces personnes grâce auxquelles on tient la boutique hospitalière, a payé un très lourd tribut à la maladie. Santé publique France, avec l'aide du GERES (Groupe d'études sur le risque d'exposition des soignants aux agents infectieux) et du CPIAS (Centre d'appui pour la prévention des infections associées aux soins) a rendu son verdict le 30 juin 2020 : 31 171 cas de Covid ont été rapportés depuis le 1er mars 2020 (date de début de l'épidémie, même s'il y a eu quelques cas avant) chez des soignants provenant de 1 164 établissements répartis dans les 18 régions françaises. Parmi ses 31 171 cas, 26 191 (84 %) étaient des professionnels de santé, et 3 211 (10 %)

des personnels non soignants (agents d'entretien, secrétaires). On compte 8934 infirmiers (29 %) et 7579 aides-soignants (24 %) infectés ; 16 décès (soit environ 1 pour 1 000), dont 5 médecins, 4 aides-soignantes, et d'autres professionnels non soignants.

Le partage progressif des pouvoirs entre, d'un côté, le personnel médical (médecins), et de l'autre, le personnel non médical (administratif), s'appuyait, dans le monde d'avant, sur les cadres médicaux (issus du monde infirmier) qui étaient devenus le bras armé de la direction pour la réalisation des économies. Cela nous avait fait perdre progressivement le lien médecins-cadres-infirmiers, pourtant historique au sein de nos services. Nous l'avons retrouvé avec le Covid. Je réunissais mon équipe soignante (infirmières et aides-soignantes) une fois par semaine dans les jardins de l'hôpital de la Pitié-Salpêtrière. Nous portions tous un masque et nous pouvions discuter à l'air libre sans grand risque de nous contaminer les uns les autres. Mais, d'une manière générale, le personnel soignant me semble avoir été l'objet d'un manque d'attention en cette période d'épidémie.

Il faut savoir que la contamination du personnel soignant n'est pas toujours liée à leur exercice professionnel. On estime qu'avant le confinement, la moitié a été contaminée à l'extérieur, et l'autre moitié à l'intérieur de l'hôpital. Mais cela entretient l'épidémie à l'intérieur et à l'extérieur de l'hôpital. En effet, le personnel soignant infecté participe à la diffusion nosocomiale (c'est-à-dire dans les hôpitaux) du Covid-19 (comme la grippe) et à la persistance de la transmission communautaire (les soignants ont une famille).

C'est un plaidoyer pour un dépistage massif du personnel soignant symptomatique et asymptomatique. Il faut impérativement attaquer les clusters hospitaliers de façon agressive. Fin juillet 2020, les établissements de santé représentaient encore 17 % des 531 clusters identifiés en France. C'est encore beaucoup trop.

Les clusters de l'AP-HP

J'ai tout de même identifié en mars 2020 deux clusters, deux chaînes de transmission, dans mon service, l'une au deuxième étage, l'autre au cinquième étage (le service est réparti sur cinq niveaux). À cette occasion, tout le service a été dépisté. Je n'ai pas demandé l'autorisation de dépister tout le personnel, ni à la médecine du travail ni au service d'hygiène, juste aux virologues, évidemment d'accord. C'est normalement la règle de solliciter la médecine du travail et le service d'hygiène, car cela fait partie de leurs prérogatives… sauf que je ne comprenais pas très bien pourquoi c'était nécessaire, et surtout je n'étais pas sûr que nous étions en phase. De fait, au début, j'avais l'impression de ne pas être très soutenu dans cette démarche de dépistage élargi à tout un service. Cela nous a pourtant permis d'identifier des porteurs sains et des personnes infectées qui n'auraient pas été mis en arrêt de travail et isolés s'ils n'avaient pas été dépistés. Ensuite, j'ai aussi été sollicité par deux chefs de service de mon hôpital qui ne comprenaient pas plus que moi le manque d'entrain à dépister tout leur service, à partir du moment où il y avait plus d'un cas parmi leur personnel. Aussi troublés que moi par les réponses qui leur avaient été apportées, ils m'avaient appelé en renfort pour les conforter dans leur idée de bonne gestion de ces deux clusters hospitaliers, c'est-à-dire le dépistage de tout le monde. Je garde la trace des courriels. Ils m'ont remercié par la suite pour mon « soutien ».

Bien évidemment, une fois mis devant le fait accompli de l'identification de clusters hospitaliers, les interrogations que je lisais dans le regard de certains, lors des réunions de crise, ont progressivement disparu. Mais j'ai bien eu l'impression, au début de l'épidémie, qu'il ne fallait pas identifier de cluster dans nos hôpitaux. C'est probablement une fausse impression. Cela dit, je les comprends un peu, ils devaient être paralysés par la perspective de voir trop de personnel mis en arrêt de travail pour Covid. Et des membres du personnel soignant sont venus travailler, infectés ou malades du Covid. Même en réunion de crise, il y en avait probablement...

Fort de cette expérience dans mon service et de celle vécue dans les deux autres services de l'hôpital de la Pitié-Salpêtrière, j'essayais de sensibiliser ma direction générale à ce problème dès le 1er avril 2020. Mais elle était au courant depuis le 1er mars, date de la formation du cluster de l'hôpital Tenon. Pourtant, à mes yeux, ce problème restait sous-évalué et nécessitait une action urgente. Trois semaines plus tard, interviewé par une journaliste du *Monde* (week-end des 18-19 avril), je déclare qu'il s'établissait des chaînes de transmissions, à l'intérieur du personnel hospitalier, dans tous les hôpitaux de l'AP-HP et que l'on ferait bien de s'en occuper.

À l'époque, la direction me semblait beaucoup plus occupée à prévenir la transmission en ville, avec le système Covisan, que dans ses propres hôpitaux. Comme si la direction de l'AP-HP devait aussi s'occuper de la ville. J'avais juste souligné ce paradoxe dans *Le Monde*.

Le lundi 20 avril, je passe sur France Inter dans «Le 7/9», émission de Nicolas Demorand et Léa Salamé, et je m'apprête à relever de nouveau ce paradoxe, probablement, car je ne maîtrise évidemment pas les questions posées. Dans les secondes qui suivent l'annonce de mon passage, en début de journal, je reçois un texto de mon DG : «On a introduit vos propositions dans le texte, vous ne pouvez pas dire qu'on ne fait pas.» Apparemment deux phrases dans *Le Monde* ont plus fait que trois semaines de sensibilisation au problème du personnel soignant. Et donc, effectivement, je n'ai rien dit. Cela s'est réglé dans la semaine. J'avais alerté, par courriel, notre direction générale le 1er avril 2020 quant à ces risques. Trois semaines de perdues. Un exemple parmi d'autres de trains de retard.

Mais, à sa décharge, notre direction générale avait beaucoup à faire en cette période : mettre en place Covisan (qui fera bientôt doublon avec le système de la CNAM pour le traçage des contacts) à Paris[1], et les évacuations de malades. Car c'était aussi l'époque où l'on organisait des évacuations sanitaires par TGV de l'Île-de-France vers toutes les autres régions. Je trouvais la communication médiatique entourant ces évacuations sanitaires et le système Covisan sans commune mesure

1. Voir chapitre 12.

avec le silence qui entourait la contamination progressive du personnel soignant. Il s'agissait certes d'une prouesse technologique, mais j'avais du mal à comprendre cet art de la communication à grande vitesse. Les pompiers de Paris l'ont jugé tout aussi sévèrement, mais sur fond de polémique quant à l'usage du 15[1]. Quoi qu'il en soit, la saturation des réanimations d'Île-de-France était devenue inéluctable le 27 mars.

Au total, sur les (approximativement) 33 000 personnels médicaux et paramédicaux qui travaillent au contact direct des malades à l'APHP, environ 4 000 (12 %) seront contaminés, et 5 mourront. Cela confirme le taux de létalité faible (1 pour 1 000) dans cette population active peu âgée. Il faut rappeler ici la cinquantaine de soignants décédés dans toute la France au contact des malades. Il faut aussi évoquer les conséquences psychologiques, d'ores et déjà observées chez le personnel soignant. Une enquête auprès des internes en médecine rapporte que 30 % d'entre eux présentent des signes de syndrome de stress post-traumatique.

Finalement, le plus gros cluster parmi les personnels soignants de l'AP-HP se trouvera, comme anticipé, à l'hôpital Tenon. Son histoire peut être lue dans le journal de bord (*Nous n'étions pas prêts*) du Pr Gilles Pialoux, chef du service des maladies infectieuses de l'hôpital Tenon. Il est bien placé pour le savoir, puisqu'il a géré ce cluster. Le patient zéro a été raté. Il ne rentrait pas dans la définition, ce n'est pas nouveau[2]. Il est dépisté positif

1. Voir chapitre 7.
2. *Idem.*

le 27 février, à l'occasion d'un élargissement de la définition. Mais cela faisait déjà plusieurs jours qu'il était hospitalisé à Tenon, après être passé par les urgences où il avait « stationné » plusieurs heures. Le même jour, un premier dépistage du personnel soignant est organisé, et trouve 20 positifs. Le 5 mars, un dépistage élargi révèle 66 positifs. Le 15 mai, il y en a 245, soit 8 % des 3 000 soignants de cet hôpital.

Les malades disparus

Pendant cette épidémie, le système hospitalier était saturé par les malades du Covid et il y avait très peu de place pour les malades d'autre chose que du Covid. Certaines pathologies ont même, pour ainsi dire, disparu à nos yeux. Où sont passés les malades ?

On commence à avoir quelques données en ce qui concerne le cancer. Unicancer a observé une baisse de 20 à 50 % des nouveaux cas de cancers diagnostiqués dans les centres spécialisés dans la période mars-avril 2020. Les patients arrivent donc plus tard mais avec des tumeurs plus grosses car ils n'ont pas pu consulter à temps. Le retard de la prise en charge devrait se traduire par une augmentation de la mortalité. Les spécialistes craignent, en France, 5 000 à 10 000 décès supplémentaires par cancer. Et encore ces chiffres sont optimistes. Les Anglais ont des projections qui vont jusqu'à 40 000 patients décédés en excès du fait de l'épidémie. Dans les centres anglais dédiés à la cancérologie, les spécialistes ont aussi noté une baisse de 20 à 50 %

des nouveaux cas. Or, un mois de retard peut faire perdre 5 à 20 % de chances selon la tumeur. Cela ne concerne pas tous les cancers. Le cancer de la prostate, d'évolution relativement lente, ne sera pas autant un problème que les cancers des seins, des ovaires ou d'autres types de tumeurs, beaucoup plus agressives. Mais la prévention des cancers est aussi affectée. Par exemple, le nombre de coloscopies pour détecter les cancers du côlon ou les tumeurs précancéreuses a chuté de 80 %.

Cette tendance n'est pas propre à la France et à la Grande-Bretagne ; elle est observée dans tous les pays occidentaux. Elle n'est pas non plus propre à la cancérologie mais concerne toutes les spécialités médicales (cardiologie, psychiatrie, pédiatrie). Les malades doivent revenir se faire soigner.

Aux malades mal pris en charge du fait de la saturation du système de soins, il faut ajouter les victimes du confinement. On a observé une augmentation des femmes battues en France et, dans d'autres pays, des femmes abusées. Effet collatéral du confinement, il y aura aussi une augmentation des grossesses dans beaucoup de pays dans le monde.

Le compte des morts trop mal accompagnés

Le compte des morts aura beaucoup occupé nos autorités de santé. Le décompte macabre était fait tous les soirs, en direct, sur les chaînes d'informations en continu par le directeur général de la Santé (DGS), Jérôme Salomon. J'ai été bien triste pour lui, de constater que cette fonction hautement importante comportait, dans ses attributions, celle de jouer au croque-mort médiatique. Et c'était curieux d'en faire le rendez-vous covidien de la soirée télévisuelle.

Ce décompte était anxiogène et ne voulait en fait pas dire grand-chose. Il ne renseignait pas sur la gravité de la maladie, et c'est le principal reproche que l'on peut faire à cette séance macabre. En effet, le nombre de morts ne peut s'évaluer correctement qu'en le rapportant à un dénominateur, le nombre de malades, idéalement le nombre de personnes infectées. Or, on ne connaissait précisément ni l'un ni l'autre. Seuls les malades qui étaient suffisamment gravement atteints pour être hospitalisés étaient confirmés sur le plan biologique. Nous ne disposions pas au début de suffisamment de tests pour diagnostiquer plus largement, c'est-à-dire au-delà des patients qui requéraient une hospitalisation.

En fait, le nombre de morts rapporté au nombre de cas permet de se faire une idée de la gravité, mesurée par le taux de létalité (ou mortalité[1]). On sait maintenant qu'il est situé autour de 0,3-0,5 %. Le 14 février 2020, j'avais rencontré, au bistrot en face de l'hôpital, mon confrère, le Pr Vincent Jarlier, ancien chef de service de bactériologie de la Pitié-Salpêtrière. On était tous les deux à la recherche d'un bon dénominateur, pas évident à ce stade précoce de l'épidémie. Il avait calculé le taux de létalité sur les cas en dehors de la Chine. Je l'avais calculé sur le nombre de cas observés chez les personnels soignants en Chine. On en était arrivé à peu près au

1. Voir chapitre 5.

même chiffre, soit un taux de 0,3 %. Toute la difficulté est de trouver le bon dénominateur et, à l'époque, nous ne disposions pas encore des résultats des cohortes du porte-avions *Charles-de-Gaulle* ou du bateau *Diamond Princess*[1]. Mais nous en étions arrivés exactement au même résultat avec deux dénominateurs différents.

On ne s'est pas bien occupé de nos défunts. C'est difficile à comprendre. Sur le plan épidémiologique, à mes yeux, il n'y avait pas de justification à interdire l'accès aux personnes décédées dans les chambres de nos hôpitaux, pour faire en sorte que les familles puissent faire leur deuil. Les morts ne sont pas contagieux en dehors de maladies infectieuses très particulières, comme Ebola. Les morts ne respirent plus. Pour la fin de vie, c'est plus délicat. Mais il fallait faire preuve de discernement et adapter les règles. Je pense qu'on l'a tous fait sans le dire… Sauf moi qui ai lâché ça en pleine interview par Apolline de Malherbe sur BFM TV. La consigne, c'était zéro visite ; la réalité, c'était une visite permise, avec évidemment les gestes barrières et l'aération des chambres.

« Laissez-nous mourir comme nous voulons »

Cette sentence est portée par André Comte-Sponville, philosophe français, âgé de soixante-huit ans. Il déplore ouvertement, dans une interview (confinée) au *Temps*, journal suisse (17 avril 2020), qu'on sacrifie les jeunes au

1. Voir chapitre 5.

détriment des personnes âgées, la liberté au détriment de la santé. Je cite : « Sacrifier les jeunes à la santé des vieux, c'est une aberration. Ça me donne envie de pleurcr. » Il constatc : « Traditionncllcmcnt, lcs parcnts sc sacrifiaient pour leurs enfants. Nous sommes en train de faire l'inverse ! Moralement ce n'est pas satisfaisant. »

Malgré son âge, le philosophe n'a pas peur de mourir du Covid, et il estime ses chances de survie à 95 %. Mais il comprend l'intérêt de confiner du fait de la saturation des hôpitaux. Il en discute juste la portée économique au cas où le confinement se prolonge ou se reproduit. Ce qui l'inquiète, ce n'est pas sa santé mais le sort des jeunes, et de l'économie sans laquelle il ne peut y avoir de bonne médecine qui, rappelle-t-il, coûte cher.

À propos de la mort, le philosophe rappelle : « Nous allons tous mourir. [...] Tant que nous n'aurons pas accepté la mort, nous serons affolés à chaque épidémie. » On retrouve dans cette dernière phrase un peu de Montaigne : « Philosopher, c'est apprendre à mourir. » Les épidémies remplissent la même fonction que la philosophie.

À la fin juillet 2020 (28 juillet 2020), selon Santé publique France, plus de 92 % des 30 223 personnes décédées du Covid-19 ont plus de 65 ans, l'âge médian des décès est de 84 ans, et les comorbidités sont fréquentes. Au final, seuls 3 % des personnes décédées étaient âgés de moins de 65 ans et ne présentaient pas de comorbidité.

Les effets du confinement ont commencé à se faire sentir un mois plus tard, vers la mi-avril. Il ne faut jamais oublier qu'il se passe trois à quatre semaines avant qu'une mesure préventive, ici le confinement, ne remplisse son office. Plus le confinement est décidé tôt, plus il est efficace. La courbe a commencé à fléchir au moment où les hôpitaux du Grand Est et d'Île-de-France arrivaient à saturation, juste à temps. Il n'y avait plus de joker. Bravo pour cette anticipation ! Et son effet a été incontestable, et ne pourra pas être contesté. Le confinement a sauvé des milliers de vies, du Covid-19 mais pas d'autres maladies. Car, quand le système de santé est saturé, tout le monde en paie les conséquences, quelle que soit la pathologie, Covid ou pas Covid.

11

Bonne et mauvaise science

Cette épidémie a révélé au grand public les dérives d'une science en grande souffrance, sur fond de médiatisation et de lutte de pouvoir. Dire que je n'étais pas au courant de ces dérives serait mentir. J'ai été dix ans rédacteur en chef d'un journal d'infectiologie française, *La Lettre de l'infectiologue*, et huit ans rédacteur en chef du *Journal of Travel Medicine*, journal international, vieux d'une vingtaine d'années, issu d'une société savante, l'International Society of Travel Medicine. Au cours de ces vingt dernières années, je trouvais que la mauvaise science bénéficiait d'une certaine tolérance, voire d'encouragements, car elle servait de tremplin à des carrières universitaires. Voir ces dérives, non dénoncées jusque-là en dehors d'un cercle très restreint d'initiés, occuper la une des médias m'a, à dire vrai, fait plutôt plaisir. Même si nous ne nous en relevons pas indemnes.

Il était aussi difficile d'esquiver la joute médiatique qui a vu s'affronter sur les plateaux télévisés des « spécialistes » du Covid. Personnellement, j'ai refusé de me prêter à ce jeu médiatique dont personne ne sort grandi. En plus il aurait fallu détenir la vérité, et nous avons déjà dit qu'en matière d'infection émergente, la vérité d'un jour n'est pas celle du lendemain. Mais nous, scientifiques, avons offert une bien mauvaise image de nous-mêmes, l'image de coqs dans une basse-cour. L'évocation de ces combats de coqs me faisait souvent penser à Coluche : « Savez-vous pourquoi les Français ont choisi le coq comme emblème ? Mais parce que c'est le seul oiseau qui arrive à chanter les pieds dans la merde. »

« Publish or perish »

Pour comprendre la suite, je résumerais le système, au moment de l'arrivée du Covid, par le vieil adage anglo-saxon : « *Publish or perish* » (publier ou disparaître). Pour un scientifique, un universitaire, il faut publier ; c'est indispensable pour l'avancement, la notoriété, mais aussi pour gagner de l'argent. En préambule, trois choses sont à retenir, pour comprendre la suite, sous forme d'acronymes : SIGAPS, Impact facteur, et H index.

SIGAPS

Les publications permettent d'allouer de l'argent aux auteurs ou plutôt aux hôpitaux qui les emploient par le système SIGAPS™ (*Système d'interrogation, de gestion et d'analyse des publications scientifiques).* Publier dans des revues scientifiques donne des points que l'on appelle « SIGAPS », points qui rapportent de l'argent à votre unité de recherche ou à votre hôpital (ce qui est mon cas) ou à votre université. Plus vous publiez dans une revue cotée, plus vous augmentez le nombre de vos points SIGAPS. Mais publier beaucoup d'articles dans des revues moins cotées peut rapporter tout autant de points SIGAPS, au final. Quoi qu'il en soit, ces points peuvent faire gagner beaucoup d'argent. Ainsi, le Pr Raoult a un nombre de SIGAPS impressionnant, pour beaucoup acquis en publiant dans des revues « amies » (voir plus loin). Il a été estimé, dans un article de *L'Express* du 30 juin 2020, qu'il décrochait ainsi 10 millions d'euros de financement par an. Ces données sont confirmées par la lecture de la page Wikipedia™ français du Dr Raoult où il est dit que ses publications auraient rapporté 11 millions d'euros à l'Assistance publique-Hôpitaux de Marseille en 2018[1]. On comprend qu'il se qualifie de « Mbappé de la médecine et de la recherche ». Il n'y a pas que l'argent des labos…

Impact facteur

Les revues scientifiques sont cotées selon les citations qu'elles génèrent, mesurées par le facteur d'impact, chiffre résultant d'une équation, avec au numérateur le nombre d'articles publiés dans la revue et cités dans un temps donné, et au dénominateur le nombre d'articles total publiés dans la revue dans le même laps de temps. Un facteur d'impact élevé est censé attirer les bonnes recherches et les bons chercheurs. Plus vous publiez dans une revue avec facteur d'impact élevé, plus cela

1. *https://fr.wikipedia.org/wiki/Didier_Raoult#cite_note- : 14-87*

rapporte de points SIGAPS, donc d'argent, et plus cela augmente votre notoriété. Il est aussi important de noter qu'augmenter le nombre de citations d'articles publiés dans une revue fait augmenter la réputation de la revue, mesurée par le facteur d'impact. Et on verra, avec les revues amies, comment cela se passe pour tricher.

H index (ou facteur H)

Être cité pour vos travaux de recherche rapporte de la notoriété individuelle sous forme d'un facteur appelé « H index ». Plus vous êtes cité (et plus vous vous autocitez), plus vous augmentez votre facteur de notoriété, votre H index.

Points SIGAPS et H index sont malheureusement devenus les nouveaux indices de la promotion universitaire. Maintenant, on vous demande ces indices pour un oui ou pour un non, surtout pour être promu. Grossièrement, plus vous publiez dans des revues cotées, plus vous êtes cité, plus vos chances de faire carrière augmentent. On comprend que, dans de telles circonstances, la course à la publication est devenue un sport national pour les médecins qui rêvent d'une carrière universitaire (c'est-à-dire devenir professeur). Beaucoup en arrivent à oublier le corps même de notre métier : le soin, la relation médecin-malade, l'enseignement, la formation des plus jeunes. Autant de choses très difficiles à évaluer avec des points ou des index.

Non seulement publier rapporte de l'argent, mais chercher permet aussi de récolter de l'argent, sous forme de bourse de recherche (en anglais, «*grant*»). On peut répondre à des appels d'offres, dont il existe beaucoup de formes différentes, institutionnelle publique (locale, régionale, nationale, européenne, mondiale) et privée, ou bien recevoir des dons des laboratoires pharmaceutiques avec lesquels on vous incite à collaborer – d'où les liens d'intérêt qui seront déballés sur la place publique. Pour les «bons chercheurs», que les hôpitaux et universités s'arrachent (le mouvement a été lancé aux États-Unis mais s'étend), c'est un système gagnant-gagnant, l'argent rentre par les deux bouts. À tel point que l'on vous demande maintenant, avant de vous promouvoir, quelles sommes d'argent vous avez rapportées à votre service, votre hôpital, votre université. Le système est perverti par l'argent. Et l'argent semble en fasciner beaucoup.

La science en souffrance

Le Covid a illustré beaucoup des dérives de la science. Cette dérive est généralisée, elle existe de tous les côtés : chercheurs, revues scientifiques, rédacteurs en chef, maisons d'édition, financeurs, laboratoires pharmaceutiques, directeurs. Cela a dérapé de partout. La recherche de qualité a malheureusement besoin de temps et de paix. Les deux ont manqué en temps de «guerre» au Covid, pour reprendre l'expression présidentielle[1] (inappropriée). Mais le Covid était une belle opportunité pour publier, et

1. Voir chapitre 9.

publier est indispensable pour un universitaire, sous peine de périr… C'est le modèle de « croissance » qui est maintenant imposé aux chercheurs, s'ils veulent continuer à chercher et surtout à être promus. Nous avons tous essayé d'en profiter, à des degrés divers !

L'épidémie de Covid s'est donc accompagnée, sans surprise, d'une épidémie d'articles, de qualité évidemment très inégale. Dans le moteur de recherche principal que nous utilisons, PubMed, au 2 juin 2020, on dénombrait 18 022 articles publiés sur le Covid depuis le 1er janvier 2020, soit un nombre moyen de 120 par jour depuis la reconnaissance officielle de l'épidémie ! Presque trois mois plus tard, au 22 août, on en dénombre 42 603, soit 24 581 articles de plus en 12 semaines, 292 articles de plus par jour ! Indubitablement, le rythme de publication s'est accéléré au cours des derniers mois.

Évidemment, dans le lot, se cachent énormément d'articles qui n'en valent pas la peine. Merci aux collègues[1] qui se sont attelés à cette tâche de digestion de l'épidémie d'articles scientifiques ; il était bien difficile d'y retrouver les choses de valeur tellement on croulait sous l'avalanche de publications et tellement nous avions peu de temps à nous pour lire. Largement plus de la moitié des milliers d'articles publiés – probablement plutôt 90 % – sont sans intérêt. Si l'on prend l'exemple de l'ensemble des revues de la famille du *Lancet*, dans The Lancet Covid Resource Center, on trouve 800 articles disponibles au 2 juin : moins de 10 % sont de vrais articles de recherche, c'est-à-dire faisant avancer les connaissances.

1. Voir Remerciements.

Les autres sont des commentaires, des correspondances, des éditoriaux, des perspectives, etc. Une équipe a aussi montré fin juillet 2020 que, parmi 1 551 essais enregistrés sur le Covid, seuls 24 (1,5 %) permettraient d'apporter des résultats intéressants car ils avaient un niveau de preuve très élevé ! Une base de données nord-américaine, appelée CORD-19 pour COVID-19 Open Research Dataset, a compilé toutes les références à tous les articles concernant les coronavirus dans tous les domaines de la science. Au 4 août 2020, elle contenait plus de 130 000 documents[1]. Pourquoi une telle inflation ?

Le monde de l'édition scientifique est devenu, pour les auteurs/chercheurs et les journaux scientifiques, un modèle de croissance des citations, et donc des articles à citer… C'est la ruée vers l'or : des SIGAPS et de la notoriété du H index pour les auteurs, et du facteur d'impact pour les revues.

Lancet-Gate

Même si, comme souvent, les articles importants sortent dans les revues médicales cotées, c'est-à-dire avec un facteur d'impact élevé, dans des grands journaux anglais ou américains, force est de se méfier quand même, comme en témoigne la désormais fameuse histoire de l'hydroxychloroquine publiée dans une des plus grandes revues, le *Lancet*, le 22 mai 2020, et retirée quelques jours plus tard, le 4 juin.

1. https://www.semanticscholar.org/cord19

Les auteurs, prévenus par des lanceurs d'alerte (dont le Pr Raoult), ont tout de suite repéré que les données n'étaient pas très solides. Il y avait plein de bizarreries dans cet article. Les pourcentages de personnes hypertendues, fumeuses, avec du cholestérol ou du diabète étaient quasiment les mêmes, à une unité près, quel que soit le continent d'origine. En Australie, le nombre de décès du Covid dans l'étude était supérieur au nombre total de décès déclarés dans le pays dans le même temps. Aux États-Unis, il aurait fallu pouvoir récolter 95 % des cas dans les 559 hôpitaux fournisseurs de données pour arriver au nombre de Covid américains inclus dans l'étude.

Les auteurs étaient allés récupérer les données des patients auprès d'une sorte de centrale d'achat, appelée « Surgisphere », suspectée d'être une entreprise fantôme (pas de domiciliation, une directrice des ventes actrice spécialisée). Les données, anonymisées et sécurisées, ont été acquises par cette centrale d'achat auprès de 671 hôpitaux dans différents pays du monde (70 % aux USA et au Canada). En France, nul ne sait comment et où les données ont été acquises, quels sont les 5 hôpitaux fournisseurs, puisqu'aucun médecin français ne semble impliqué. Ils étaient 4 auteurs pour 96 000 malades à travers le monde. Il est devenu de plus en plus courant de publier des données sur des milliers de patients dont aucun des auteurs de la « recherche » n'a vu un seul. Plus le nombre de patients est grand, plus les chiffres apparaissent fiables aux rédacteurs, aux relecteurs, aux lecteurs, aux statisticiens qui moulinent les données, même si la source ou la fiabilité de celles-ci peut prêter à discussion. L'histoire du *Lancet* a montré ce qu'il en est parfois.

Devant l'impossibilité de fournir leurs bases de données, comme leur source, trois des quatre auteurs ont demandé au *Lancet* de retirer l'article. Ce que le *Lancet*, honorable journal britannique, a évidemment fait le 4 juin ; il avait préparé le terrain avec une mise en garde (« *expression of concern* »). L'article a fait *pschitt*, on n'en entendra plus parler.

À noter que le Pr Raoult, qui dénonce à juste raison ces dérives, ne donne pas l'exemple : il n'a jamais fourni les données correspondant au premier article qu'il a publié sur la combinaison chloroquine-azithromycine. Pour autant, les revues dans lesquelles ces articles sur la combinaison raoultienne ont été publiés ne les ont pas retirés. Un poids, deux mesures. D'un côté, des Américains qui publient dans une grande revue anglaise et tiennent à leur réputation, sur un fond de grande vigilance des autorités universitaires américaines, lesquelles ne plaisantent pas avec les entorses à la bonne science. De l'autre, des auteurs marseillais, dont la réputation n'est bien sûr plus à faire, qui publient dans une revue « amie » avec des autorités universitaires bienveillantes quant au contrôle de qualité de la recherche de leurs chercheurs.

Les revues « amies » (pour autopromotion)

Cet entregent des revues « amies » est un autre des dévoiements de la publication scientifique dont Raoult et son équipe se sont fait des spécialistes. Hervé Maisonneuve, un spécialiste des dérives de la science, les appelle « bulletins paroissiaux raoultiens ». Une équipe internationale (Français, Italiens, Canadiens) les qualifie de « revues d'autopromotion ».

Nous définissons ainsi un journal scientifique qui publie régulièrement beaucoup d'articles de l'équipe dont fait partie le rédacteur en chef (sinon le ou les rédacteurs en chef adjoints). C'est quand même plus facile et pratique de publier dans une revue « tenue » par un de ses collaborateurs, voire soi-même : on n'a rien à refuser à son patron, ni à soi-même, c'est forcément excellent. L'équipe du Pr Raoult a publié ses quatre articles sur l'association hydroxychloroquine-azithromycine dans deux revues « amies ». Dans l'une, c'est carrément le rédacteur en chef qui est de la maison. Dans l'autre, c'est le rédacteur en chef adjoint. Bien pratique pour faire passer des papiers discutables...

Le rédacteur en chef peut aussi proposer de faire citer des articles publiés dans sa revue ou par ses amis. Mais le plus facile, c'est de s'autociter. On n'est jamais mieux servi que par soi-même. On peut ainsi favoriser les chercheurs de son équipe au détriment des autres, puisque les chercheurs sont aussi évalués comme ça, par la quantité et qualité d'articles publiés et cités. Se citer le plus possible fait donc augmenter le facteur d'impact de la revue dans laquelle vous avez publié, et le facteur de notoriété des auteurs cités. Donc, imaginez une équipe de recherche dont les auteurs publient dans les revues amies où ils occupent des postes de rédacteurs en se citant à longueur de temps.

De ce point de vue-là, l'article publié par l'équipe de l'IHU de Marseille sur la chloroquine (« Clinical efficacy of chloroquine derivatives in Covid-19... ») dans la revue « amie » *NMNI* (*New Microbes and New Infections*) est une véritable caricature. Le rédacteur en chef de cette revue, Michel Drancourt, est l'adjoint de Raoult à l'IHU de Marseille. L'article est signé par tous les chercheurs de l'équipe de recherche de l'IHU, à l'exception du rédacteur en chef de la revue. La ficelle aurait été un peu trop grosse... Sur les 39 références d'études citées dans l'article, 9 – soit près de 25 % – sont de l'équipe de l'IHU. Autre exemple : l'article initial de l'équipe marseillaise, sur l'association maison, a été cité environ deux mille fois alors qu'il s'agit d'un traitement inefficace. Cette revue « amie » a même fait l'objet d'une enquête de *Mediapart*. Au 10 juin 2020, *NMNI* a publié 743 articles, dont 373 signés par des auteurs français, ce qui représente 50 % du total des articles publiés, alors que la contribution française à la recherche mondiale avoisine les 10 %. Surtout, 337 des publications, soit 90 % du total français, contiennent parmi les auteurs des chercheurs de l'équipe Raoult. Raoult a lui-même cosigné jusqu'à 77 articles pour la seule année 2017. Il en compte déjà 12 en 2020. Quant au rédacteur en chef adjoint, Pierre-Édouard Fournier, un autre des lieutenants de Raoult, il a déjà publié 170 articles dans ce journal dont il est... rédacteur en chef adjoint. D'ailleurs, il y a cinq Marseillais sur les quinze membres du comité éditorial.

À ce compte-là, il est facile d'augmenter le facteur de notoriété des auteurs, tous de l'IHU. Voilà de quoi pipeauter l'évaluation des revues comme des scientifiques qui sont, l'un comme l'autre, en compétition entre eux. Car pour les auteurs marseillais de l'article, et la revue amie dans laquelle il a été publié, c'est le jackpot. Même si les résultats ont été arrangés, ce sur quoi tout le monde extra-raoultien s'accorde, l'article a été cité environ 2000 fois entre le 20 avril et le 4 août 2020. Ce seul article aura donc une influence majeure sur le prochain facteur d'impact de la revue. Et cela aura le même effet sur le facteur de notoriété (H index) des auteurs. On comprend mieux comment on devient une « star mondiale des maladies infectieuses » à Marseille.

La recherche française dans *Le Canard*

Au sein de la recherche française, il n'y a pas que l'IHU de Marseille qui fait parler de lui. D'autres se sont aussi retrouvés dans *Le Canard*.

En France, c'est la cacophonie des essais thérapeutiques, un vrai foutoir. Il y en a beaucoup trop, plus d'une centaine. L'argent a coulé à flots, tout le monde voulait sa part du gâteau. Beaucoup pensaient avoir une meilleure idée que le voisin. Il y a eu de multiples appels d'offres, bien financés, qui ont abouti à de très nombreux essais, trop nombreux. Chacun y allait de son petit essai, chacun ne voulait inclure que dans son essai et pas dans celui du voisin. Il y a même eu des essais quasiment identiques qui ont été financés en parallèle. De multiples traitements sont évalués. Mais les effectifs de patients sont très faibles. On ne pourra donc probablement rien conclure, ou pas conclure grand-chose.

L'essai français emblématique Discovery a été un beau pataquès, surtout quand on le compare à son pendant britannique Recovery, ou à l'essai européen porté par l'OMS Solidarity. Très peu de malades ont été inclus dans l'essai, même en France. Il était pourtant prêt avant même que les malades soient là, c'est dire si les chercheurs étaient confiants. L'essai Discovery était censé être européen mais les médecins européens ont plutôt inclus les malades dans Solidarity.

Si, en France, il y avait pléthore d'essais, de l'autre côté de la Manche, c'est extrêmement bien organisé, tout le monde roule dans le même sens, les querelles d'ego ont été mises de côté, et ça avance vite avec l'essai Recovery. Je parie que très peu des essais français aboutiront. Nous regarderons donc le train passer. Comme on l'a très bien vu avec la chloroquine : là où nous tirons des conclusions divergentes avec de multiples essais mal foutus, les Anglais tirent le rideau définitivement avec un seul essai comparatif ayant inclus plusieurs milliers de malades ! Bravo les British !

En matière d'essai thérapeutique, il faut en effet souligner les différences entre le Royaume-Uni et la France. Les Britanniques ont été très organisés et ont inclus 12 000 malades dans un grand essai simple, du nom de Recovery. Cet essai a déjà produit des résultats, négatifs pour l'hydroxychloroquine et le lopinavir, positifs pour la corticothérapie à faibles doses – et d'autres résultats intéressants sont à venir. Au contraire, en France, il y a eu plus de 100 études, sans coordination initiale. Il faut dire que l'emballement croquignolesque pour la chloroquine n'a pas aidé à y voir très clair. On a dénombré plusieurs dizaines d'essais différents sur la chloroquine (ou ses dérivés comme l'hydroxychloroquine) dans le monde. Beaucoup ont depuis été arrêtés. Mais on aurait pu se limiter à un essai, et on en aurait tiré des enseignements majeurs. Cette cacophonie est survenue sur un fond d'ego surdimensionnés, et de compétitions entre les chercheurs et entre les universités. Conclusion : nous ne pourrons quasiment rien en tirer ; et nous nous sommes par ailleurs ridiculisés avec l'histoire de l'hydroxychloroquine. Nos amis anglo-saxons parlent maintenant volontiers de «*french protocol*» – les amalgames vont vite. En France, travailler ensemble n'est pas assez valorisé.

En France, on a aussi des directions hospitalières qui tirent les marrons du feu de la recherche, c'est-à-dire qui essaient d'en récupérer les bénéfices, de notoriété comme de financements. L'exemple vient d'en haut. À l'occasion des attentats du Bataclan, une petite lettre retraçant l'expérience des réanimateurs parisiens fut publiée dans le *Lancet*. Oh surprise, elle était signée en premier par le DG de l'AP-HP, Martin Hirsch, énarque et non docteur en médecine (il a fait médecine mais a arrêté avant la fin) qui n'avait réanimé aucune des victimes des attentats terroristes. Normalement, ce genre de pratique n'est pas autorisé. Le dernier des signataires de l'article sur les victimes du Bataclan, et cette nuit tragique, était Bruno Riou, bien plus légitime, puisque chef de service des urgences de la Pitié-Salpêtrière. Il deviendra le directeur de la crise Covid à l'AP-HP alors qu'il n'est ni infectiologue, ni virologue, ni épidémiologiste, mais urgentiste et doyen de notre faculté. Ce sera le grand manitou de l'évacuation en TGV sanitaire des malades du Covid en réanimation. Les deux compères ont remis ça avec une nouvelle lettre dans le *Lancet* sur la prise en charge du Covid à l'AP-HP, avec les mêmes rangs de signature. Mais ce n'est pas ça qui a valu au DG de l'AP-HP les honneurs du *Canard.*

Le DG de l'AP-HP a été pris deux fois les doigts dans le pot de confiture de la recherche parisienne au cours de la crise du Covid. Une première fois, il s'est fendu d'un communiqué enthousiaste pour annoncer un espoir contre le Covid, avec le tocilizumab, grâce à une étude, Corimmuno-19, menée au sein des hôpitaux de l'AP-HP. En fait, le comité indépendant de surveillance de l'essai avait estimé qu'il y avait des incohérences, et que c'était trop tôt pour communiquer : rien ne pouvait encore en être conclu. Le comité de l'essai a démissionné et tout le monde s'est retrouvé bien embarrassé. Une enquête a même été diligentée. La deuxième fois, le directeur de l'AP-HP a recommandé que tous les articles scientifiques originaux rapportant les résultats des études à promotion AP-HP sur le SARS-CoV-2 utilisent comme seule signature : « *On behalf of the AP-HP / Universities / Inserm COVID-19 research collaboration* ». Certains ont fait remarquer que cela ne donnerait pas beaucoup l'envie aux jeunes de s'impliquer dans la recherche. Pas faux ! Nous verrons bien comment cette règle sera respectée quand les études promues par l'AP-HP sortiront, mais je doute qu'elles soient suivies.

Le flop de Discovery

Pour l'essai français Discovery, on a eu affaire, pour le montage de l'étude, à des médecins qui venaient du monde du sida (donc un anti-VIH), et de l'Ebola (donc un anti-Ebola), plus un cocktail présumé antiviral. À noter que les médicaments anti-VIH et anti-Ebola étaient commercialisés par le même laboratoire, Gilead, laboratoire américain avec lequel plusieurs de ces médecins avaient des liens d'intérêts. L'hydroxychloroquine a été rajoutée dans un second temps sous pression politique… Il était en effet important de faire plaisir à certains politiques, supporteurs de Raoult et/ou de l'hydroxychloroquine. Certains d'entre eux sont même allés le soutenir dans son antre marseillais, vous imaginez… De toute façon, à ce stade trop précoce de la connaissance de la maladie, il n'y avait pas beaucoup d'autres idées. Mais, manque de chance : 1/ on a su très rapidement (par les Chinois) que les antiviraux ne fonctionnaient pas ; 2/ le problème dans ce monde sans antiviral était de gérer l'orage immunitaire qui en découlait chez certains patients, ceux qui développaient les formes graves ; 3/ les malades graves mouraient aussi d'embolie pulmonaire.

Ainsi, des anticoagulants ont été prescrits pour prévenir les thromboses et l'embolie pulmonaire. Personne ne s'est posé la question de savoir s'il fallait faire un essai randomisé pour une telle histoire. La prescription des anticoagulants relevait du bon sens, par analogie avec d'autres maladies très inflammatoires. Côté Covid, et faute d'antiviraux efficaces, on a utilisé des médicaments dont l'art de la médecine nous disait qu'au stade de l'orage immunitaire, ce ne sont pas des antiviraux qu'il fallait utiliser mais de préférence des médicaments de l'immunité (immunomodulateurs ou immunosuppresseurs). Dès que cela a été compris, nous n'avions aucune raison de mettre les malades dans Discovery mais plutôt d'utiliser des immunomodulateurs et surtout des corticoïdes ; c'était du bon sens.

La seule chose qui a fait débat entre nous, avant même que nous connaissions les résultats de Recovery (l'essai anglais), était : quel corticoïde et quelle dose ? Discovery (qui n'avait rien prévu de tout ça) était loin. Quand nous aurons des antiviraux efficaces, il faudra évidemment les prescrire plus tôt, le maximum de la charge virale étant contemporain de l'apparition des symptômes, et l'orage immunitaire ne survenant que tardivement, au moment où le virus ne semble plus être le problème principal. Mais à ce moment-là, le bon sens, gérer l'orage immunitaire avec les médicaments de l'immunité, s'imposait.

Morale de l'histoire : en matière de science, il ne faut pas mettre la charrue avant les bœufs. Je partage l'idée avec d'autres (comme Raoult) qu'il faut d'abord observer, puis analyser, enfin réfléchir, avant de proposer des essais thérapeutiques. On s'est précipité. Les essais étaient prêts avant même que les malades soient là.

Une histoire chloroquino-croquignolesque

En fait, Raoult n'a jamais utilisé la chloroquine. Son traitement associe l'hydroxychloroquine (un dérivé de la chloroquine) et l'azithromycine, cette dernière étant oubliée à mesure de la progression des connaissances. Mais c'est la chloroquine qui restera dans l'histoire médiatique française du Covid, portée par le Pr Raoult sur son bouclier gaulois, tant il est difficile de dissocier les deux. Avant les études marseillaises, il n'y avait vraiment pas eu grand-chose : juste, côté chinois, une promesse d'efficacité jamais publiée et une petite étude dont on ne pouvait rien conclure tellement les effectifs étaient négligeables.

La saga de l'hydroxychloroquine a donc débuté à Marseille par une petite étude comparative (sans tirage au sort) d'une quarantaine de patients, comportant un groupe contrôle (c'est-à-dire de patients non traités), suivie par trois autres études ouvertes (c'est-à-dire non comparatives), d'abord de 80 patients, puis de plus de 1 000 patients, puis de plus de 3 000 patients. Toutes les quatre ont été publiées dans des revues « amies », des revues dont les membres du comité de rédaction sont de la « maison » (voir plus haut). La première étude, la seule comparative, a fait parler d'elle à plus d'un titre. D'une part, les résultats ont été très controversés, pour ne pas dire arrangés. D'autre part, il a été soulevé que les règles éthiques et juridiques pouvaient ne pas avoir été respectées.

L'étude suivante comprend un tout petit peu plus de 1 000 malades, et fera dire à Didier Raoult et à ses lieutenants marseillais qu'on mourrait plus du Covid à Paris qu'à Marseille. On sait ce qu'il en est aujourd'hui, avec le recul de la science : environ 5 patients pour 1 000 meurent du Covid, ce qui est en accord avec l'étude marseillaise[1]. Surtout, l'âge est une variable importante pour interpréter les données de mortalité : 0 % parmi les 1 568 marins (moyenne d'âge : 29 ans) du *Charles-de-Gaulle* ; 0,65 % parmi 1 061 patients marseillais (moyenne d'âge : 43 ans), et 0,5 % parmi 3 119 patients marseillais (moyenne d'âge : 45 ans) recevant tous le traitement raoultien. On ne dit pas pour autant que les malades sont plus mal soignés par Raoult qu'à bord du porte-avions *Charles-de-Gaulle*. Il faut rester modeste, surtout en science. Je partage cette vision de la science avec Raoult mais j'essaie de me l'appliquer.

Finalement, cet enthousiasme pour le traitement raoultien, en tout cas l'hydroxychloroquine, retombera. Aucune des études suivantes, toutes publiées dans des grandes revues anglaises ou américaines, avec des effectifs importants de malades et des analyses statistiques correctes, n'a confirmé les résultats miraculeux de l'équipe de Marseille. Je dois confesser que nous avons aussi traité très tôt nos malades avec ce traitement. Et nous n'avons pas constaté d'efficacité. Nous avons d'ailleurs publié nos résultats dans une indifférence devenue générale sur l'hydroxychloroquine.

Le régime raoultien connaîtra un sursaut d'intérêt, ou plutôt Raoult rebondira, avec l'étude bidonnée du *Lancet*. Mais cela sera très transitoire. Quelques jours plus tard, mi-juin 2020, les Anglais d'Oxford sifflaient définitivement la fin de partie. Le Pr Peter Horby, responsable de l'étude britannique, annonçait ainsi le

1. Voir chapitre 5.

5 juin que dans l'essai Recovery (11 000 malades inclus dans 175 hôpitaux dans tout le Royaume-Uni), l'hydroxychloroquine, évaluée chez 1 542 patients (comparés à 3 132 qui prenaient un placebo), n'avait aucune efficacité : « L'hydroxychloroquine, ça ne marche pas, nous avons donc décidé d'arrêter la partie de l'essai avec l'hydroxychloroquine. » La mortalité à 28 jours était de 25 % dans le groupe hydroxychloroquine contre 23 % dans le groupe placebo (l'excès de mortalité dans le groupe traité n'est pas significatif). Cela venait confirmer de façon extrêmement rigoureuse (un essai randomisé *versus* placebo) des résultats identiques à ceux déjà publiés (après les publications raoultiennes) en mai 2020 dans le *New England Journal of Medicine*, et le *British Medical Journal*, sans compter ceux qui suivront : l'hydroxychloroquine ne marche pas !

Ainsi, l'hydroxychloroquine aura fait couler beaucoup d'encre, soulevé des débats passionnés, et surtout occasionné un sacré foutoir. Pour les patients qui recevaient ce traitement au long cours pour une pathologie inflammatoire, la rupture de stock a été une crainte majeure. Et, comme déjà dit, cela ne les a pas empêchés d'attraper le Covid. On a donc su très tôt, grâce à eux, que cela ne fonctionnait pas non plus en prévention du Covid (c'est publié dès avril 2020). Pour les patients du Covid, on a découvert que l'hydroxychloroquine pouvait être délétère sur le plan cardiaque, surtout quand elle était donnée en même temps que l'azithromycine, ce qui n'était pas surprenant, les deux médicaments partageant une toxicité cardiaque. De plus, pour une maladie comme le Covid qui peut aussi être cardiaque, c'est un pari bien risqué.

Pour les scientifiques, c'était aussi compliqué d'inclure les patients dans les protocoles dans de telles conditions. Presque tous voulaient de l'hydroxychloroquine. Et les autres traitements proposés ne soulevaient pas les foules ni notre enthousiasme. Au total, plus de 150 essais thérapeutiques ont été démarrés pour évaluer l'efficacité de l'hydroxychloroquine, alors que l'on sait dès mai 2020 que cela ne marche pas non plus en curatif. Quel beau gâchis de moyens humains et financiers, quand on sait que tous ces protocoles sont financés à hauteur de plusieurs milliers de dollars ou d'euros.

Raoult, entre Peter et Brandolini

Il est difficile de distinguer la chloroquine du Pr Raoult tant le mérite lui revient d'avoir jeté cette médecine au-devant de la scène covidienne. On m'a souvent interrogé à son propos sur les plateaux de télé. « Alors qu'est-ce que vous en pensez ? » Mais ce n'est pas un endroit adapté. J'avais déjà eu l'occasion de réagir au moins deux ou trois fois à des propos tenus par M. Raoult et je m'en étais tiré à chaque fois avec une pirouette, tellement je suis par principe opposé à des réactions à chaud envers des confrères, où le jugement sur la forme prend trop souvent le pas sur la discussion de fond.

À ma connaissance, le Pr Raoult a fait trois interviews fleuves centrées sur la chloroquine, une petite heure par interview, deux sur BFM TV et un sur LCI.

La quatrième, sur CNews en août 2020, esquivera la chloroquine… comme par hasard… J'apprenais à peu près au même moment qu'il donnait maintenant aussi du zinc et de la vitamine C aux malades. Voilà qui au moins ne fera pas de mal. J'avoue que je n'ai vu qu'une interview de LCI, bien obligé, j'étais sur le plateau. Sinon, je m'en serais passé tellement c'est fatigant. On a assisté en effet à une heure de quasi-monologue où Raoult a passé son temps à dire qu'il était le meilleur, une « élite » à lui tout seul, et que les autres, surtout celui qui l'interviewait, ne comprenaient rien, et qu'il n'y avait pas mieux que l'hydroxychloroquine. Quand David Pujadas m'a demandé mon opinion, après cette confession mégalomaniaque qui n'aurait pas laissé Freud indifférent, je ne pouvais pas dire grand-chose, il restait cinq minutes d'antenne et nous étions quatre à devoir réagir. Ce n'était vraiment pas assez pour un propos qui tombait sous le coup de la loi de Brandolini, ou « principe d'asymétrie du baratin ». C'est la seule réplique qui était adaptée, à mon sens.

La loi de Brandolini énonce que « la quantité d'énergie nécessaire pour réfuter du baratin est beaucoup plus importante que celle qui a permis de le créer ». Pour moi, elle s'applique au discours raoultien, fait de pseudoscience, amplifié par les réseaux sociaux avec d'autant plus d'enthousiasme que cela va dans le sens contraire des conventions ou de ce que pensent les autres… ce qui est interpellant pour un homme aussi bien introduit dans les cercles dirigeants (de droite) et d'influence (…). J'ai même entendu un de ces aficionados marseillais le comparer à Che Guevara ! Pourtant Raoult m'apparaît plutôt à l'opposé du Che sur l'échiquier politique.

La loi de Brandolini énonce les trois principes suivants : 1/ la diffusion du baratin a un impact bien plus grand que tous les désamorçages qui suivent (asymétrie de l'impact) ; 2/ la trace laissée dans la mémoire de chacun d'entre nous par le baratin initial reste bien au-delà des informations qui viennent par la suite la démentir (asymétrie de mémorisation) ; 3/ celui qui propage le baratin en tire beaucoup plus de bénéfices que ceux qui tentent de ramener tout le monde à la raison (asymétrie de l'aura). On voit que Raoult remplit les trois cases. Mais cela ne doit pas pour autant décourager les scientifiques de démonter les arguments foireux, les affirmations sans preuves, les racontars et les baratins. Personne n'a jamais cru qu'une sardine pouvait boucher l'entrée du port de Marseille.

Dans le monde scientifique et de la recherche (je fais abstraction des pétitionnaires dont la plupart ne sont pas des scientifiques, ou alors retraités), il n'y en eut qu'un seul, encore en exercice, pour soutenir Raoult, tellement les ficelles étaient grosses et le manque de modestie rebutant. C'est le Pr Christian Perronne de l'hôpital de Garches. Le Pr Perronne s'est appuyé sur une étude faite dans son service. On a entraperçu rapidement l'étude sur un site où sont déposés les articles avant d'être soumis à publication. Cette étude concluait que le régime médicamenteux raoultien marchait. Elle a valu à Perronne d'être qualifié par Raoult dans une interview à *L'Express* du 25 mai 2020 de « saint » ! Mais c'était avant que le préprint ne soit retiré.

Beaucoup des coauteurs de l'article et collaborateurs directs de Perronne ont refusé d'avaler la couleuvre, qui était un peu trop grosse. Perronne avait basculé neuf patients du groupe traité (par la prescription raoultienne) dans le groupe contrôle (non traité), alors que ces patients avaient été transférés en soins intensifs ou étaient décédés. Raoult avait twitté : « Très bon travail de l'équipe de Christian Perronne à Garches. » Perronne avait utilisé les mêmes méthodes que Raoult : basculer des malades d'un groupe dans l'autre quand les résultats n'allaient pas dans le sens voulu. Mais son équipe n'a pas suivi. L'esprit de corps est manifestement moins développé à Garches qu'à Marseille. Et l'article a été retiré.

L'homme, Raoult, m'est toujours apparu comme un héros de roman ou de bandes dessinées, et je lui trouve une certaine ressemblance avec Panoramix, le druide des aventures d'Astérix et Obélix, avec sa potion magique. Il a incontestablement fait des découvertes dans son domaine, la microbiologie. C'est vrai ! Le propos ici n'est pas de discuter dans quelles conditions cela s'est fait pour beaucoup de ses collaborateurs. Je ne sais pas non plus si cela doit lui faire prétendre au prix Nobel de médecine comme il le pense. Il est bactériologiste, même s'il se prétend aussi virologue. Mais l'équipe de virologie de Marseille, qui d'ailleurs est rattachée à l'IHU de Raoult, a été mise de côté. Raoult s'est occupé du Covid, maladie virale, sans les virologues de sa propre équipe. C'est fort ! Ils sont pourtant sérieux, sympathiques et reconnus internationalement. Néanmoins, on ne peut pas enlever à Raoult d'avoir des découvertes à son actif, mais surtout dans le domaine des maladies bactériennes, et notamment des rickettsioses. Dans le domaine des maladies virales, il est vrai qu'il a fait une belle découverte mais elle est microscopique, c'est la découverte du « mimivirus ». Cela ne fait pas pour autant de lui un spécialiste de ce type de pathologies. Et on ne s'improvise pas spécialiste d'un essai thérapeutique, de surcroît sur une maladie virale, quand on est bactériologiste.

Mais qu'est-ce que Raoult est allé se fourrer dans cette histoire de Covid et de chloroquine ? Alors qu'il n'avait rien à y gagner, comme il le dit lui-même, avec l'aura qu'il avait déjà internationalement acquise dans le domaine des maladies bactériennes. Il s'est grillé ! C'est en fait l'application du principe de Peter, qui énonce que dans un système hiérarchique chacun finit par arriver à son seuil d'incompétence. C'est la seule explication plausible de cette dérive chloroquino-croquignolesque. Tant qu'il œuvrait dans son domaine de compétence, tout allait bien. Dès qu'il s'est lancé dans la recherche clinique, cela a dérapé.

« Le Pr Caumes répond au Pr Raoult »

Cela faisait plusieurs jours que certains journalistes me demandaient d'accepter une confrontation scientifique avec Didier Raoult ou Christian Perronne, les deux chantres de l'hydroxychloroquine. Je ne croyais pas que le premier, qui sort rarement de sa tanière marseillaise, puisse accepter de se confronter avec moi.

N'a-t-il pas déclaré dans *Paris Match* (mai 2020) : « Mes détracteurs sont des enfants... Je refuse de débattre avec des gens ayant un niveau de connaissance trop bas. » Quant au Pr Perronne, je le connaissais trop bien et nous avions travaillé trop longtemps ensemble pour que je puisse accepter de me livrer ainsi dans l'arène médiatique, à donner une bien trop mauvaise image de la médecine et de la science.

À chaque fois que l'on me demandait de réagir, je trouvais que cela tombait sous le coup de la loi de Brandolini, ou principe d'asymétrie du baratin (voir plus haut). Et j'ai fini par le dire en plateau et faire ainsi découvrir cette jolie loi médiatique à David Pujadas et à son équipe, en réaction à l'interview de Raoult par Pujadas... près de 700000 spectateurs quand même. Mais LCI, en la personne de Magali Lunel, m'a finalement pris au mot et m'a proposé de commenter le 27 juin, en direct sur la chaîne, les propos tenus par Raoult devant la commission d'enquête de l'Assemblée nationale le 25 juin. Le principe était simple : 5-10 minutes de raoulteries, 5-10 minutes de caumeries, le tout pendant deux heures. De quoi pouvoir argumenter et discuter correctement, reconnaître ce qui relève du baratin ou de l'œuvre de cette «élite» à lui tout seul. Car il faut quand même reconnaître que cet homme a une vraie vision, et a accompli beaucoup de choses dans son domaine, la microbiologie, et plus particulièrement la bactériologie. L'émission intitulée «Le Pr Caumes répond au Pr Raoult» a permis de passer en revue tous les sujets, certains consensuels, d'autres pas.

Côté consensus : la présentation clinique et les complications du Covid, les modèles mathématiques inutiles (mais je n'ai pas été jusqu'à dire que ceux qui les faisaient étaient des « fous »), l'état « archaïque » et « désuet » de la microbiologie française (en dehors de l'IHU de Marseille évidemment), les Centres nationaux de référence (CNR) et leur fâcheuse tendance à tirer la couverture à eux (un comportement de « blaireaux » selon Raoult, assez bien placé pour en parler puisqu'il y a deux CNR rattachés à son IHU), la puissance de feu en matière de diagnostic de l'IHU de Marseille (un modèle pour beaucoup en France), la mise en œuvre rapide et efficace à Marseille du principe de tester largement les patients et de faire le diagnostic de la maladie. En fait, rien de surprenant tellement Raoult est ici dans son domaine de compétence, c'est-à-dire la microbiologie et le diagnostic, même s'il s'agit de virologie (sans les virologues marseillais). Je le rejoins sur le fait que c'est « un grand scientifique » pour reprendre ses propos puisqu'il verse rarement dans la modestie.

Côté désaccords : le confinement (pour lui, inutile), l'hydroxychloroquine associée à l'azithromycine (pour lui, efficace), et les essais thérapeutiques randomisés (pour lui, sans intérêt). Je n'estime pas, c'est le moins que l'on puisse dire, que Raoult est un « très bon méthodologiste », pour reprendre son estimation de lui-même. Son étude comparative sur l'association thérapeutique « maison » est plutôt considérée par les spécialistes comme un modèle de déviance méthodologique, exactement la façon de s'y prendre pour montrer une efficacité même si elle n'existe pas. Bref, une réécriture de l'histoire malvenue en science. D'ailleurs, l'étude n'a pu être publiée que dans une revue « amie ».

Les conflits d'intérêts sur la place publique

Autre point de désaccord avec Raoult : les conflits d'intérêts ! Terme auquel je préfère celui de liens d'intérêts, car le plus souvent il ne s'agit pas de conflits, mais plutôt de liens qui aboutissent à un conflit de jugement, ou un biais d'interprétation. En fait, cela s'applique à beaucoup de domaines : les relations avec les laboratoires mais aussi entre chercheurs et entre équipes. Cela peut se faire dans un sens amical, positif, ou au contraire hostile, négatif. Donc aux intérêts financiers, surtout côté laboratoires, viennent s'ajouter les intérêts amicaux ou inamicaux.

À côté des liens d'intérêts avec les labos, déclarés, et des liens amicaux, il y a aussi les liens avec les lobbies et les politiques, non déclarés. Et, de ce côté-là, on ne peut pas dire que Raoult – qui se défend de faire de la politique – n'en ait pas. Il en a même beaucoup. Il suffit de regarder la liste des membres du conseil d'administration de l'IHU : Philippe Douste-Blazy, membre de l'UDF, puis de l'UMP ; Geneviève Fioraso ; membre du Parti socialiste, mentor d'Olivier Véran ; Jean Léonetti ; Parti radical, puis UMP, puis Les Républicains ; le Pr Jacques Marescaux, pour lequel Raoult est « un génie, un géant ». On peut aussi s'étonner de la présence de Jean-Francois Delfraissy, président du Conseil scientifique, au sein de ce conseil d'administration. Que peut-il encore bien faire là ? Au cours des trois heures de cette audition (retransmise en direct sur trois chaînes), on était étonné de voir constamment en arrière-plan de Raoult une tête barbue. Celle du conseiller Yanis Roussel, homme de communication auprès de Raoult et aussi député suppléant de La République en marche (LREM) à Marseille. Était-ce bien la bonne place pour un député, même suppléant, de la majorité LREM, qu'une audition parlementaire menée par l'Assemblée nationale dans le cadre du Covid ?

Je peux parler d'autant plus facilement des liens d'intérêts que je n'en ai pas d'important avec les laboratoires pharmaceutiques. De toute façon, mes responsabilités passées au Haut Conseil de santé publique, comme mon activité de rédacteur en chef d'un journal américain, me l'interdisaient. C'est transparent, et c'est déclaré sur différents sites gouvernementaux, chacun peut s'y référer. Je me suis toujours gardé de liens d'intérêts avec les laboratoires car je pense que cela pollue mon esprit et mon libre arbitre. De là à accuser les confrères de corruption, ou à parler de collusion entre les labos et les médecins, il y a un pas que je ne franchirai pas dans le domaine du Covid. L'exposition de ces liens d'intérêts ne doit pas servir de diversion pour sous-entendre que c'est la raison pour laquelle l'hydroxychloroquine n'a pas été testée. Car elle a été testée. Cela ne doit pas servir de diversion pour dire que c'est la raison pour laquelle l'hydroxychloroquine a été trouvée inefficace. Car elle est inefficace.

Cela dit, on ne peut être qu'impressionné par les sommes astronomiques qui ont transité par les mains de nos confrères infectiologues à l'occasion du sida. Et quand on sait que le même laboratoire, Gilead, se retrouve dans les essais Covid, il est clair que les liens d'intérêts, constitués pour le sida, se retrouvent pour le Covid. On ne peut pas s'affranchir de telles relations d'argent surtout quand elles se montent à plusieurs dizaines de milliers d'euros par an, voire des centaines de milliers d'euros pour le quinté gagnant établi par *Sciences et Avenir*. Cette pourtant honorable revue s'est intéressée à l'argent versé par les laboratoires à tous les infectiologues de France. J'étais content de me retrouver tout en bas de la figure, avec un bâton tellement petit qu'on a du mal à en voir la longueur.

Les essais thérapeutiques au temps du Covid

Le problème des essais thérapeutiques, dans de telles circonstances, est que nous avons affaire à une infection émergente, c'est-à-dire une infection à laquelle on ne connaît rien. Comment construire un essai thérapeutique dans une maladie dont on ne sait rien ?

Les essais randomisés contrôlés sont le Graal de l'essai thérapeutique, pas de doute là-dessus. Mais en cas d'épidémie liée à une infection émergente, c'est difficile de savoir ce qui va marcher. Et inclure des patients dans des protocoles de recherche, avec des médicaments dont on présumait déjà qu'ils ne changeraient pas le cours des choses, n'était pas enthousiasmant. On savait en effet, par les Chinois, que les médicaments testés n'étaient probablement pas efficaces. Les Chinois nous l'avaient dit. Pour moi, aucune raison de ne pas les croire. Je ne faisais pas partie des personnes qui pensaient que « les Chinois ne savaient pas faire d'essais thérapeutiques ».

Nous nous sommes en fait adaptés au gré des premières informations glanées et des premières études. Une fois les malades là, chacun a fait en fonction de ses croyances du moment : anti-infectieux, anti-inflammatoires, biothérapies. Certains donnaient aux malades de l'hydroxychloroquine, d'autres de l'azythromycine, ou de l'ivermectine ou des corticoïdes ou un immunomodulateur[1]. Et les réanimateurs, en bout de chaîne, ont fait avec les moyens modernes de suppléance à la défaillance d'organes. Bref, tous les moyens étaient bons pour éviter le passage en réanimation, que les médicaments aient été évalués ou pas. On a essayé d'offrir au patient toutes les chances possibles à l'instant où il se présentait à nous, dans le cadre d'une relation médecin-malade correcte. D'ailleurs, je connais beaucoup de médecins tombés malades du Covid et je n'en connais pas un seul qui soit rentré dans un essai thérapeutique, même pas dans un de ceux qu'il avait conçus.

Quand est venu le temps de l'analyse de nos pratiques, nous les avons évaluées en faisant appel à des essais dit émulés où les traitements sont comparés mais les malades non comparables (car il n'y a pas eu de tirage au sort). C'est la raison pour laquelle on utilise alors des modèles statistiques qui permettent de corriger ces différences entre malades (par exemple sur l'âge, facteur de risque important de décès dans le Covid). On

1. Voir chapitre 5.

a ainsi une analyse des résultats moins biaisée. C'est ce que nous avons fait avec l'hydroxychloroquine. Mais on a publié dans une moins belle revue, moins cotée. Car ce n'est pas aussi rigoureux qu'un « bel essai » randomisé (c'est-à-dire où les malades sont tirés au sort). C'est une autre façon d'échapper à la dictature de l'essai randomisé contrôlé, difficile à faire en période d'émergence.

L'évaluation des traitements a été faite régulièrement, par exemple par le Haut Conseil de santé publique, des sociétés savantes ou académies diverses. Dans le rapport des trois académies (sciences, pharmacie, médecine), publié le 29 mai 2020 et faisant la synthèse des traitements du Covid, il est écrit qu'« aucun traitement n'existe aujourd'hui pour traiter spécifiquement la Covid », et plus loin : « Aucun d'entre eux n'est dénué d'effets indésirables et leur évaluation repose toujours sur l'évaluation d'un rapport bénéfice-risque. » Selon le Haut Conseil de la santé publique (HCSP), en juin 2020, seul « le traitement symptomatique de support (*standard of care*) adapté à l'état du patient constitue la référence ». Ainsi, le HCSP « regrette que, plus de quatre mois après le début de l'épidémie, il n'existe aucune donnée robuste provenant d'essais prospectifs randomisés et comparatifs *versus* le traitement de support standard dit “*standard of care*” permettant de documenter une efficacité des traitements antiviraux et immunomodulateurs fondée sur des critères cliniques et éventuellement virologiques ».

Recommandations pour la recherche scientifique

Les trois académies (sciences, pharmacie, médecine) ont ensuite fait les meilleures recommandations possible, dans leur rapport du 29 mai 2020, pour améliorer la recherche scientifique : 1/ coordonner la recherche en France en trouvant un équilibre entre compétition et coopération (un vœu pieux, tellement la compétition est féroce au sein d'une même université, voire d'un même hôpital) pour éviter la redondance des essais qui dispersent le recrutement et compromettent les résultats ; 2/ renforcer les comités d'experts pour accélérer les procédures d'agrément des essais et éviter la tendance à contourner les règles ; 3/ respecter les avis des comités (indépendants) de surveillance pour interdire les communications prématurées (genre DG de l'AP-HP comme dit plus haut) ; 4/ coordonner la recherche et standardiser les procédures européennes (espoir suprême, tant l'idée européenne permettrait de régler les querelles de coqs, et les problèmes de suprématie nationale, régionale, voire locale).

Hervé Maisonneuve a ajouté, à juste raison, deux autres recommandations à celles des trois académies : 5/ la nécessité de partager avec les personnes qui le souhaitent les données sources pour permettre une réanalyse ; 6/ l'exercice d'une vigilance dans la défense de l'intégrité scientifique par les présidents d'université et les directeurs d'hôpitaux. Et de mon côté, j'en ajouterai cinq autres : 7/ supprimer les autocitations de la liste des citations attribuées à un auteur ; faire de même pour celles émanant de la même équipe scientifique ;

8/ refuser que des directeurs d'équipe, voire des directeurs d'hôpitaux, signent des articles scientifiques s'ils n'ont pas participé directement à la recherche ; 9/ rediscuter la place des points SIGAPS et du H index dans l'évaluation et la promotion des médecins ; 10/ reconsidérer les rapports avec les laboratoires pharmaceutiques dans la recherche thérapeutique ; 11/ ne pas évaluer la qualité des appels d'offres pour le financement de la recherche sur le nombre de points SIGAPS ou le H index des demandeurs, pour ne pas aboutir à ne donner qu'aux plus riches.

L'Académie nationale de médecine s'est exprimée clairement dans un communiqué de presse du 8 mai 2020 : « La vérité scientifique ne se décrète pas à l'applaudimètre. Elle n'émerge pas du discours politique, ni des pétitions, ni des réseaux sociaux. En science, ce n'est ni le poids majoritaire ni l'argument d'autorité qui font foi. » En clair, la vérité scientifique ne peut pas être dite dans les réseaux sociaux (blogs, sites divers, Twitter, Facebook), défendue par des pétitions (comme celle lancée par Philippe Douste-Blazy), ou dictée par des politiques, tous intenses supporteurs de la chloroquine (à droite, Renaud Muselier, Christian Estrosi, Bruno Gilles, Marine Le Pen, Jordan Bardella ; à gauche, Jean-Luc Mélenchon). Certains ont malicieusement rappelé que Douste-Blazy était membre du conseil d'administration de l'IHU de Marseille (donc pas vierge de tout lien d'intérêts), cardiologue (donc ni infectiologue, ni virologue, ni réanimateur), et… qu'il n'avait pas été formé à la lecture critique d'articles à la faculté de médecine.

Mais la palme revient à Jordan Bardella, vice-président du Rassemblement national : « Didier Raoult est à la médecine ce que nous sommes à la politique. » Je ne sais pas si on doit être rassuré !

Enfin, et surtout, en matière d'infection émergente, il est notoire qu'il vaut mieux prévenir que guérir, cela coûte beaucoup moins cher, et cela bénéficie à toute la société. Mais cette culture de la prévention nous a quittés. Est-ce parce que, en dehors des vaccinations, cela n'intéresse pas les laboratoires pharmaceutiques ? Est-ce parce que cela rapporte moins en matière de publications, de citations, de notoriété, et d'argent ? Je ne sais pas.

12

Testez, tracez, isolez (10 mai – 31 août 2020)

Il est classique de dire qu'il y a trois choses qu'il est plus difficile de finir que de commencer : la guerre, une histoire d'amour et le trille (une partition musicale impossible). On pourra maintenant ajouter à cette liste, le déconfinement.

Le confinement a débuté le 17 mars à 12 heures. Mais on ne sait plus très bien quand a commencé exactement le déconfinement, car cela s'est passé de façon graduée et progressive. J'ai choisi la date du 10 mai, car c'est la date de sa généralisation. Son grand ordonnateur a été Édouard Philippe, à moins qu'il ne s'agisse de Jean Castex. Le premier a laissé sa place au second lors du remaniement ministériel.

Arbitrairement, la période couverte dans ce chapitre va du début du déconfinement au 31 août 2020, car c'est la date où j'interromps cet ouvrage.

Testez

Interrompre une épidémie relève de la responsabilité individuelle et collective. Il suffit de suivre l'exemple asiatique[1]. Sur le plan individuel, cela repose sur le respect des gestes barrières, dont le plus important est le port du masque[2]. Sur le plan collectif, la mise en œuvre du triptyque : « Tester, tracer, isoler », résume la lutte qui relève de services publics qui se sont retrouvés confrontés à cette épreuve, insuffisants en nombre et inexpérimentés.

Repérer les cas à tester est difficile pour une maladie dont les symptômes sont le plus souvent bénins, notamment chez les jeunes personnes. Il manque le volet éducation sanitaire pour sensibiliser la population aux symptômes du virus et l'inciter à se tester le plus rapidement possible dès les premiers signes. Malheureusement, fin juillet, la durée écoulée entre l'apparition des symptômes et le testing était en moyenne de 4,6 jours, et elle était supérieure à 4 jours depuis plusieurs semaines. Heureusement, à la mi-août, cette durée moyenne est passée en dessous de la barre des 4 jours, évaluée à 3,2 jours le 17 août. Mais l'attente du résultat du test peut ajouter, au mieux quelques heures, au pire quelques jours, à cette durée. Et, pendant ce temps, les contacts n'ont pas été prévenus ni mis en quarantaine. À ce rythme-là, on ne peut pas y arriver, nous ne sommes pas assez rapides.

1. Voir chapitre 6.
2. Voir chapitre 5.

Car la rapidité de la réaction est fondamentale pour interrompre la transmission du virus. Cela a été bien montré dans une étude chinoise. Un délai de 0 jour entre l'apparition des symptômes et le testing de la personne symptomatique, associé, dans le même temps, au tracing de tous les contacts, permet de réduire la transmission de 80 %, contre 42 % pour un délai de 7 jours. Si le testing est fait plus de 3 jours après l'apparition des symptômes, même le plus efficace des tracings (100 % des personnes testées et tracées sans délai) ne permet pas de ramener le R_0 en dessous de 1 ce qui signifie que l'épidémie continuera. En cette fin août 2020, c'est exactement ce qui se passe.

Si on a eu des difficultés à repérer les cas et à le faire assez rapidement, on a également des difficultés à les tester tous. Depuis que le test est accessible sans ordonnance et intégralement remboursé par la Sécurité sociale, les candidats se sont bousculés au portillon : demande de test avant un voyage international dans un pays qui l'exige à l'entrée, incitation de la population à se dépister largement, patients symptomatiques, cas contacts... Selon Santé publique France, le nombre de tests par semaine est passé de 250 000 à la sortie du confinement, à 333 000 fin juillet 2020, et à 700 000 fin août. Le taux de positivité des tests a varié de 3 % dans la semaine qui a précédé le déconfinement, à 1,6 % fin juillet pour repasser la barre des 3 % fin août.

On peut donc être testé à sa propre demande, sans ordonnance médicale, et gratuitement. Coût pour la collectivité : à raison de 54 euros par test et d'environ 100 000 tests par jour fin août, on aboutit à 5 400 000 euros par jour ! Comme dit le Dr Margot Bayart, vice-présidente du syndicat des médecins généralistes, le 30 juillet 2020 : « C'est du grand n'importe quoi. » Il faut dire que, selon une enquête menée par le syndicat fin juillet, 30 % des médecins généralistes déclarent ne pas pouvoir obtenir un prélèvement dans les 48 heures, et 32 % obtiennent le résultat trop tard, au-delà de 48 heures après le prélèvement. Même son de cloche du côté des biologistes, le président du syndicat des jeunes biologistes médicaux, Lionel Barrand, déclarant le 7 août 2020 : « Le grain de sable dans l'engrenage, c'est aussi un appel massif à dépistage dans des villes entières, sans concertation avec les laboratoires. » C'est effectivement regrettable de ne pas avoir demandé leur avis aux principaux concernés : médecins généralistes et biologistes médicaux.

Mais, puisqu'il faut tester, testons. En revanche, je suggère : pas n'importe qui en urgence, pas n'importe comment, pas n'importe où. Sinon, il va falloir se préparer à tester 70 millions de Français toutes les semaines, puisqu'un test peut être négatif un jour et positif le lendemain… Comme nous n'arrivons pas à tout faire correctement, essayons déjà de bien faire ce qu'il faut impérativement réussir. Or, nous ne sommes pas capables de tester assez rapidement, c'est-à-dire en moins de 48 heures (idéalement moins de 24 heures), les personnes symptomatiques. Qu'est-ce que cela va devenir en période hivernale, quand nous aurons des personnes symptomatiques partout, tout le temps, avec la grippe ou une infection respiratoire bénigne, qui viendront se superposer au Covid-19[1] ? Il faudrait hiérarchiser les indications des tests et cibler les prescriptions. Mais il sera difficile de le faire si les tests restent accessibles sans ordonnance médicale.

Cet afflux de personnes à tester a été responsable d'un embouteillage, surtout en période estivale. À titre d'exemple, en Île-de-France, 1,3 million de bons de dépistage ont été envoyés. Les laboratoires ont été rapidement débordés et les files d'attente se sont parfois allongées démesurément sur les trottoirs. En fait, ce n'est pas la capacité à tester qui est en cause, car la possibilité de faire 700 000 tests par semaine, comme cela avait été prévu, est accessible sur le plan matériel. En revanche, il manque les hommes. Les hommes pour prélever puisque le test nécessite une intervention pour le prélèvement naso-pharyngé… dans l'attente des tests salivaires, évidemment beaucoup plus faciles et plus pratiques, voire des chiens renifleurs, encore plus efficaces[2]. Des hommes également derrière les machines pour pouvoir mener les opérations techniques et rendre les résultats. Enfin, des hommes pour interpréter correctement ces résultats en fonction d'un contexte clinique qui n'est pas forcément connu, surtout quand ce n'est pas supervisé par le médecin généraliste. La partie administrative est particulièrement consommatrice de temps médical. Il existe ici un glissement de tâches, avec des infirmières – voire des médecins – faisant du travail qui

1. Voir chapitre 7.
2. Voir chapitre 5.

relève d'autres compétences. Un tel embouteillage est difficilement compatible avec la rapidité du testing.

En milieu hospitalier, les capacités humaines pour tester ne sont pas meilleures que dans le privé. Il manque, là aussi, les hommes devant et derrière les machines. Ce problème n'avait pas, non plus, été anticipé, mais il est vrai qu'il est difficile de trouver des hommes en l'espace d'un instant.

Tracez

Le tracing relève à la fois des caisses primaires d'assurance maladie (CPAM) et de l'agence régionale de santé (ARS) selon la taille du cluster : à l'ARS, les gros clusters ; à la CPAM, les petits clusters, plutôt familiaux. C'est le travail des brigades de la dernière chance : rattraper les transmetteurs avant qu'ils ne transmettent. Mais, là aussi, faute d'hommes, des retards se sont accumulés dans la remontée de la chaîne de contamination affectant d'autant l'efficacité du contact tracing, dont on a vu qu'il fallait qu'il soit le plus rapide possible. Les agents de ces brigades, rattachés à la CPAM des départements, travaillent à remonter les chaînes de contamination en appelant toutes les personnes testées positives pour le Covid-19 (le patient zéro d'un foyer épidémique potentiel) et leur entourage (les cas contacts). À noter qu'à Paris, qui ne fait jamais rien comme les autres, il y a un système propre à l'AP-HP qui s'appelle Covisan et se superpose à celui de la CPAM. Aux dernières nouvelles (20 août 2020), ils essaient de se coordonner… C'est d'autant plus étonnant qu'il existait un troisième système parfaitement rodé pour le tracing, les CLAT (comités de lutte antituberculeuse). C'est leur métier, le tracing, ils font ça depuis des décennies : dans la tuberculose aussi, il faut remonter les chaînes de transmission et chercher les contacts. Mais en dépit de leur expérience, on ne leur a pas demandé leur avis. En revanche, on a envoyé leurs médecins faire du testing dans les Ehpad. Vous suivez ? Moi, difficilement…

Compte tenu de la durée d'incubation moyenne de la maladie (3-5 jours), il faut aller vite et nous avons vu que le délai du test devait être de moins de 3 jours. Il faut inciter les personnes contacts à se faire tester le plus rapidement possible. Mais ce n'est pas tout, il faut y ajouter une quarantaine de 14 jours (ou 7 jours depuis début septembre), un arrêt de travail, et la nécessité d'un test une semaine après le dernier contact. Les patients zéro doivent être appelés dans les 4 heures. Quatre à huit personnes sont mobilisées par la CPAM pour ce traçage des contacts. Par exemple, dans l'Essonne, entre la mi-mai et la mi-juillet, plus de 600 patients zéro ont été contactés avec près de 2 000 cas contacts. Au niveau national, depuis le déploiement de ce dispositif, le 13 mai 2020, et à la fin juillet, plus de 31 000 patients zéro ont été inclus et plus de 105 000 contacts ont été suivis. En moyenne, chaque personne contaminée compte un peu moins de 4 cas contacts et environ 1 contact sur 2 est retrouvé infecté. Mais c'est sans compter sur les réunions familiales, petites et grandes, et les petits rassemblements. Dans ces situations (écoles, entreprises, Ehpad, avions, trains…), cela peut prendre jusqu'à 48 heures pour tracer les contacts. Le dispositif s'interrompt au-delà de la première génération de cas. Son efficacité n'est pas connue dans le sens où l'on ne sait pas combien des cas contacts révélés positifs ont lancé une chaîne de transmission et sont donc devenus, eux-mêmes, des patients zéro.

Pour résumer les étapes du parcours tester – tracer – isoler, ce sont le testing et sa rapidité qui affectent la remontée des chaînes de transmission. C'est l'enchaînement : consultation (les généralistes doivent créer une fiche de renseignements à la suite d'un test positif) – prélèvement – résultats – consultation – création d'une fiche de contact Covid, autant d'étapes avant de pouvoir remonter les contacts. C'est ce qui explique le retard pris entre la réalisation du test chez le patient zéro et les premiers appels de la CPAM aux cas contacts. Si ce délai est supérieur à 5 jours, en cas de contamination, ces personnes sont déjà devenues contagieuses et ont pu activer des chaînes de transmission. C'est l'étape de testing qui semble poser le plus de problèmes aujourd'hui, les délais de rendez-vous pouvant atteindre plusieurs jours et il en est de même pour le rendu des résultats. Ces retards de diagnostic empêchent de casser les chaînes de transmission. Et encore, on ne parle pas des week-ends…

Isolez

Tester et tracer ne sert pas à grand-chose si, derrière, les personnes trouvées positives ne sont pas isolées pour casser les chaînes de transmission. En toute rigueur elles devraient être isolées avant, jusqu'au résultat du test. En Asie, on ne rigole pas du tout avec l'isolement[1]. Quand les personnes sont mises en quarantaine ou isolées chez elles, on surveille leur présence rigoureusement, ce qui est perçu chez nous comme une atteinte à la liberté individuelle. Les Chinois gardent les entrées d'immeubles confinés. Même chose à Singapour, où les personnes isolées sont de surcroît appelées deux fois par jour pour vérifier qu'elles sont bien chez elles. Au Vietnam, vous êtes isolé dans des camps, et je ne suis pas sûr que l'on vous demande votre avis. En Israël, vous êtes géolocalisé et, sitôt sorti du périmètre de votre maison, vous pouvez voir un drone arriver au-dessus de votre tête. L'inconvénient d'être isolé à domicile est la possibilité de contaminer vos proches. Souvent, ils ont été contaminés avant et, dans ce cas, l'isolement à domicile est sans problème. Mais si ce n'est pas le cas, le risque de contaminer autrui est très élevé si on ne respecte pas les gestes barrières chez soi.

Mais le plus souvent, en Asie, les malades sont isolés dans des endroits dédiés, hôpitaux (parfois construits à la hâte), gymnase, hôtels. Les lieux dépendent souvent du nombre de personnes à isoler. En France, on peut isoler dans des hôtels, mais plus de 90 % des personnes positives préfèrent rester chez elles. Les hôtels pour Covid, suspects ou confirmés, cela ne marche pas chez nous. Dommage, cela aurait été une manière de les faire travailler alors qu'ils risquent de se trouver sans travail

1. Voir chapitre 6.

pendant des mois, voire des années, le temps de revoir les touristes.

Réouverture des frontières sans quarantaine

Officiellement, l'Europe a rouvert ses frontières le 1er juillet aux voyageurs de quinze pays. En France, cela avait déjà commencé avant, très progressivement, et dans une certaine opacité. Il faut attendre de voir les premiers voyageurs, malades du Covid-19, revenus d'Afrique et notamment d'Algérie, entrer dans nos hôpitaux début juillet, pour comprendre que les frontières ont bien été rouvertes, et sans aucune précaution particulière, sans quarantaine notamment. Les personnes à risque, parties se confiner dans des pays où l'épidémie faisait désormais rage, revenaient en France soit pour y être prises en charge dans des conditions plus sûres, soit dans la crainte d'une infection, devenue fréquente dans leur pays d'origine où l'épidémie est apparue avec retard par rapport à la France. En Île-de-France, début juillet, trois quarts des malades en réanimation pour Covid étaient des cas importés, des voyageurs de retour de zone d'endémie. Début août, ils représentaient encore la moitié des cas de Covid en réanimation. Comme on rentre en réanimation en moyenne une dizaine de jours après le début des symptômes, on peut imaginer le nombre de chaînes de transmission qui ont démarré après leur retour.

La réouverture des frontières s'est faite en tenant compte de différents paramètres : sanitaires (réalité de l'épidémie dans le pays d'origine), économiques (pour les pays d'accueil vivant le plus du tourisme) et géopolitiques (diplomatique ou économique et social). C'est donc le fruit d'un compromis et les enjeux étaient différents selon les pays européens. En ce qui concerne la France, au 1er juillet, le feu était au vert pour tous les pays de l'espace Schengen, les trois pays du Maghreb, le Canada et l'Uruguay en Amérique, quelques pays d'Asie et d'Océanie, et tous les territoires français d'outre-mer. En revanche, le feu était au rouge, par exemple, pour les États-Unis, le Brésil, l'Inde, la Russie, Israël et la Turquie.

Les autorités françaises ont bien mal géré cette réouverture des frontières. Elles ont d'abord fait appel à un principe de réciprocité, c'est-à-dire une réouverture bilatérale des frontières. Cela s'est appliqué aux voyageurs vers le Royaume-Uni avec beaucoup de rigueur, les Anglais étant censés mettre en quarantaine les Français et réciproquement. En revanche, pour les pays du Maghreb, nous leur avons ouvert nos portes alors même que les frontières du Maroc et de l'Algérie étaient fermées aux Français. Fin juin, début juillet, les avions partaient plutôt vides vers Alger et revenaient pleins en France ! Aucune cohérence ! Une décision d'autant plus incompréhensible que l'épidémie était en pleine expansion en Algérie, qui fermait ses frontières, et au Maroc, qui barricadait les portes de ses principales villes. Mais le 31 juillet, en route pour l'Angleterre, je constate sur le panneau d'affichage de l'aéroport de Paris Charles-de-Gaulle des vols directs pour toutes les grandes villes marocaines (Rabat, Marrakech, Casablanca). Les passagers ne sont pas dépistés, puisque le Maroc est en zone verte. Et ils sont encore moins mis en quarantaine.

Les autorités françaises auraient pu instaurer un système de quarantaine à l'arrivée sur notre territoire pour les ressortissants originaires de pays en plein boom épidémique, mais elles ne l'ont pas fait ! Pourtant… nous apprendrons le 6 août que le Conseil scientifique avait émis un avis quant à la nécessité de la quarantaine au retour de voyages ou de séjours en pays à risque. L'avis datait du 10 juillet. Il a fallu un mois pour qu'il soit rendu public, et on le doit apparemment à une journaliste entêtée du *Parisien*. Cet avis n'a pas été suivi par nos autorités politiques, en dépit de l'importance qu'elles accordent à la science et à l'avis du Conseil scientifique. Le Conseil scientifique lui-même n'a pas bronché.

La réponse apportée à l'ouverture des frontières, sans quarantaine, fut de mettre en œuvre, après un certain délai d'inertie, la possibilité de se faire tester à l'arrivée en France à Orly ou à Roissy. Ce fut annoncé à grands renforts de déclarations médiatiques, le 11 juillet, par le ministre de la Santé, puis le 13 juillet par le porte-parole du gouvernement. Mais, une fois de plus, on était plus dans la « com », du côté gouvernement, comme du côté de l'ARS et de l'AP-HP, toujours prête à valoriser son image ; alors que, dans mon hôpital, je ne pouvais même pas tester quotidiennement le personnel, faute d'infirmières en nombre suffisant pour pratiquer les tests.

Tester à l'arrivée les ressortissants des pays à risque relevait en effet plus de l'effet d'annonce, tellement l'efficacité de cette mesure paraissait aléatoire. Les voyageurs pouvaient s'en revenir d'un pays toujours classé en zone verte, non à risque – et donc ne seraient pas testés –, alors que l'épidémie y était en pleine expansion. Les tests étaient d'abord pratiqués sur la base du volontariat, personne ne pouvant être forcé à s'y soumettre. Par la suite, la doctrine a évolué : il fallait avoir fait le test avant le départ, sinon, on était testé obligatoirement à l'arrivée. Mais les tests étaient seulement pratiqués les jours ouvrables pendant les horaires de jour. Seuls les vols directs étaient supervisés. Les voyageurs, une fois testés, rentraient chez eux, dans leur région d'origine, dans l'attente du résultat. Enfin, un test négatif le jour de l'arrivée ne garantit pas que la personne ne puisse pas développer des symptômes dans les jours qui suivent, car il peut très bien s'agir de personnes en incubation de la maladie, voire de personnes contaminées à l'occasion du voyage et susceptibles de développer la maladie dans les 14 jours qui suivaient. Autant de personnes indétectables à l'arrivée.

En fait, en matière de contrôle sanitaire aux frontières, sur le plan épidémiologique, rien ne remplace la quarantaine si on ne souhaite pas fermer les frontières[1]. Malheureusement, ce message n'est pas passé ! Il ne fallait probablement pas effrayer le touriste potentiel. Mais, plutôt que des touristes, nous avons récupéré nos binationaux, migrants devenus français. Ils étaient partis se confiner dans leur pays d'origine en exportant éventuellement le virus. Ils revenaient se confiner en France, en important éventuellement le virus avec le même risque de démarrer des chaînes de transmission.

1. Voir chapitre 1.

Masques, obligatoires ou pas, dehors ou dedans

Le fait que la transmission se fasse aussi par aérosol oblige à insister sur le port du masque dans tous les lieux clos[1]. C'est la raison de l'appel lancé par plusieurs d'entre nous le 12 juillet, dans *Le Parisien*, appelant au port obligatoire du masque dans tous les lieux clos. Nous serons entendus à moitié : seuls les « lieux clos recevant du public » sont concernés ! Les contaminations pourront continuer dans les autres entreprises, publiques et privées, qui représenteront 20 % des clusters fin juillet, et 27 % fin août. Cet appel sera réédité par d'autres dans *Libération*, le 15 août, au moment où le gouvernement semblait avoir pris la mesure du problème puisqu'il était décidé le 18 août que le port du masque deviendrait obligatoire dans toutes les entreprises à partir du 1er septembre. Pourquoi attendre le 1er septembre ? Encore quelques précieuses semaines de perdues.

Mais, en attendant, on aura ajouté à la confusion en laissant le champ libre aux maires pour décider ou pas le port obligatoire du masque dans leurs communes. Beaucoup ont adopté de telles recommandations dans leur centre-ville et, pour finir, c'est devenu obligatoire partout, sous peine d'amende. Et tout ça, sans aucun fondement scientifique. Un article chinois qui a analysé près de 300 clusters n'en trouve qu'un seul en extérieur, et encore, on peut difficilement parler de cluster puisqu'il comporte deux personnes. Un autre article, japonais, suspecte que la transmission à l'extérieur serait 18,7 fois

1. Voir chapitre 5.

plus faible qu'à l'intérieur. Il est donc possible de se contaminer en extérieur, mais c'est difficile et cela ne donnera pas naissance à un gros foyer épidémique. Fin août, on arrive à la bizarrerie de voir des personnes en terrasse de café ne portant pas de masques bien qu'à plusieurs par table, à côté de personnes, déambulant dans la rue adjacente deux par deux, masquées. On n'y comprend plus rien... À un tel point que les autorités sanitaires ont sorti quelques moyens de s'en souvenir...

Des moyens mnémotechniques sont apparus pour retenir les règles. La direction générale de la Santé a énoncé en juillet 2020 la règle des «trois M» : M comme Mètre (de distanciation physique), M comme Mains (à se laver régulièrement) et M comme Masques (à porter, maintenant que l'on en a). Un peu plus tard, le 12 août, au journal de 20 heures, le ministre de la Santé, Olivier Véran, a énoncé la règle «ABCD» pour les indications du port du masque : A pour les personnes À risques, B quand on est dans un lieu Bondé, C dans les endroits Clos, D quand la Distanciation physique ne peut pas être respectée. Les médecins, qui ont beaucoup de choses à retenir pour passer les concours, sont assez fans des moyens mnémotechniques. Il n'est donc pas très surprenant que ceux passés à la politique retrouvent leurs réflexes d'étudiants en médecine, même s'ils ne font plus vraiment de médecine. Cela s'est terminé par le masque partout dehors, et plus souvent dedans.

Masques liberticides ?

À mes yeux, les problèmes posés par les masques sont le coût et l'impact écologique. Si l'on veut rendre le port du masque obligatoire, il faut le rembourser ou en assurer l'accès facile et gratuit. Cela n'est pas le cas. Cela induit une ségrégation sociale : masqué, vous êtes libre de circuler partout ; non masqué, votre liberté de circulation est restreinte. C'est une incitation à les rendre gratuits tout en rappelant que les masques grand public, outre qu'il puisse s'agir d'un accessoire de mode, peuvent être lavés et réutilisés pendant plusieurs semaines, et donc coûtent très peu cher.

En revanche, je ne vois pas en quoi le fait de porter un masque est liberticide, une fois ce problème financier réglé. Selon l'article 4 de la Déclaration des droits de l'homme et du citoyen de 1789 : « La liberté consiste à pouvoir faire tout ce qui ne nuit pas autrui. » Autrement dit : « Ma liberté s'arrête là où commence celle des autres. » Dans un tel contexte, il est important de se rappeler que l'on porte un masque pour se protéger mais aussi, et surtout, pour protéger les autres. J'assimile ainsi le refus du port du masque à un geste d'égoïsme plutôt qu'à un support de la liberté d'expression, de conscience ou de vie privée. Les pays confucéens portent naturellement le masque. Ce qui leur importe, c'est le groupe, pas l'individu ! Nous avons encore beaucoup de chemin à faire.

Plus encore, je trouve incroyable d'assimiler les personnes qui demandent aux autres de porter un masque dans les transports à des collabos, en se demandant, comme l'a fait le Pr Raoult sur CNews le 20 août, « comment ils se comportaient ou se seraient comportés pendant la Deuxième Guerre mondiale ». Avoir dénoncé hier les juifs pendant la guerre serait donc équivalent, dans l'esprit raoultien, à demander aujourd'hui à autrui de porter un masque dans les transports. Comme porter un masque, c'est protéger les autres, on ne comprend pas l'allusion, susceptible de réveiller les fibres antisémites[1]. Il faut dire qu'il faisait sa rentrée médiatique après quatre bonnes semaines de vacances.

Le pari de l'immunité naturelle

Une fois tout le monde infecté, et sous réserve que l'immunité soit protectrice, l'épidémie disparaîtra. Le degré d'immunité collective nécessaire pour contrôler une épidémie dépend de différents paramètres, dont l'efficacité individuelle de la protection conférée par l'immunité (de nulle à totale, d'éphémère à définitive) et le pourcentage de personnes immunisées. Par exemple, pour la rougeole, il faut 95 % d'immunité collective pour empêcher une épidémie. Mais l'immunité est définitive. Pour le Covid, on ne sait pas ; certains disent 60 %, d'autres 20 %. Surtout, la découverte fin août de cas de réinfection fait penser que l'immunité peut ne pas être suffisamment protectrice. À l'inverse, l'idée d'une protection croisée, conférée par une infection

1. Voir chapitre 1.

antérieure par un autre coronavirus, a été soulevée. Cela serait une bonne nouvelle.

Mais si l'on regarde attentivement les cohortes (c'est-à-dire une population exposée dans un lieu unique pendant un temps suffisamment long), notamment celles du porte-avions *Charles-de-Gaulle* et du Summer Camp des scouts américains, on voit que les taux d'attaque sont particulièrement élevés à la fin de l'épidémie dans ces populations sélectionnées, de l'ordre de 60-80 %[1]. Ces taux d'attaque élevés me font plutôt croire que le taux d'immunité collective est plus proche de 70 % que de 20 % et que la protection croisée est faible.

C'est donc un pari risqué que de compter sur l'apparition de l'immunité naturelle, vu la gravité potentielle de la maladie[2]. Si on estime que 5 % de la population française a rencontré le virus avant le confinement (en fait, les chiffres varient énormément d'une région à une autre) et qu'une telle immunisation a « coûté » 30 000 vies, il n'est pas difficile d'en conclure que l'immunisation de 60 % de la population française coûtera douze fois plus de vies humaines, c'est-à-dire entre 300 000 et 400 000 personnes. Évidemment, ce n'est pas de la science de haute voltige mais on retombe dans les fourchettes des modélisations mathématiques présentées au président de la République le 12 mars[3]. Surtout, tout dépendra du temps nécessaire pour acquérir cette immunité.

1. Voir chapitre 5.
2. *Idem.*
3. Voir chapitre 9.

L'acquisition de l'immunité naturelle pose d'autres problèmes, mais il n'y a pas d'autres possibilités : c'est une réalité incontournable. Premièrement, l'immunité naturelle est-elle protectrice ? On peut répondre « probablement non » car un cas de recontamination certaine a été signalé le 24 août. Mais il est probable qu'en cas de réinfection, celle-ci soit moins sévère que la première. Deuxièmement, si l'immunité naturelle était protectrice, il se pose le problème de sa durée. Combien de temps cette immunité va durer ? Personne ne le sait. Certaines infections confèrent une protection à vie, pour d'autres, c'est plus temporaire ; pour le Covid-19, on ne peut pas encore savoir, nous n'avons pas assez de recul. Et nous ne le saurons pas avant quelque temps, mais le cas de réinfection est survenu quatre mois et demi après le premier épisode. Troisièmement, laisser circuler le virus expose à augmenter ses possibilités de muter, et cela peut se faire dans un sens favorable, mais aussi défavorable. Cette possibilité de mutation pose deux problèmes : le premier serait la nécessité d'adapter le vaccin (quand il y en aura un) en fonction de la souche virale circulant, c'est ce qui se passe avec la grippe ; le second serait le risque d'exposer à des réinfections, c'est peut-être ce que l'on va constater. Dans certaines maladies virales, comme la dengue, le risque de faire une forme grave est plus élevé lors de la deuxième infection que de la première, du fait d'anticorps dit facilitants.

De toute façon, en l'absence de vaccins, de traitements curatifs et de prévention efficace, on va doucement mais sûrement vers une immunisation naturelle de la population, à la suédoise ! Évidemment, on peut arrêter l'économie, les réunions publiques, les sports, les concerts, les congrès, fermer les écoles, les collèges, les universités, jusqu'à ce que le vaccin arrive, mais c'est un pari impossible à tenir sur le plan économique, ne rêvons pas. Et puis, si cela se trouve, il n'y aura jamais de vaccin.

Laisser les jeunes s'immuniser ?

Dans un tel contexte, un certain nombre de personnes et de pays, y compris en Europe – la Suède, par exemple –, ont une politique qui vise à laisser faire les jeunes et à protéger les vieux, évidemment, l'un n'allant pas sans l'autre. De toute manière, il faut être pragmatique ! Est-ce que l'on se donne les moyens (répressifs) d'empêcher les jeunes de se réunir ? La réponse est clairement non. Donc, réfléchissons-y !

Partant de ce constat – les jeunes continuent de se réunir et de faire la fête sans masques –, il est légitime de se poser la question des conséquences de ce laisser-faire. C'est ce que j'ai fait dans une interview publiée dans *Le Parisien* le 2 août. Côté positif, les jeunes vont s'infecter sans qu'il y ait de conséquences majeures pour eux. Ils ne sont pas invincibles mais les formes graves sont exceptionnelles chez eux. De plus, ils se seraient immunisés avant la rentrée scolaire qui risque d'être difficile. On va se contaminer dans les écoles, collèges, lycées. Et on aura, en plus, toutes les infections hivernales en même temps. Côté négatif, attention au risque de provoquer des chaînes de transmission dans les familles, à ne pas contaminer les parents et grands-parents, qui eux risquent des formes graves. Évidemment, c'était plus facile à envisager en juillet-août, car, l'été, nos jeunes n'ont pas tout à fait les mêmes horaires que nous. Mais l'important, dans un tel contexte, c'est de dire aux anciens de se protéger et aux jeunes de les respecter.

J'ai reçu toutes sortes de réactions, d'autant que les personnes qui ne lisent des articles que le titre ou les intertitres (non choisis par la personne interviewée) avaient compris que je recommandais l'immunité naturelle, ce qui n'était pas vrai du tout. Il y a toujours des collègues plus ou moins bien intentionnés… Côté bien intentionnés, je retiendrai surtout le message de l'ancien président du Haut Conseil de santé publique (HCSP), Roger Salamon, pas n'importe quel spécialiste de santé publique ou d'épidémiologie. Il a formé beaucoup de personnes en épidémiologie en France, dont des membres du Conseil scientifique et des confrères. J'ai travaillé avec lui pendant des années au HCSP, quand je présidais la commission des maladies du voyageur (CMVI). Il m'écrivit le jour même : « Tiens bon, c'est toi qui as raison. Ils font tous des excès de précautions ridicules qui nous promettent une rentrée difficile. » Côté ignorants ou mal intentionnés (ils ne sont pas plus nombreux), je retiens une possibilité : « T'as pas un peu pété les plombs sur l'immunité collective des jeunes ? » ; et une pensée péremptoire : « Je pense que tu devrais faire un sevrage de médias. » Aucune de ces deux dernières personnes n'est spécialisée en épidémiologie, et même si elles ont de relativement beaux pedigrees, cela ne vaut pas tripette sur le plan épidémiologique comme sur celui de la santé publique, comparativement à Roger Salamon.

La réponse des autorités sanitaires, à cette constatation, a été plus liberticide pour les jeunes, au risque de provoquer des échauffourées à l'extérieur, et des regroupements à l'intérieur des maisons, regroupements autrement plus générateurs de transmission secondaire. Le port du masque est devenu obligatoire à l'extérieur, contre toute logique. On a continué à travailler dans des lieux clos, non masqué, jusqu'au 1er septembre. Et on peut boire un coup en terrasse, face à face, dans le même espace. C'est la science à géométrie variable : dans un cas, on l'invoque, dans l'autre, on n'en tient pas compte. Ce sont des choix politiques que la science n'éclaire pas.

L'attente vaccinale

La course au vaccin a été lancée très tôt et il faut bien reconnaître que ce sont les Chinois qui ont une petite longueur d'avance puisqu'en ce mois de juillet 2020, ils ont déjà démarré des essais cliniques au Brésil pour en tester l'efficacité. Le vaccin est certainement la meilleure des solutions envisageables pour le Covid-19. Néanmoins, mettre au point un vaccin prend du temps : il faut d'abord en tester la tolérance, ensuite l'efficacité et, enfin, en assurer la production en quantité suffisante pour pouvoir en faire bénéficier les personnes les plus à risque, dans l'attente de le prodiguer à l'ensemble de la population, si elle en veut bien.

En plein milieu de l'été, le Conseil scientifique a déjà défini les indications du vaccin… alors qu'il n'a pas encore été évalué et qu'on ne sait même pas s'il sera efficace. Cette précipitation à définir des populations à vacciner m'étonne. Cette approche vaccinale pose plusieurs problèmes. D'une part, l'immunité conférée par un vaccin est en général moins bonne que l'immunité conférée par la maladie. Or, à l'heure actuelle, il existe des doutes quant à savoir si l'immunité conférée par la maladie est durable. Par ailleurs, nous avons affaire à un virus dont le potentiel de mutation est connu, et il ne faudrait pas qu'il mute suffisamment pour échapper au vaccin. Aussi, les vaccins sont souvent moins efficaces chez les personnes âgées, principales victimes de cette maladie. Enfin, et surtout, il n'y a pour le moment aucun vaccin, et il n'y en aura pas, au mieux, avant plusieurs mois. Les indications ont encore le temps de changer.

Tous les laboratoires pharmaceutiques producteurs de vaccins sont sur le coup. Mais de petits laboratoires semblent tirer leur épingle du jeu, dont un laboratoire privé, Moderna. Ce vaccin cible la protéine S du virus, responsable de l'arrimage du virus aux récepteurs ACE2 qui est la porte d'entrée dans la cellule[1]. Il s'agit d'un vaccin américain qui n'est pas à un stade aussi avancé que le vaccin chinois. L'étude d'escalade de dose, c'est-à-dire la recherche de la dose la plus efficace, n'a pas engendré de toxicité majeure. Néanmoins, des effets indésirables mineurs ont été observés (fatigue, maux de tête, douleurs musculaires, frissons, douleur au

1. Voir chapitre 5.

site d'injection) chez environ la moitié des patients. Au cours de l'essai de phase 1, ce vaccin a permis d'obtenir une bonne réponse avec un taux d'anticorps neutralisants a priori efficace contre le SARS-CoV-2, et un effet dose dépendant, c'est-à-dire meilleur pour les doses les plus élevées. Un essai de phase 2, évaluant la réponse immunitaire et surtout la toxicité sur un beaucoup plus grand nombre de patients (600) a déjà commencé. Quant à la preuve de l'efficacité clinique, l'essai de phase 3 commencera fin juillet avec 30 000 patients prévus, et il s'agira d'un essai randomisé contre placebo. On devrait donc avoir la preuve rapide de l'efficacité du vaccin, sous réserve que le virus circule encore dans les populations dans lesquelles il sera testé. En effet, il est difficile d'évaluer l'efficacité d'un vaccin si la population prenant le placebo n'est pas exposée (du fait du respect des gestes barrières et du port du masque) ou bien si elle est déjà immunisée (du fait d'infection antérieure par le Covid-19).

En cet été 2020, il y a d'autres vaccins dont on parle. L'un est développé par l'université d'Oxford, avec le laboratoire américain Astra Zeneka, qui envisage de fabriquer 1 milliard de doses dont le gouvernement américain a déjà préempté 300 millions. Mais il y a des effets indésirables. Un autre est le vaccin russe, Spoutnik V, qui est comme tombé du ciel. Mais il existe encore d'autres vaccins, il y en a une dizaine en cours d'étude.

Six mois après le début de l'épidémie en France, on observe un emballement général, fort compréhensible, dans la course aux vaccins. Mais il existe une défiance vis-à-vis de la vaccination d'une large part de la population des pays occidentaux. C'est un rejet que peuvent seuls se permettre les pays riches. Les pays pauvres savent qu'ils se sont sortis de beaucoup de maladies infectieuses grâce aux vaccins. Les pays riches l'ont oublié. Jusqu'à 40 % de la population française estime qu'elle ne se ferait pas vacciner contre le Covid-19 s'il était commercialisé… Et, tant qu'à parler de vaccins, soulignons pour finir l'importance de se prémunir contre la grippe cet hiver. Il ne faut pas que les médecins se retrouvent à devoir gérer Covid, grippe et infections hivernales banales en même temps.

Le Ségur de la santé

J'ai commencé la troisième partie de cet ouvrage par la situation sanitaire en France à l'arrivée de l'épidémie, symbolisée par l'acronyme T2A (pour « Tarification à l'activité ») qui me semblait résumer la transformation consumériste de l'hôpital public en une entreprise de soins. Il est justice d'y revenir avec les résultats du Ségur de la santé et ses trente-trois mesures assorties d'un réel effort financier de près de 20 milliards. L'État a compris le problème et fait le bon diagnostic d'une souffrance qu'il a lui-même créée. Il y a une crise démographique médicale et un manque d'attractivité des hôpitaux publics qu'il faut combler. Le traitement sera-t-il efficace ?

Je n'ai pas envie de faire la fine bouche mais je reste vigilant, dans l'attente de voir comment ces propositions vont se concrétiser sur fond de crise économique.

Je vois surtout cela comme une remise à niveau. On a supprimé des dizaines de milliers de lits au cours des vingt dernières années, on se met en condition d'en rouvrir 4 000 si l'on en a besoin. Les salaires n'ont pas suivi, notamment ceux des infirmier(ère)s : on les augmente sans pour autant rattraper la moyenne européenne, ni gommer les différences privé-public. On a supprimé des milliers de postes d'infirmiers, on en crée 7 500 mais on reste loin des ratios de 1 infirmière pour 6-8 lits qui étaient en cours autrefois. On a artificiellement creusé la dette des hôpitaux au cours des dix dernières années et une partie de cette dette (13 milliards) est reprise.

Au-delà des éléments concrets, il existe un changement de discours qui semble montrer que la mesure de la souffrance des hôpitaux publics a été entendue.

Retour à la vie culturelle, la preuve par l'Intime Festival

Mon dernier week-end d'août, celui pendant lequel j'ai achevé cet ouvrage, je l'ai passé en Belgique, entre Namur et Spa-Francorchamps (voir le paragraphe suivant). J'aime voyager, et la Belgique est un de mes pays préférés en Europe, probablement à cause de son sens du compromis, de ses peintres et de l'humour de ses habitants. J'y vais environ une fois par an, comme chez nos cousins suisses ou nos amis irlandais. Mais cette fois j'y étais pour des raisons professionnelles, et pas seulement amicales.

Le samedi, je me suis rendu à Namur, au bord de la Meuse, ou plutôt entre Sambre et Meuse. Namur a quelques atouts touristiques mais j'y allais pour parler à l'Intime Festival, un festival littéraire dont la directrice culturelle, Chloé Colpé, est une amie. Il se déroule tous les ans, depuis huit ans, le dernier week-end d'août, normalement dans le grand et beau théâtre de Namur qui a été cette année retoqué par les autorités sanitaires locales pour raisons de Covid. Du coup, le festival s'est tenu dans deux très belles églises, larges, spacieuses et hautes de plafond, l'église Saint-Loup et la cathédrale Saint-Auban, tandis que la cour de l'Athénée servait d'espace convivial de rencontre entre auteurs et spectateurs, en plein air – genre terrasse de bistrot, où l'on pouvait laisser tomber le masque. Heureusement, il a fait beau. Mais, si cela n'avait pas été le cas, nous aurions pu nous réfugier sous les auvents bien aérés de la cour.

Ce festival littéraire est placé sous le signe de la force, de l'humour et de la délicatesse. Quatre ans auparavant, je m'y étais inquiété des problèmes de santé de Tintin et de Haddock, deux grands voyageurs belges dont je craignais qu'ils n'aient des pathologies relatives au voyage, une de mes spécialités. Et il s'avère qu'ils n'en ont eu aucune, en dépit du grand nombre de pays visités et des conditions de voyage souvent difficiles... Cette fois-ci, j'y suis allé pour disserter sur le... Covid, le samedi, dans l'église Saint-Loup. C'est en fait là que j'ai mentionné pour la première fois l'ouvrage que vous avez entre les mains. J'étais en compagnie d'un historien des sciences, Guillaume Lachenal, qui parlait de son livre *Le médecin qui voulut être roi*, l'histoire vraie d'une sorte de dictature sanitaire, établie au Cameroun en 1939, qui avait duré le temps de la Seconde Guerre mondiale. Cette folle entreprise coloniale avait laissé au Dr David, un médecin militaire, la gouvernance de toute une région administrative pour y accomplir une utopie où la médecine guiderait toute la politique et où la politique deviendrait une thérapie sociale.

Il y a quelques beaux romans sur fond d'épidémies que je recommande au passage. Pour certains auteurs, c'est la peste, par exemple *Le Décaméron* de Boccace et *La Peste* d'Albert Camus. Pour d'autres, c'est le choléra, comme *Le Hussard sur le toit* de Jean Giono, et *L'Amour au temps du choléra* de Gabriel Garcia Marquez. Moins connu, mais tout aussi bien, *Un mal qui répand la terreur* de Stewart O'Nan, à propos d'une épidémie de diphtérie dans une petite ville du Wisconsin aux USA à la fin du XIXe siècle, un livre découvert à l'Intime Festival. D'autres romans sont plus focalisés sur l'isolement, du temps de la tuberculose, *La Montagne magique* de Thomas Mann, ou du temps de la dictature, *Le Pavillon des cancéreux* de Soljenitsyne.

Je me suis senti en sécurité à l'Intime ; toutes les mesures sanitaires étaient bien respectées. Nous étions masqués dans les lieux clos comme les églises sauf quand nous y parlions, car il n'est pas très facile de tenir un discours avec un masque sur le visage. Et quand le masque était enlevé, la distance de sécurité était respectée.

Du gel hydroalcoolique était à disposition partout. La friction des mains était obligatoire avant chaque entrée dans un lieu clos. Et il n'y a pas eu de cluster épidémique associé à l'Intime Festival. En fait, le seul risque que nous avons couru est celui que nous courons chaque jour quand nous nous retrouvons entre amis autour d'une table, dans un bistrot ou un restaurant. Mais, dans des lieux clos comme des églises, il est facile de respecter les gestes barrières et la distanciation physique.

Retour à la vie sportive, la preuve par la FIA

Le dimanche de ce dernier week-end d'août, hautement symbolique de la reprise de la vie culturelle et sportive, à quelque cent kilomètres de Namur, dans les Ardennes, à Spa-Francorchamps, j'ai assisté au Grand Prix de Formule 1 sur ce vieux circuit, mythique par sa dénivelée de plusieurs centaines de mètres, et sa belle situation géographique en pleine forêt.

J'étais sur le circuit car la FIA (Fédération internationale de l'automobile) m'a demandé d'être son conseiller technique pour le Covid. Je ne suis pas un grand spécialiste ni un grand fan des sports mécaniques, étant plutôt porté sur les sports collectifs et de ballon, comme le handball que j'ai beaucoup pratiqué étant jeune. Mais j'y ai pris goût à mesure que j'assistais aux Grands Prix où je venais contrôler le protocole sanitaire que nous avions mis en place. J'ai été séduit par son président, Jean Todt, bien connu des Français pour toute son œuvre chez Peugeot Sports, comme chez Ferrari, et par son idée de prêter main-forte à Gérard Saillant. J'avais bien connu ce dernier à la Pitié-Salpêtrière où il avait été mon doyen, avant de se retirer du monde universitaire et hospitalier pour se consacrer à d'autres enjeux d'importance, comme l'Institut du cerveau.

Le protocole sanitaire est strict et très efficace car bien respecté par tout le monde. Et ce n'est pas seulement une question d'argent. Ici, pas de « Djocovid » – le surnom donné au tennisman Djokovic après qu'il a attrapé le Covid dès son retour à la compétition, faute d'avoir respecté les mesures barrières lors d'un tournoi organisé en Serbie. Et pas non plus de situation semblable à celle de certaines équipes de football ou de rugby décapitées par l'absence de plusieurs joueurs, comme on l'a vu en ce début de saison sportive. Pourtant, même sans spectateurs, plusieurs centaines de personnes sont investies dans le bon déroulement de la course. Pour chacune des dix équipes engagées travaillent environ deux cents personnes, auxquelles il faut ajouter les officiels de la FIA et des organisateurs locaux. Le système est fondé sur le respect absolu des gestes barrières, en toutes circonstances. Le masque est porté partout, dedans et dehors. Les pilotes donnent l'exemple : même au moment de recevoir leur trophée sur le podium, en plein air, ils portent le masque. Du gel hydroalcoolique est fourni partout. Le principe général ? Des bulles. Chaque équipe constitue une bulle composée de différentes sous-bulles selon les responsabilités de chacun. Les membres d'une bulle ne doivent pas fréquenter les membres d'une autre bulle sans précaution particulière. Et toutes ces personnes ne peuvent pénétrer dans la méga bulle que représente le circuit sans avoir montré patte blanche, c'est-à-dire présenter un test Covid négatif effectué au maximum dans les quatre jours précédents. Je me suis fait ainsi dépister quelques fois depuis le début de l'été. Mais ce n'est rien en comparaison des membres des équipes, qui eux se font tester tous les quatre jours. Certains ont déjà effectué plus de vingt tests depuis la reprise de la saison automobile, le premier week-end de juillet. Ils seront heureux de voir arriver les tests salivaires. Enfin, la température corporelle est systématiquement prise à l'entrée sur le circuit.

En Formule 1, depuis le retour des Grands Prix début juillet, il n'y a pas eu un seul foyer épidémique, en dépit de la présence de plus de 2000 participants chaque dimanche. Elle est la première compétition sportive internationale à avoir repris cette année, avant tous les autres sports. La FIA a montré que le retour à la vie sportive est possible, dans un premier temps sans spectateurs – et, j'espère, demain avec eux, car je suis persuadé que c'est possible. Si l'on peut mettre 9000 personnes masquées, assises les unes à côté des autres, au Puy-du-Fou, en Vendée, par dérogation préfectorale à la fameuse limite des 5000 personnes, établie au niveau national pour les grands rassemblements, et sans clusters secondaires, c'est aussi applicable ailleurs et notamment dans le sport. Je pense même que les spectateurs pourraient revenir partout, dans tous les stades, pour tous les sports de plein air. Je reconnais que cela sera plus difficile pour les sports en salle, mais cela devrait aussi être possible en respectant les mesures barrières. C'est la preuve par l'Intime Festival. Le risque ne sera pas dans l'enceinte sportive mais en face, au café, lors du déjeuner ou du dîner d'avant ou d'après match, entre amis. Mais il ne sera pas supérieur à celui de la vie de tous les jours. Il faudrait donc faire preuve d'un peu plus de discernement dans l'application de la règle sanitaire qui impose une limite au nombre de spectateurs. Cela doit s'appliquer à la vie religieuse, culturelle et sportive. La culture et le sport font partie de la vie et ne doivent pas être victimes des erreurs passées, comme lors de rassemblements religieux, tenus à une époque où les gestes barrières n'avaient pas été respectés. Mais cela ne peut s'envisager sans un protocole sanitaire strict. L'enjeu est de taille. La vie doit reprendre.

Épilogue

L'histoire doit éclairer le futur. Tirer les leçons du passé permet de se tourner vers l'avenir plus sereinement, en conciliant la santé, l'économie et le social. C'est le rôle des politiques qui, pour le moment, ont manqué d'humilité, d'honnêteté, de réactivité et de sens de l'anticipation dans la gestion de cette épidémie, le tout aboutissant à une perte de confiance dans la population en général.

Une vision purement sanitaire serait folie si elle continuait de se faire au détriment de l'économie. Le remède ne doit pas être pire que le mal. Nous devons garder cette notion essentielle à l'esprit. Les conséquences d'une crise économique sont aussi sociales et médicales. Et sans économie forte, inutile de rêver à un bon système de santé. On dit souvent que la part de la richesse consacrée à la santé est la même en Allemagne qu'en France, ce qui est vrai (11-12 %). Mais on oublie aussi souvent de préciser que le gâteau allemand est plus gros que le gâteau français, ce qui fait une sacrée différence à l'arrivée. Néanmoins, tout n'est pas affaire de richesse nationale puisque des pays moins riches que nous, comme le Vietnam ou la Nouvelle-Zélande, s'en sortent très bien. Et une démocratie peut très bien y arriver comme on le voit avec la Corée du Sud, Taïwan, ou encore la Nouvelle-Zélande. La réussite épidémique n'est pas l'apanage des régimes autoritaires ou confucéens.

Nous allons devoir coexister avec ce virus. Mais celui-ci doit d'ores et déjà nous interroger sur notre mode de vie. Il est nécessaire d'y réfléchir car le principal risque que nous courons est, en fait, la survenue d'une nouvelle épidémie alors que nous sommes loin d'en avoir fini avec celle-ci. Car les mêmes causes produisent les mêmes effets. Il faut donc écouter son message et réfléchir à un autre mode de développement plus social, plus solidaire et plus écologique, si c'est possible.

Les leçons du virus

Côté virus, on ne sait pas encore tout, mais on sait déjà beaucoup de choses, suffisamment pour se projeter vers l'avenir. Ce virus est particulièrement intelligent. Et les nouvelles ne sont donc pas très bonnes : 1/ peu d'entre nous échapperont à l'infection ; selon les rares études de cohortes, 67 à 76 % d'entre nous devraient être infectés pour que, peut-être, l'épidémie s'arrête ; 2/ à ce jour (fin août 2020), nous sommes probablement environ 10 % à avoir rencontré ce virus ; 3/ le virus se transmet avant l'apparition des symptômes dans près de la moitié des cas ; 4/ la durée d'incubation moyenne est extrêmement courte, de l'ordre de 3 à 5 jours ; 5/ le taux de personnes infectées mais asymptomatiques est d'environ 20 %, mais on ne connait pas leur degré de contagiosité (probablement plus faible) ; 6/ les symptômes peuvent facilement passer inaperçus, surtout chez les jeunes ; 7/ la mortalité (létalité) est faible, de l'ordre de 0,5 % ; 8/ il n'y a pas de traitement ni de vaccin à ce jour ; 9/ seule la prévention est possible et elle est compliquée ; elle doit associer mesures individuelles (distanciation physique, port du masque, lavage des mains) et collectives (quarantaine pour les voyageurs à risque, et le triptyque, tester – tracer – isoler, pour les cas et les contacts).

Les conséquences de ces constatations ne sont pas réjouissantes. La pandémie ne pourra plus être arrêtée et nous n'en sommes qu'au début. Seules les îles ou les pays avec un comportement insulaire (comme la Thaïlande ou la Corée du Sud) pourraient s'en sortir indemnes, mais au prix d'un repli sur soi qui n'est pas durable, ou de mesures de quarantaine très strictes. De fait, c'est extrêmement difficile d'arrêter une maladie dont l'agent pathogène se transmet avant l'apparition des symptômes et dont les symptômes sont le plus souvent bénins. On le voit bien dans les pays confucéens, qui ont été l'exemple à suivre mais ont énormément de difficultés pour contrôler les résurgences épidémiques sur leurs territoires, à partir de voyageurs (touristes, clandestins) ayant échappé au système de la quarantaine[1]. Comme le Covid touchera presque toute la population, même si cela n'est pas trop grave (en dehors des personnes obèses, âgées

1. Voir chapitre 6.

ou fragiles), cela fait beaucoup de monde. Et si toutes les personnes malades arrivent en même temps, le système de santé sera rapidement saturé. Avec des conséquences terribles pour les malades du Covid comme des autres, faute d'accès facile à des soins adaptés. Il faut donc aplatir la courbe épidémique pour étaler l'arrivée des malades et permettre la meilleure prise en charge possible en l'état actuel du système de santé.

Il faut tout axer sur la prévention, tant que nous n'avons pas de vaccin ni de traitement antiviral. Mais elle pose des problèmes individuels et collectifs. Sur le plan individuel, il faut sensibiliser la population aux symptômes du virus et l'amener à se faire tester dès les symptômes initiaux. Repérer les cas à tester est en effet plus difficile pour une maladie peu symptomatique, notamment chez les jeunes personnes. Et, à l'arrivée de l'hiver, avec la superposition des infections virales saisonnières, il va être difficile de séparer le Covid-19 des autres maladies hivernales. Nous devrions nous faire vacciner tous contre la grippe. Et il faudrait aussi arriver à convaincre tout le monde d'adopter le port du masque à l'intérieur de tous les lieux clos. Sur le plan collectif, il manque les hommes pour tester le plus rapidement possible, sans attente, et pour remonter les chaînes de transmission, sans attente. L'arrivée de moyens diagnostiques nouveaux comme les tests salivaires devraient rendre les choses plus faciles et plus rapides. Un commandement unique serait nécessaire alors qu'actuellement cette tâche est répartie entre l'ARS et la CNAM, sans compter Covisan sur Paris et une partie de l'Île-de-France.

Les leçons de l'épidémie

L'épidémie de Covid a mis en exergue les importantes lacunes de notre système de santé qui n'a plus rien à voir avec ce qu'il était en juin 2000, quand l'Organisation mondiale de la santé (OMS) le classait parmi les trois plus performants dans le monde. Le Covid a ainsi révélé les défaillances de ce système que l'on pourrait résumer par le mot de « pénurie ». C'est l'héritage des politiques de santé menées depuis vingt ans dont les principales caractéristiques ont été une logique comptable et à court terme. Dans cette aventure, nous avons abandonné notre culture de la santé publique et de la prévention. On en avait oublié jusqu'aux masques ce qui, pour une infection à transmission respiratoire, est bien étrange. Et ce sont des hôpitaux exsangues et des acteurs du système de santé en grève qui ont vu arriver l'épidémie.

Masques, gel hydroalcoolique, tests, lits d'hospitalisation, lits de réanimation, lits pour isoler les malades, lieux pour isoler les contacts, médicaments, respirateurs, matériels médicaux de premiers soins, pousse-seringues, housses mortuaires, cercueils, chambres frigorifiques, et surtout personnel médical et paramédical : tout a été dit de ces pénuries, et je ne souhaite pas en rajouter. Je ne pense pas que nous vivrons de nouveau de telles pénuries.

Mais il y a malheureusement une exception, et elle est de taille : le personnel médical. Des postes sont non pourvus, des lits sont toujours fermés faute de soignants, et le ratio du personnel rapporté au nombre de lits est toujours important. En résumé, on manque beaucoup trop de lits et de professionnels de santé dans nos hôpitaux, une honte pour un pays comme le nôtre dont les facultés de médecine ont refusé tant de candidats très motivés qui auraient fait d'excellents médecins ! Or il faut trois ans pour former une infirmière et dix ans pour former un médecin. Il serait préférable d'y penser dès maintenant car les mêmes causes produiront les mêmes effets. Il est déjà trop tard pour la deuxième vague. Mais il n'est jamais trop tard pour une nouvelle épidémie.

Il faut redévelopper la santé publique et mettre fin à la paupérisation progressive de notre système de santé. Il faut rappeler qu'un euro investi dans la prévention des maladies rapporte à terme entre 5 et 10 euros à l'économie. Pour avoir oublié ce principe fondamental, les millions d'euros économisés sur le système de santé au cours des vingt dernières années vont finalement coûter des centaines de milliards d'euros à l'économie du pays.

Il était attristant de voir les multiples insuffisances qui ont émaillé l'histoire de l'épidémie de Covid-19 en France : mauvaise communication, gestion chaotique, pénuries diverses, injonctions paradoxales, tâtonnements, lenteur, hydroxychloroquine, symbolique des dérives de la science, et manque d'anticipation de presque tout. Pour autant, je me réjouis de ne pas être américain aujourd'hui, et d'être citoyen d'un État-providence qui a très bien fait les choses de ce côté-là. En même temps, si j'avais pu être citoyen de Singapour ou de Taïwan, j'aurais nettement préféré.

J'espère simplement que les erreurs commises initialement ne se reproduiront pas. Mais j'ai des doutes… «*Errare humanum est, perseverare diabolicum.*» Les mêmes hommes sont aux commandes. Les mêmes errances semblent se reproduire. Il n'y a toujours pas de pilote dans l'avion. Il faudrait un maréchal Foch à l'état-major, et on a toujours des Bazaine. Il est fondamental, dans une épidémie de la sorte, d'être particulièrement rapide et réactif. Cela n'a pas été le cas. Et ce n'est toujours pas le cas, en cet été 2020, pour le port du masque, la quarantaine, le testing, le tracing, et l'isolement… Pourtant, tout retard pris au testing devient irrattrapable sauf à déployer des efforts qui ne sont pas possibles dans la plupart des pays comme les nôtres, tellement cela nécessite une vigilance de chacun (sitôt le moindre symptôme, il faut se faire tester immédiatement), et une grande réactivité de la collectivité pour tracer les contacts (c'est-à-dire retrouver toutes les personnes exposées avant qu'elles ne transmettent). C'est une course contre la montre.

Pourtant les épidémies peuvent être le moment fondateur d'un nouveau monde, voire d'un système économique à réinventer. Malheureusement, l'occasion n'a pas été saisie, même si le président Macron l'a eu sur le bout de la langue dans certains de ses discours de crise. Mais on ne se refait pas du jour au lendemain. Ce qui me frappe le plus est l'asphyxie des services publics (santé, mais aussi police, justice, enseignement), la dérégulation des échanges économiques, l'importance du capitalisme financier, et les écarts croissants entre les plus pauvres et les plus riches. Le premier message est donc social : réhabiliter les services publics dans leur ensemble, et revaloriser les métiers clés. C'est ce qui semble se dessiner, en tout cas côté médical, avec les résultats du Ségur de la santé. Si cela se concrétise, cela sera à souligner !

Le deuxième message est écologique. Comme voyageur et spécialiste de médecine des voyages, je m'interroge sur la place de l'avion dans notre économie et dans notre vie quotidienne. Une fois constaté qu'il s'agit d'une maladie du voyage, transportée par les voyageurs, il faut réfléchir à diminuer les voyages aériens. Ceux-ci concourent à la pollution, au réchauffement climatique, sont le véhicule d'un tourisme de masse, autant de vecteurs de la destruction d'un environnement qui pourra de moins en moins laisser une place à tout le monde si l'on continue comme ça. Il rejoint le problème du franchissement de la barrière d'espèce qui a été l'origine de l'émergence de ce virus[1]. Symboliquement, la nature se venge du mal qu'on lui a fait.

Le troisième message peut se résumer en une seule formule : « Un pour tous, tous pour un », expression popularisée par Alexandre Dumas, dans *Les Trois Mousquetaires*. Cette formule devrait devenir notre mantra épidémique. Mais qui lit encore *Les Trois Mousquetaires* à l'école ? Car le futur de l'épidémie dépend de chacun d'entre nous et de notre esprit de solidarité. La société française, à travers ses autorités politiques, a fait preuve d'un grand esprit de solidarité,

1. Voir chapitre 4.

grâce à l'État-providence qui a parfaitement joué son rôle mais à un coût prohibitif. Il ne pourra pas le faire une seconde fois. Il ne tient donc qu'à nous, à titre individuel et collectif, de changer nos comportements dans un sens plus confucéen pour suivre l'exemple de certains pays asiatiques : être moins individualiste, plus collectif ! Le port du masque est à cet égard exemplaire. Nous ne portons pas le masque seulement pour nous protéger mais aussi et surtout pour protéger les autres. Et il en est de même de la vaccination. Nous ne nous vaccinons pas seulement pour nous protéger mais aussi et surtout pour protéger les autres. Il faut espérer que les égoïsmes fassent place à l'altruisme. Mais l'exemple doit venir d'en haut. Il faut impérativement que cette notion de solidarité soit partagée par nos élites économiques et financières.

Les scénarios du futur

Pour imaginer les scénarios du futur, on peut évidemment se reposer sur les modèles mathématiques. L'utilité de tels modèles est controversée. Selon George Box, un statisticien britannique : «*All models are wrong, some are useful...*», soit : «Tous les modèles sont faux, quelques-uns sont utiles», ce qui colle assez bien avec ce qui a été observé au cours de ces dernières décennies. Et on verra ce qu'il adviendra pour cette épidémie de Covid.

Mieux vaut se référer, en attendant la science, à l'histoire, et au bons sens, en se souvenant que nous avons déjà eu affaire à six autres coronavirus. Quatre d'entre eux sont installés depuis des décennies, voire des siècles, et circulent régulièrement parmi nous, surtout l'hiver. Ils sont très mal connus et personne ne s'y est beaucoup intéressé. Ils sont surtout responsables d'infections respiratoires le plus souvent bénignes, parfois inapparentes, parfois graves, comme le Covid. Deux coronavirus ont émergé depuis le début du XXIe siècle, responsables d'infections d'une extrême gravité (avec des taux de mortalité/létalité supérieurs à 10 %), le SARS, et le MERS-CoV[1]. Le SARS a disparu car l'épidémie a été maîtrisée rapidement, en quelques mois. Mais les caractéristiques du SARS (transmissibilité, contagiosité, gravité) ont fait que cette épidémie était autrement plus facile à arrêter que le Covid. Quant au MERS, il menace à tout moment de sortir de son berceau de la péninsule arabique où il circule à bas bruit. Il l'a déjà fait en 2015 à l'occasion de l'épidémie, principalement hospitalière, de Corée du Sud. Là aussi l'épidémie a été assez facilement maîtrisée mais les Coréens sont des maîtres dans ce domaine. Et les rares cas d'importation de MERS dans les pays occidentaux n'ont pas donné naissance à de grandes épidémies comme en Corée du Sud.

Il y a donc fort à parier que le Covid va rejoindre la bande des quatre autres coronavirus circulants qui va donc s'enrichir de l'arrivée d'un cinquième membre. Et le Covid va circuler parmi nous comme les quatre autres. Il va donc falloir vivre avec le Covid en se rappelant que l'immunisation d'environ 5 % de la population s'est

1. Voir chapitre 3.

accompagné de 30 000 morts du Covid, sans compter les morts (peut-être autant ?) d'autres causes, du fait de la saturation des capacités d'accueil du système hospitalier. Tout le but est donc de faire en sorte que la population s'immunise progressivement tout en préservant les capacités d'accueil du système hospitalier. C'est possible. Mais il va falloir être extrêmement solidaire sous peine de voir surgir cette deuxième vague qui risque de nous submerger partout, cette fois-ci. Pas comme le tsunami de mars-avril, mais comme une progressive montée des eaux qu'on espère pouvoir contrôler. Il a été montré que trois mesures (auto-isolement des cas, isolement de la maisonnée, traçage des contacts) réduisait l'épidémie de 64 %. À lui tout seul l'isolement est efficace à 47 %. En y rajoutant le port du masque, on doit y arriver !

Si nous n'écoutons pas ces messages, nous aurons du mal à gérer cette épidémie et nous aurons encore plus de mal avec la prochaine pandémie. Car il est certain que d'autres infections émergentes suivront. Nous en sommes à la quatrième infection émergente depuis le début du siècle (MERS, SARS, grippe A/H1N1 de 2009, Covid) dont trois liées à des coronavirus. Il est difficile d'imaginer qu'il faut se préparer à la suivante alors que l'on n'est même pas encore sorti de celle-ci. Pourtant, il le faut. Mais que cela ne nous empêche pas d'apprendre à revivre en protégeant les personnes fragiles, dont nos anciens.

Remerciements

À toute l'équipe des maladies infectieuses de l'hôpital de la Pitié-Salpêtrière, à tous les médecins venus à notre aide, et à Sylviane Desse.

À tous les membres, médecins et non-médecins, de la cellule de crise de l'hôpital de la Pitié-Salpêtrière.

Aux collègues qui ont analysé l'épidémie d'articles scientifiques (de qualité très inégale) et l'épidémie de Covid : Pr Frédéric Adnet, Pr Anne-Claude Crémieux (et son équipe), Pr Vincent Jarlier, Dr Arnaud Tarantola.

Aux collègues et amis qui m'ont éclairé par leurs conseils et leurs critiques : Dr Jean-Michel Blancher (Tours), M. Gérard Marchand (Lyon), Pr Renaud Piarroux (Paris), Dr Robert Sebbag (Paris).

À ma femme et à mes enfants.

Table

TROISIÈME PARTIE

Imprimé en France par CPI
en octobre 2020

La photocomposition de cet ouvrage
a été réalisée par
GRAPHIC HAINAUT
30, rue Pierre Mathieu
59410 Anzin

MIXTE
Papier
FSC FSC® C003309

L'éditeur de cet ouvrage s'engage dans une démarche
de certification FSC® qui contribue à la préservation
des forêts pour les générations futures.

Pour en savoir plus :
www.editis.com/engagement-rse/

N° d'édition : 60841/01
N° d'impression : 160346